「昔の名残」が
見えてくる！

城下町・門前町・宿場町がわかる本

外川 淳

日本実業出版社

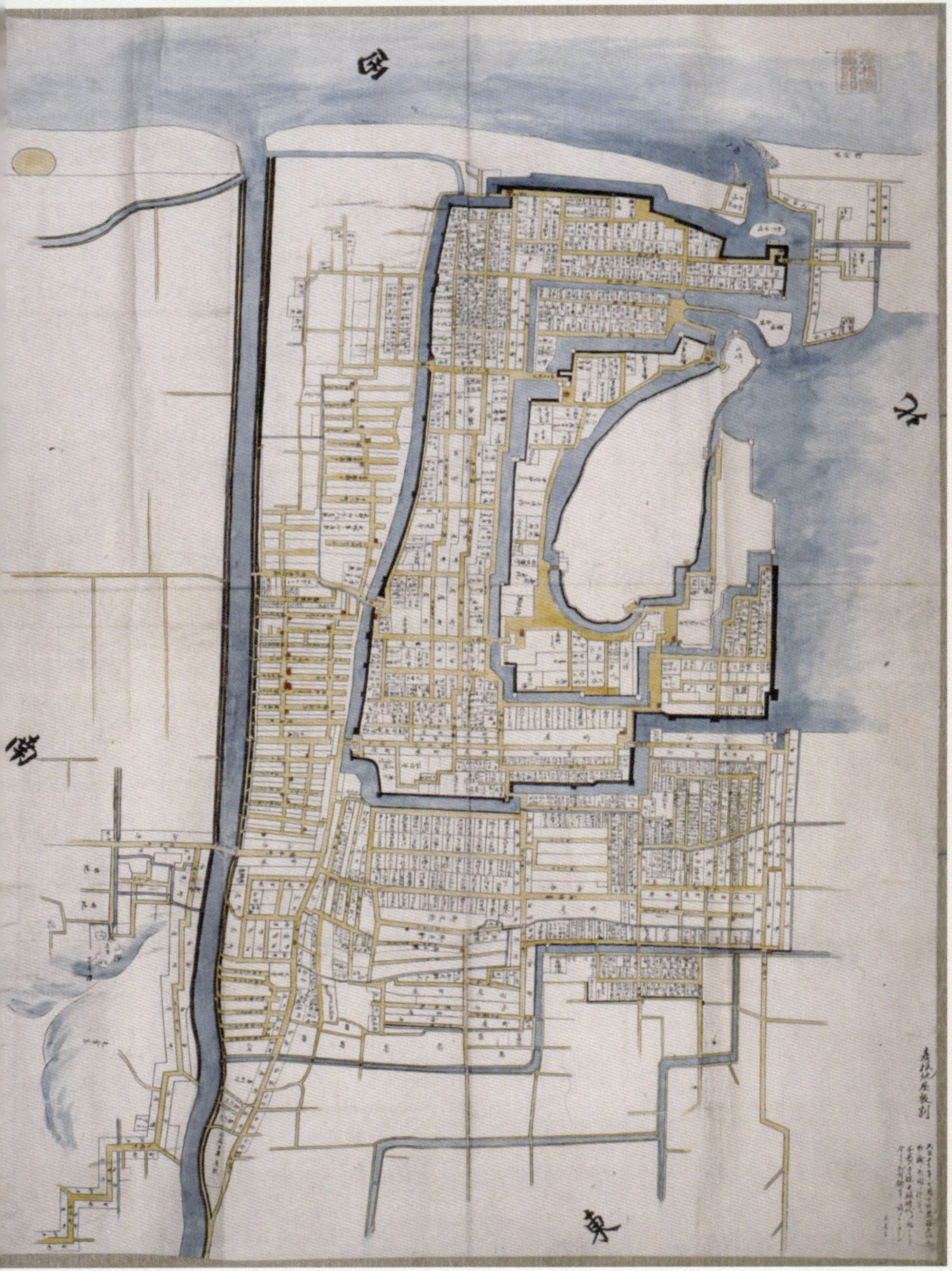

「彦根地屋敷割絵図」（彦根市立図書館蔵）江戸期に作成された「彦根御城下惣絵図」を元にして大正13年（1924）に模写。城下町の姿を再現した絵図としては、最高レベルの精密さを誇り、武家屋敷の主人の姓名まで記載される。滋賀県立図書館が運営する「近江デジタル歴史街道」では、本図をはじめ、歴史的町並みに関連する絵図、古文書、浮世絵、古写真がデジタル化され、閲覧できる。

絵図から読み解く城下町の姿　彦根

滋賀県彦根市

上＝彦根城。下＝玄宮園。右下の明治期に撮影された古写真と、ほぼ同一のアングルから撮影したカットを筆者のフォトライブラリーから選択。古写真から撮影されたポイントを探り、同じアングルから撮影をすると、歴史的町並みの変遷を知ることができる。

「彦根城周辺詳細図」（画像提供＝彦根市教育委員会文化財課）本図では、現在の地図の上に古地図が転記され、江戸時代と現代の町並みを対照することができる。彦根市だけでなく、各地の自治体では、城下町の古地図と現在の地図の対照図を作成し、ネットで公開している事例も多い。

明治後期に撮影された彦根城（上）と玄宮園。『滋賀県写真帖』（滋賀県立図書館蔵）より。『滋賀県写真帖』には、明治後期に撮影された滋賀県内の名所旧跡の古写真が掲載される。古写真は、歴史的町並みの姿を知る情報源として活用できる。「近江デジタル歴史街道」では、彦根をはじめ、長浜、近江八幡、大津などの町並みの古写真も掲載される。

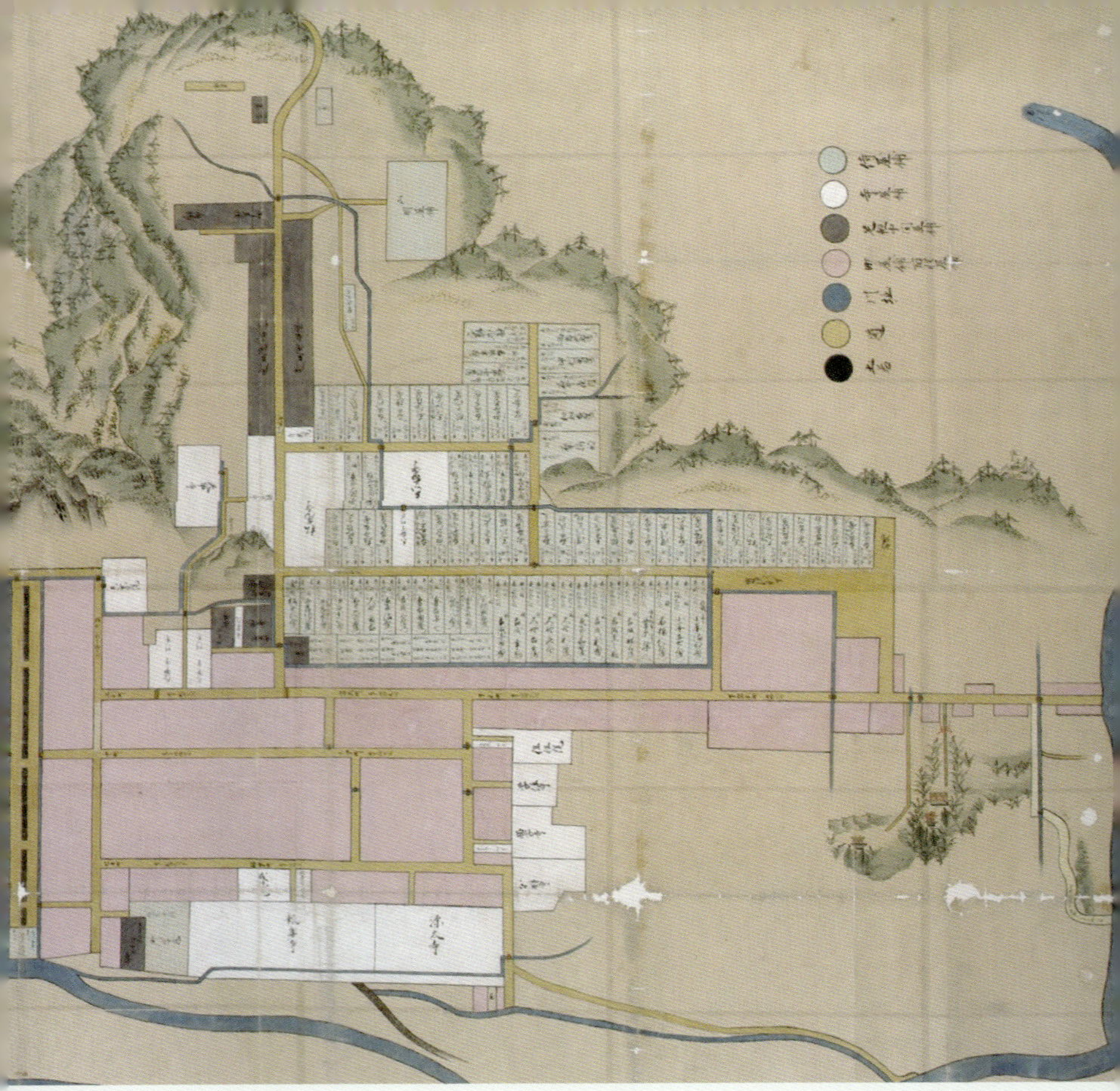

「久保田城御城下絵図」（秋田県公文書館蔵）
久保田藩が作成した絵図。城下町の全体が碁盤の目状の形状となり、防御よりも住民の居住性を優先した都市計画だったことが読み解ける。デジタルアーカイブ秋田県公文書館では、ここで紹介した３点の絵図を全体を把握しながら細部まで閲覧することができる。

絵図から読み解く城下町の姿　角館

秋田県仙北市

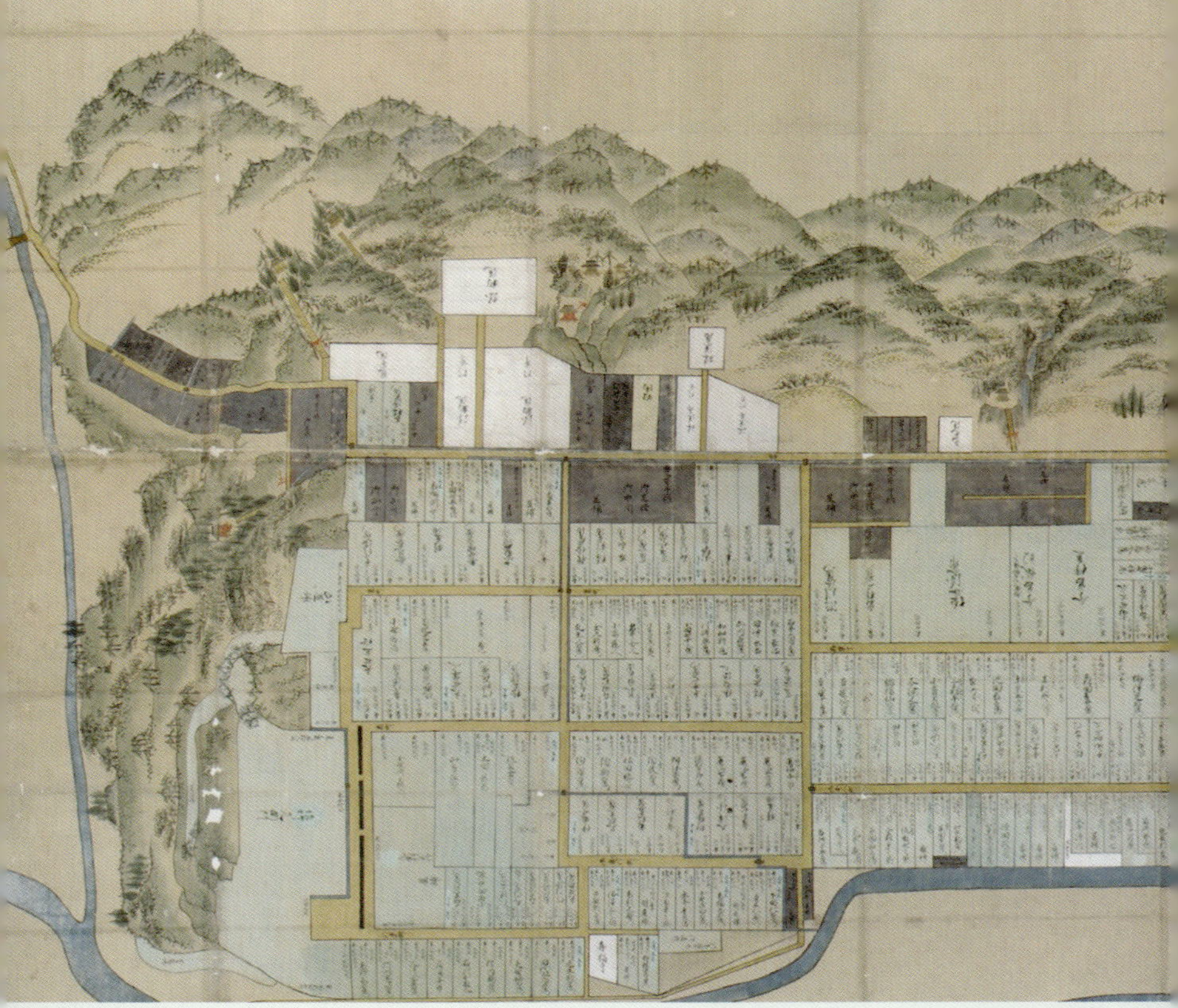

「仙北郡角館絵図」（秋田県公文書館蔵）享保13年(1728)、久保田藩が領内の調査のために作成した絵図。精彩なタッチで描かれ、江戸時代の地図作成の精度の高さが偲ばれる。角館の歴史的町並みでは、この絵図を利用しての散策が可能なほど、往事の町割りが今日に伝えられている。

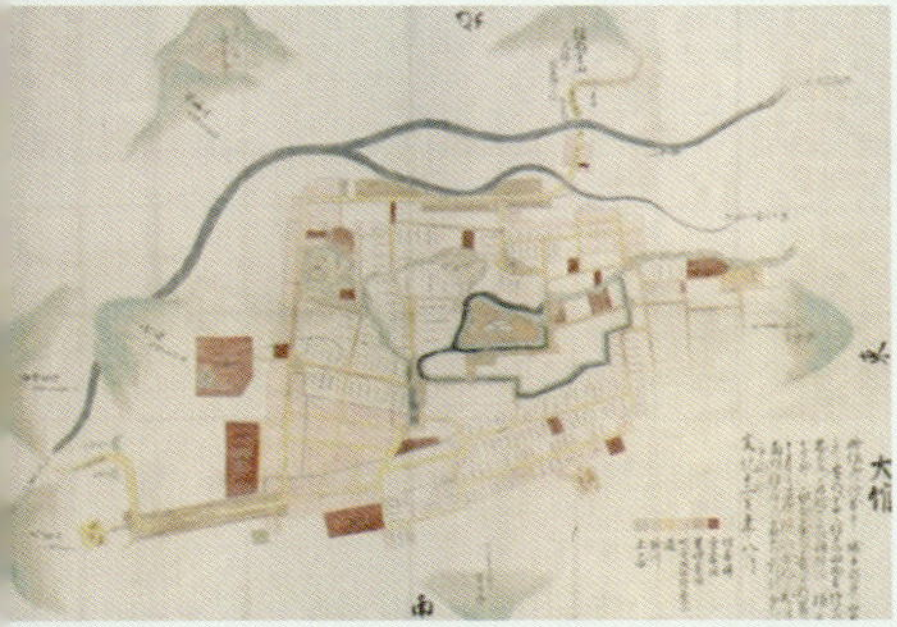

「大館城並びに城下居住絵図」（秋田県公文書館蔵）久保田藩内には、角館や久保田以外にも、大館城と横手城が一国一城令の例外として存続を認められたため、大館と横手にも城下町が存在した。大館と角館の城下町の絵図を比較してみると、都市として同程度の規模であることもあり、町割りが相似していることを読み解ける。

郡上八幡城本丸　城の中心に位置する本丸の構造が正確に描写される。現在は模造天守が存在する天守台の石垣については、寸法が表記される。

太鼓堂（左）城門（中）茶屋（右）　絵図には非常時の呼集用の太鼓が設置された櫓、城下町の守りを固める城門、重臣屋敷内に設置された茶屋が描写される。城や城下町の姿を描いた絵図は、基本的には平面図でありながら、部分的に立体化したイラストが挿入され、往時の建物の姿を読み解くことができる。

絵図から読み解く城下町の姿　郡上八幡　岐阜県郡上市

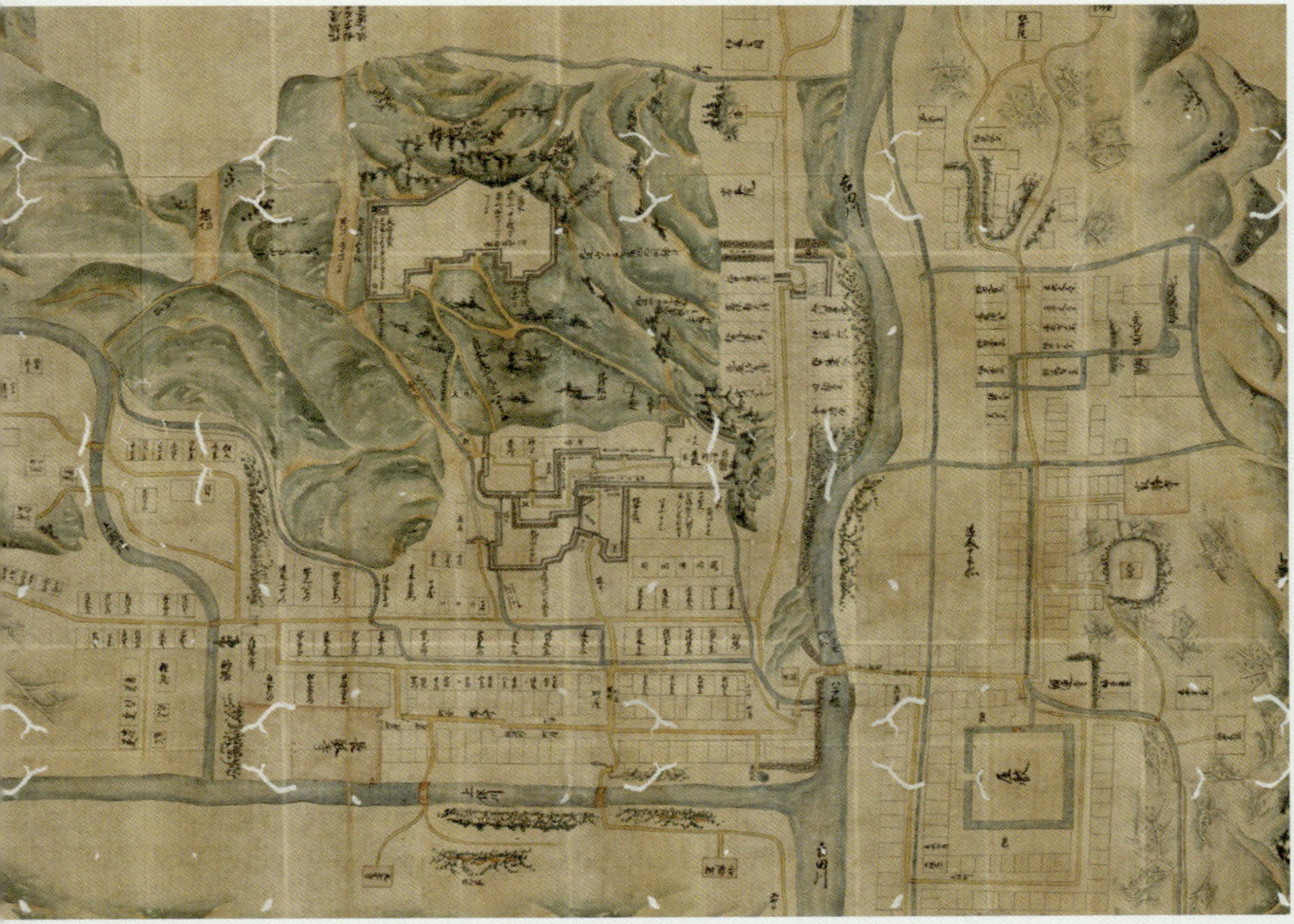

郡上八幡城と城下町　本項の絵図は、すべて「美濃郡上之城図」（国立国会図書館蔵）から部分拡大して使用。江戸時代に作成された城の絵図は、粗雑な筆致で描かれる、もしくは城の中心部だけしか描かれていない事例も多い。対して本図は、精彩な筆致で城下町エリアも描かれ、かつての姿を知るうえでの利用価値が高い。国立国会図書館デジタルコレクションに収録され、全体を把握しながら、細部まで閲覧できる。

天守最上階より城下町を俯瞰　歴史的背景を無視して建設された模造天守は、城下町を俯瞰する展望台としての役割は、十分に果たしている。

町並み情報

名水の町を象徴する「宗祇水」を中心にして歴史的町並みが残される。郡上八幡旧庁舎記念館や郡上八幡博覧館（旧税務署）をはじめ、近代の洋風建築も城下町に融合。夏の郡上おどりの期間は多くの観光客でにぎわう。

お役立ちサイト

郡上八幡観光協会。郡上満喫

関連施設

郡上八幡城・郡上市図書館

地図の活用術

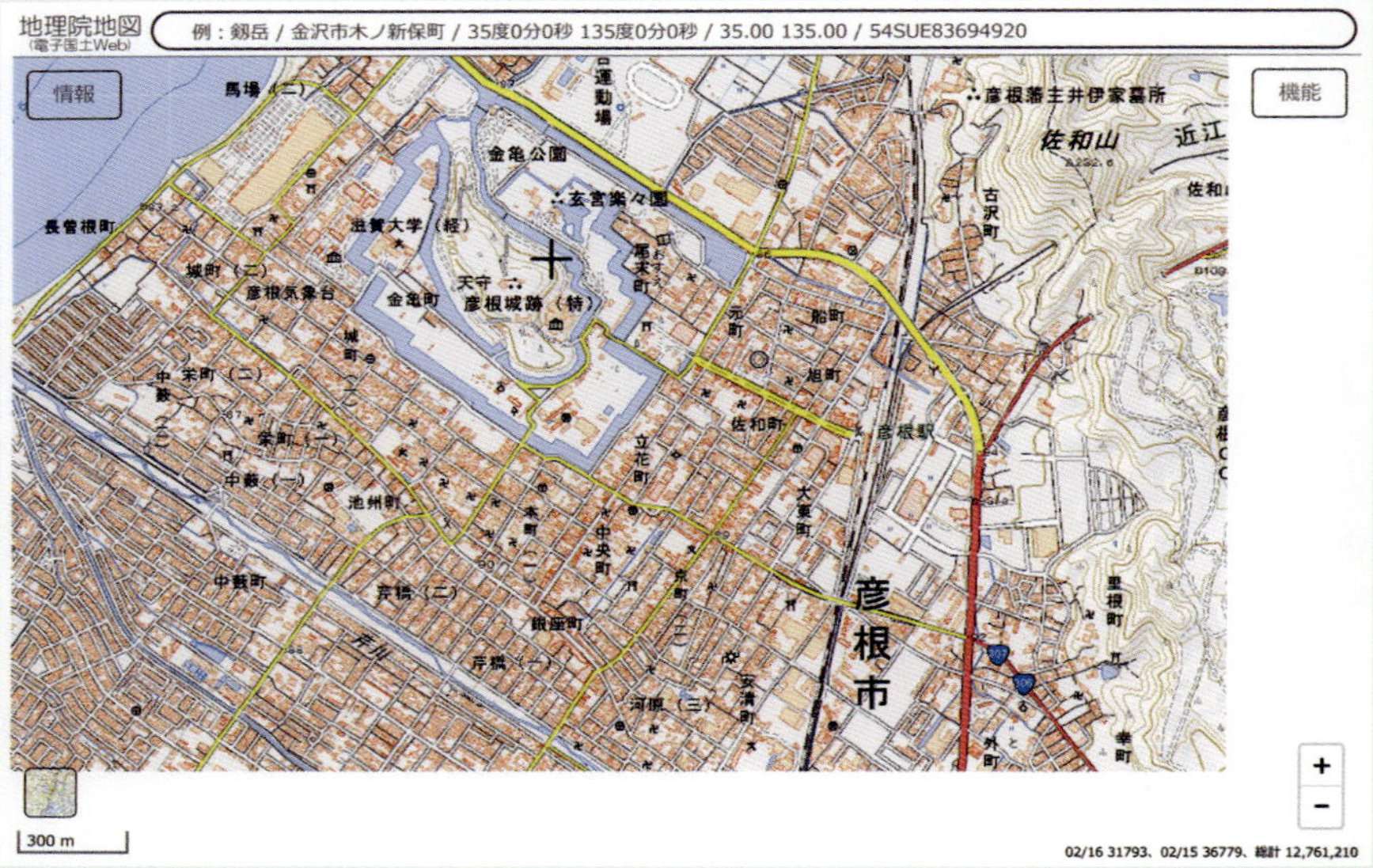

城下町彦根の現状地図　歴史的町並みの現状を知り、巡り歩くには必要不可欠な地図。国土地理院の「地理院地図」では、日本全図から、個人の住居の形状がわかる都市地図まで、必要な箇所を適切な縮尺で閲覧できる。

郡上八幡の現状地図　この縮尺のサイズであれば、郡上八幡の城下町が長良川の支流・吉田川沿いの盆地に位置することが理解できる。地理院地図３Ｄによる立体化や、独自の情報を添付することも可能。

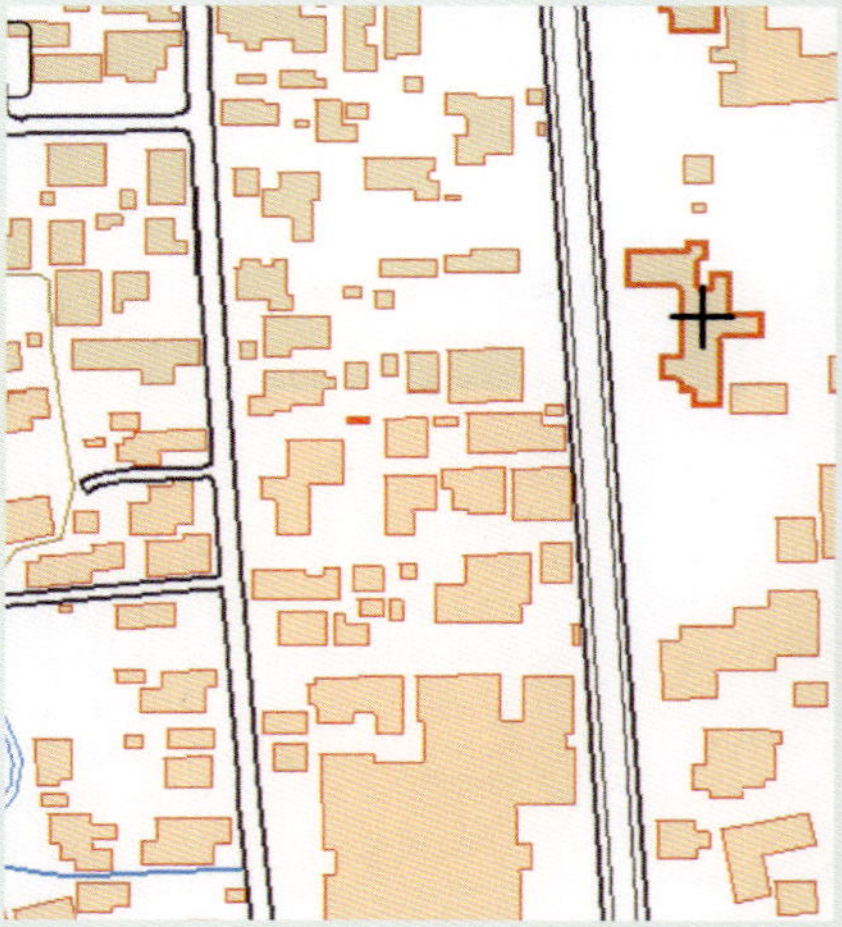

城下町角館の現状地図　＋印は、角館を代表する武家屋敷・青柳家を示す。このサイズの地理院地図の縮尺であれば、歴史的町並みに伝えられた古建築の平面形状も理解できる。

城下町─名古屋

愛知県名古屋市

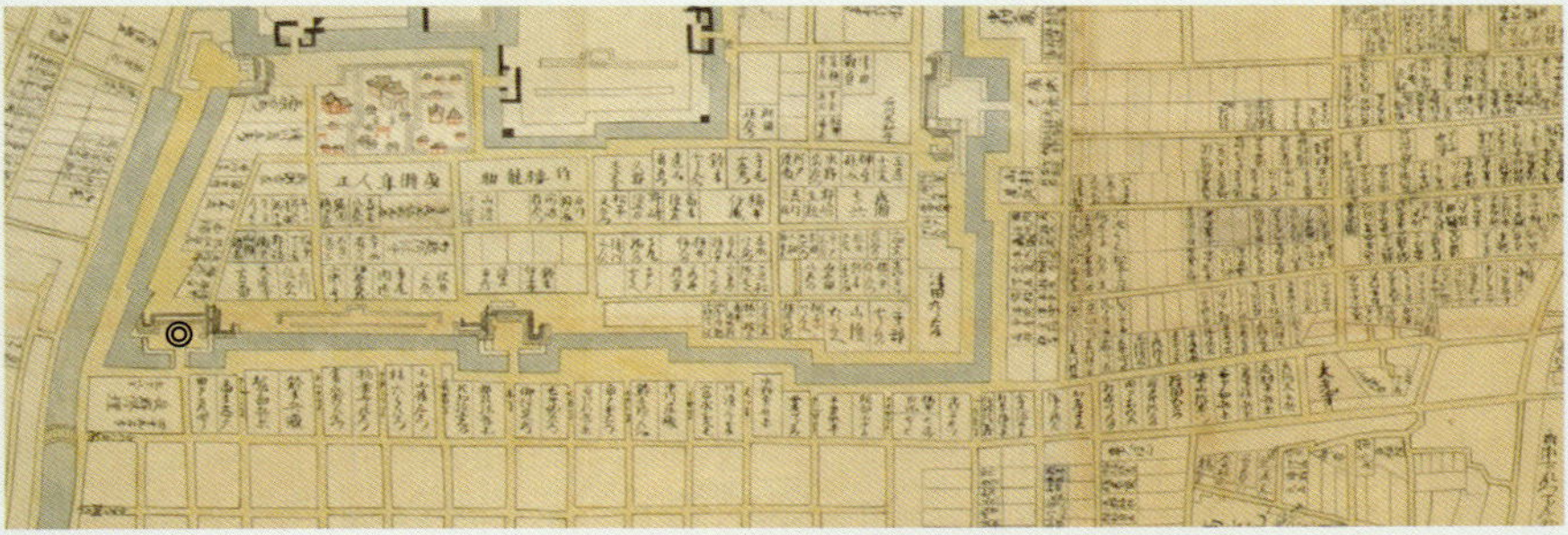

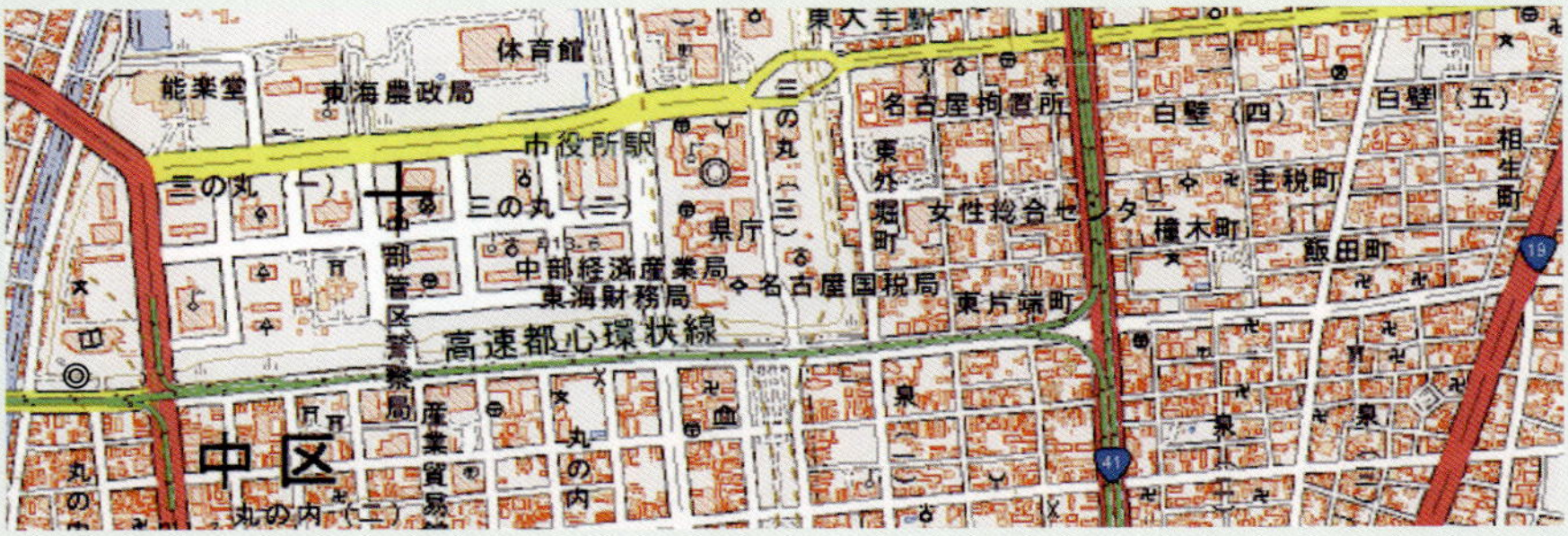

「尾州名護屋」（上。国立国会図書館蔵）城下町名古屋の現状（下。国土地理院の「地理院地図」を掲載）現状地図と江戸時代の姿を描いた絵図を比較すると、都市の変遷を読み解ける。名古屋城は、三の丸の一部を除き、堀の大部分が保存されているため、堀のラインをランドマークとして活用すると、二つの地図の相違を理解できる。このように新旧二つの地図を並べて掲載すると、相違がわかりやすい。ただし、本書では、より多くの古地図や絵図を掲載するため、現状地図は割愛。「地理院地図」などの閲覧を推奨。

三の丸御園門周辺の石垣。愛知県図書館周辺には、三の丸を防御するために築かれた石垣が伝えられる。絵図に◎印で示した地点にあたる。超穴場の推奨スポット。

町並み情報

空襲によって大きな被害を受けたが、南区や中村区には明治から昭和初期にかけての建物が散在。

お役立ちサイト

名古屋コンシェルジュ。名古屋城公式ウェブサイト。愛知県図書館の「絵図の世界」では、名古屋をはじめ、愛知県関連の絵図や古地図を収録。

関連施設

徳川美術館・愛知県図書館・名古屋城

描かれた宿場町の景観

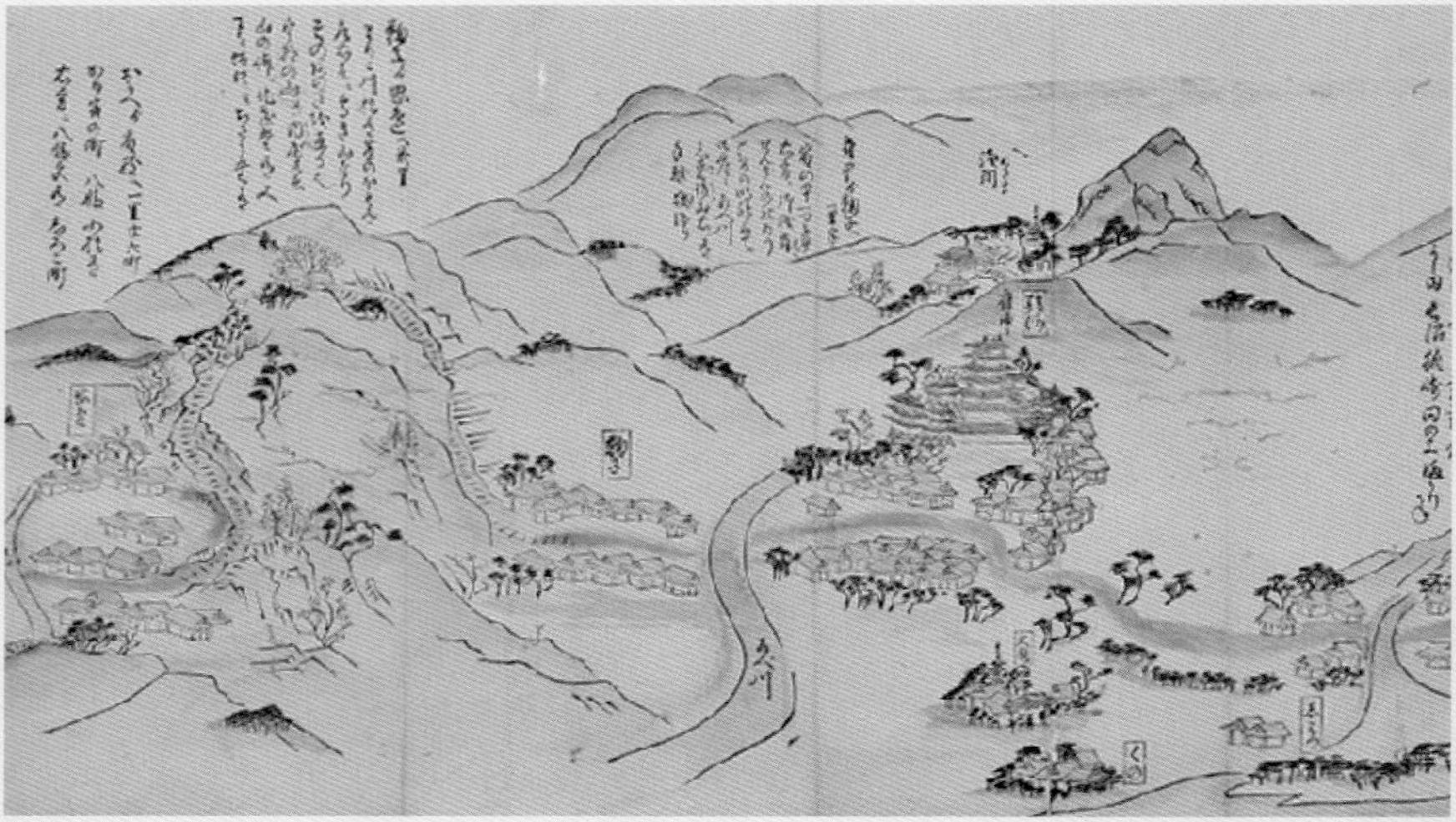

「東海道細見図」（国立公文書館蔵）江戸時代には、街道の様子を描いた道中図が作成された。本図は道中図の代表例。画面中央より右には、駿府城が描かれているように、街道周辺の城や名所旧跡も紹介される。寛文12年（1672）作成にもかかわらず、寛永12年（1635）に焼失した駿府城の天守が描かれており、道中図では、リアリティよりもビジュアルが重視された。

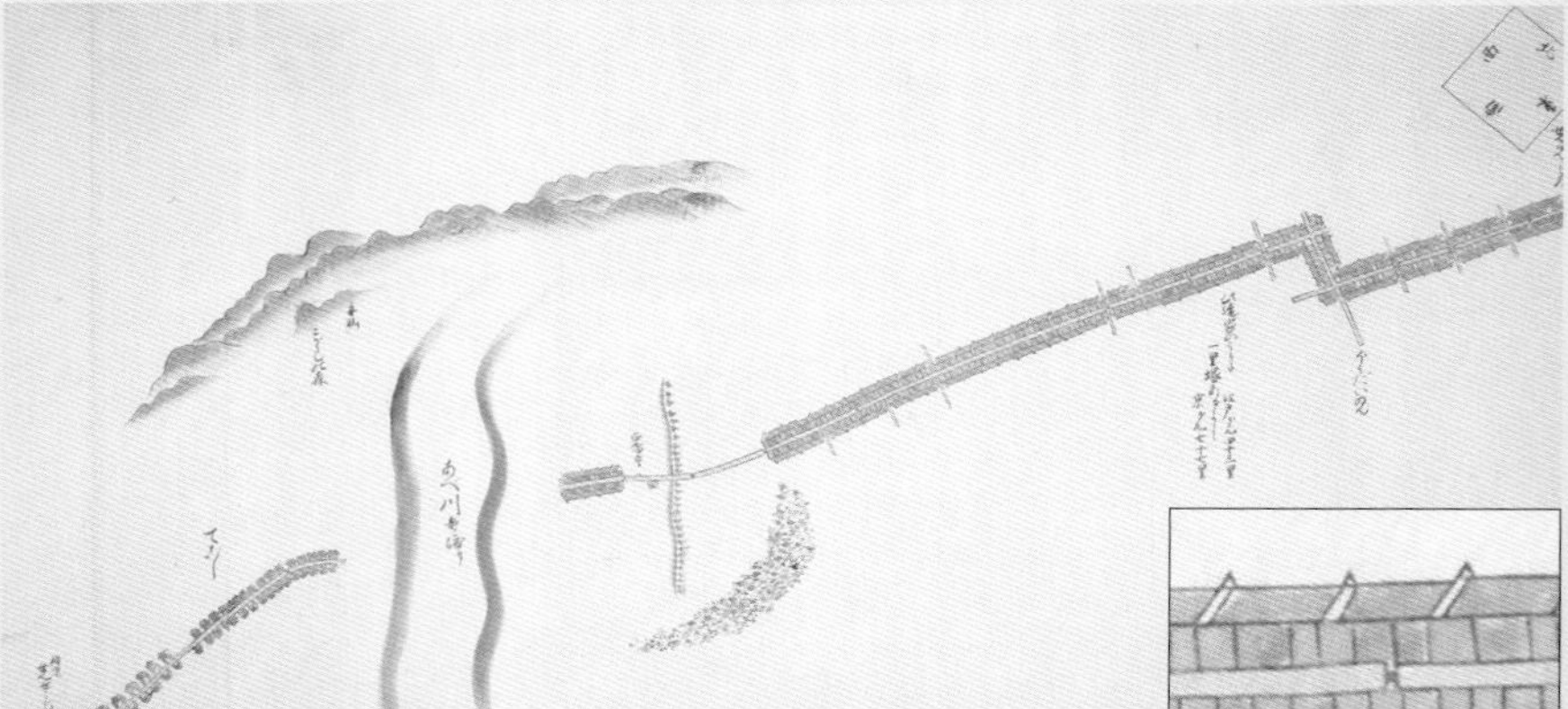

「東海道絵図」（国立国会図書館蔵）道中図のなかでは、デフォルメが抑えられ、東海道の姿が正確に表現される。大井川とともに難所として知られた安部川は、画面中央より左側に「あべ川」と記され、その左には丸子宿が描かれる。画面右下には丸子宿の部分を拡大した。国立国会図書館デジタルコレクションでは、「東海道絵図」「東海道分間絵図」の全体を把握しながら細部まで閲覧できる。

宿場町—丸子宿

静岡県静岡市

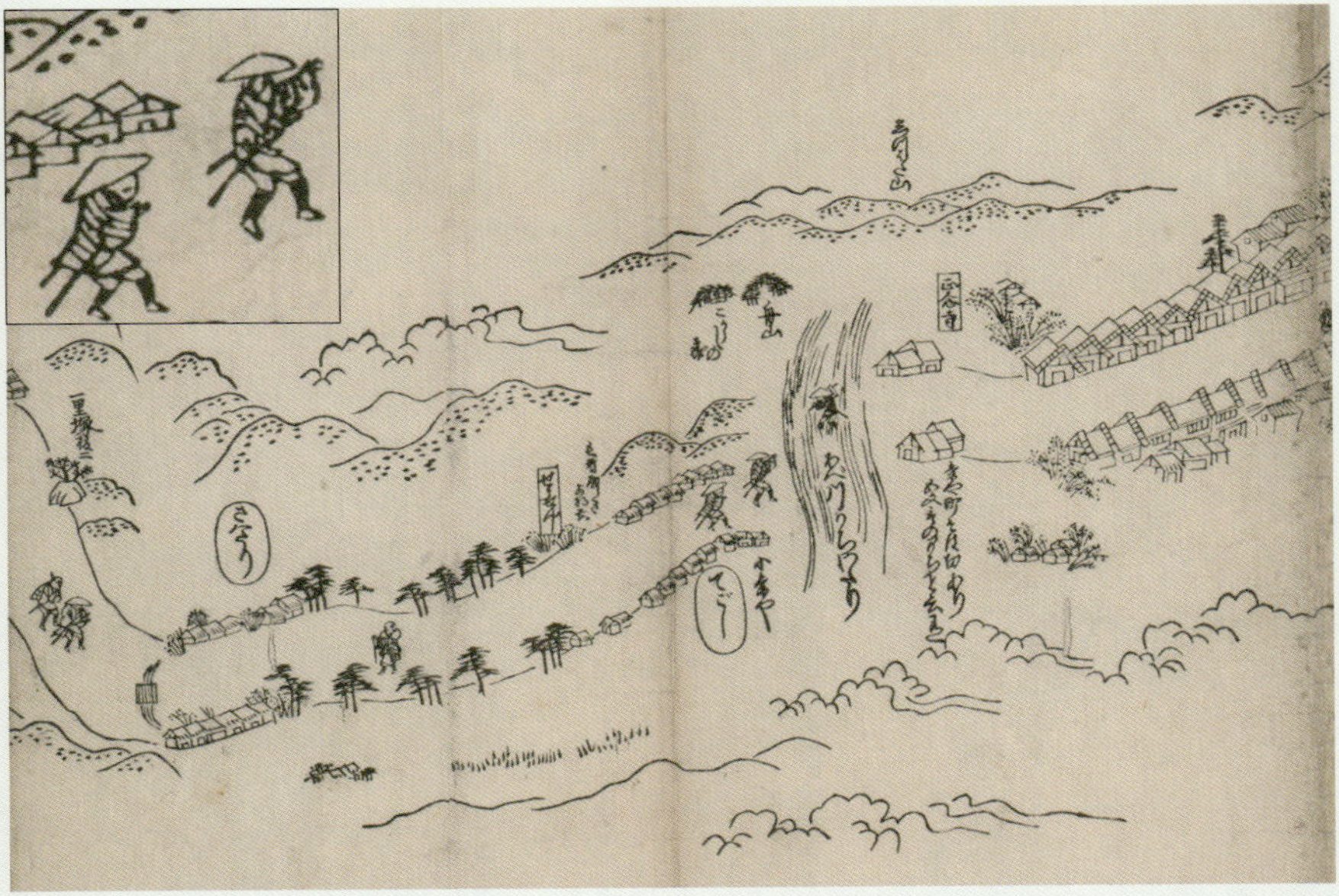

「東海道分間絵図」（国立国会図書館蔵）右の２点と比較すると、モノクロではあるが、街道の松並木や宿場町の家並み、街道を行きかう旅人、飛脚の姿が描かれる。幕府は、全国の街道の実測調査を命令。平面図として記録を残すとともに、浮世絵師の菱川師宣に依頼し、庶民にも理解しやすいように俯瞰図として本図を作成したとされる。

丸子宿点景　『東海道五十三次』の錦絵にも描かれた「とろろ汁」の名店には、藁葺屋根の建物が今日に伝えられる。建物の背後には、団体客を受け入れ可能な食堂が併設される。

町並み情報

かつては宿場町だった時代の面影が感じられる町並みが今日に伝えられる。

お役立ちサイト

静岡市は、市内に東海道の二つの峠と丸子宿をはじめ、六つの宿場町があることから、「**東海道歴史街道二峠六宿**」と題して観光事業を展開する。「**駿河歩人**（するがあいんど）」には、丸子宿に関連する情報が掲載。

関連施設

静岡市東海道広重美術館・駿府博物館

描かれた門前町の景観

「信濃国善光寺略絵図」（部分。信州デジくらより）江戸時代後期に制作された俯瞰図。画面中央より左下に描かれた山門（三門）から本堂へ向かう石畳の周囲は、空き地となっているが、現在の地図と絵図を比較すると、商店や旅館が建ち並んでいることがわかり、江戸時代と現代との相違を読み解くことができる。「信州デジくら」では、精密な全体像を閲覧できるとともに、絵図面の制作年代の推定や歴史的背景が資料解説として添付される。

「信濃国善光寺境内略絵図」（部分。信州デジくらより）明治10年（1877）に制作された俯瞰図。上の「信濃国善光寺略絵図」を原図として着色。山門から画面左下へ向かう石畳の周囲には、明治初期に参拝者向けの常設店舗の営業が認められたため、平屋の商家が建ち並ぶ様子が描かれる。二つの絵図を見比べながら、間違い探しのように、相違を発見する作業は時間の経過を忘れさせる。

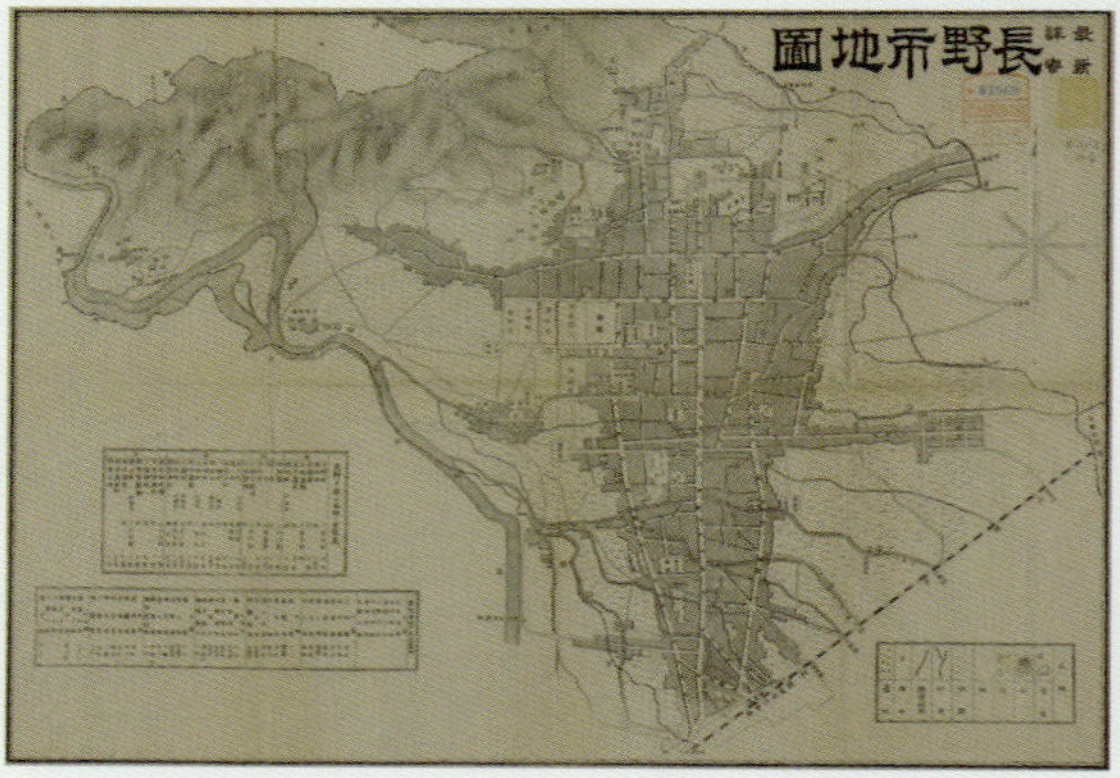

「最新詳密　長野市地図」（部分。信州デジくらより）明治39年（1906）発刊の市街地図。現在の地図と比較すると、善光寺より北東側の市街化されたエリアが農地だったことが確認できる。スマートフォンやパソコン等で現在の地図を最適な縮尺に設定して見比べてみれば、古地図と現状との相違を読み解くことができる。

門前町―琴平

香川県仲多度郡琴平町

「象頭山（ぞうとうざん）金毘羅大権現全圖」（香川県立図書館蔵）画面下には金倉川が描かれ、現在の地図と比較する上でのランドマークとなる。慶応元年（1865）完成の高灯籠が描かれていることから、幕末から明治初年にかけて作成されたと想定できる。香川県立図書館のデジタルライブラリーを利用すると、本図の全体を閲覧できる。また、香川県立ミュージアムの館蔵品データベースを利用すると、金比羅宮の門前町や高松城の城下町などが描かれた絵図を閲覧できる。

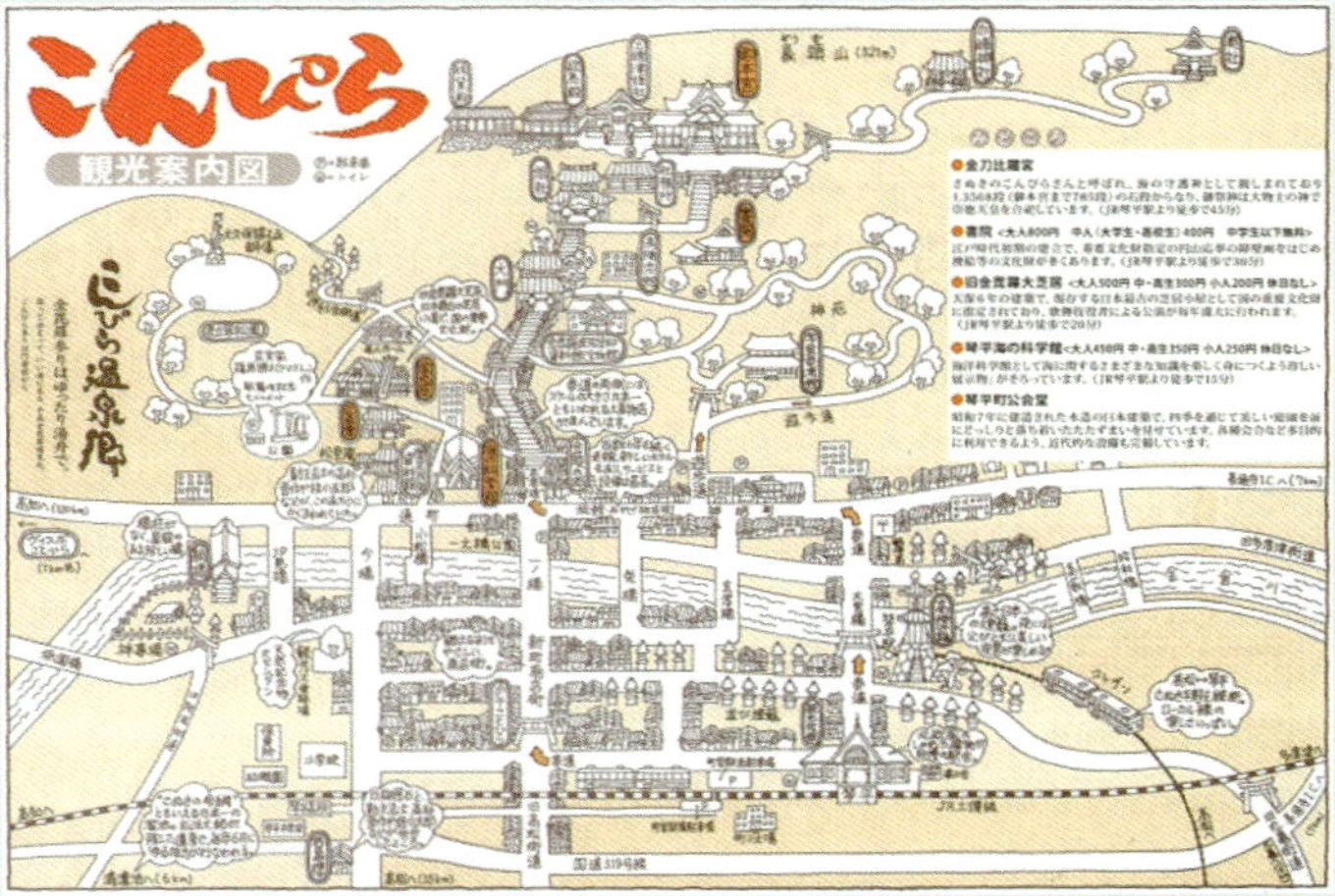

「こんぴら観光案内図」（琴平観光協会提供）「象頭山金毘羅大権現全圖」と同一のアングルで描かれ、二つを比較すると、琴平の門前町が江戸時代後期から現在の姿へと変化した様子を読み解くことができる。琴平観光協会のサイトには、本図のほかにも、多彩な観光マップが掲載され、門前町の現状を知ることができる。

武家屋敷

城下町「彦根」

井伊直弼ゆかりの地「埋木舎（うもれぎや）」として保存される。上級武士の屋敷としても貴重な歴史的建造物。家老だった大久保家の所有から管理が彦根市へ移管され、内部が公開される。

武家屋敷

城下町「安中」

藁葺きの簡素な構造は、下級武士の長屋建築の代表例。平成３年（1991）、大規模な改修工事が加えられ、江戸時代の姿に復元された。

本陣

宿場町「日野」

元治元年（1864）年完成。新選組関連の史跡としても知られる。内部は蕎麦屋として利用された時期もあったが、平成16年、日野宿本陣として改装され、内部には関連資料が展示される。

旅籠

宿場町「妻籠」

会津街道の大内宿とともに、宿場町の姿が完全に近い姿で今日に伝えられる代表例。二階に手摺をもつ旅籠が建ち並ぶ。重要伝統的建造物群保存地区（伝建）に指定される。

建物から見た歴史的町並み

商家

商人町「倉敷」

倉敷川沿いには、江戸時代後期に建築された蔵造りの商家が建ち並ぶ。格子状の独特な土蔵の壁面は、重厚さの中に明るさをもつ景観を生み出している。

商家

門前町「多賀」

名物の和菓子を販売する土産物店。多賀大社の門前町には、昔ながらの情景の商家が点在。歴史的町並みは、和菓子、地酒など、地方の特産品の宝庫でもある。

明治の洋風建築

旧津金学校は、小学校として明治初期に建築された洋風建築。玄関は和風であるのに対し、3階は洋式の塔をイメージさせる。

昭和の洋風建築

古都京都の点景　京都には、昔ながらの町屋だけではなく、洋館風の銭湯など、明治から昭和初期にかけて建設された建物が雑然と建ち並ぶ。

錦絵・古写真から読み解く歴史的町並みの姿　江戸―日本橋

「東海道五拾三次　日本橋・朝之景」（国立国会図書館蔵）参勤交代の大名行列が出発する光景が描かれる。「東海道五拾三次」では、宿場町が背景として描かれ、かつての姿がしのばれる。国立国会図書館の「デジタルコレクション」や早稲田大学の「古典籍総合データベース」には多彩な浮世絵が収録される。

「東海道：広重画五拾三次現状写真対照」（国立国会図書館蔵）。大正 7 年（1918）刊行の写真集。日本橋から三条大橋まで、歌川（安藤）広重が描いた浮世絵と同じアングルから撮影された写真を掲載。今では、大正年間の東海道沿道の旧態を知る上で貴重な映像資料となっている。国立国会図書館のデジタルライブラリー「写真の中の明治・大正」には多数の古写真が収録される。国立国会図書館をはじめ、図書館・博物館・大学・自治体が運営するデジタルアーカイブでは、写真集、古写真、絵葉書などが収録され、閲覧できる。

日本橋の現状。北側より南側へ撮影。路面電車は姿を消し、橋の上には首都高速が走り、風景は一変している。ただし、現在の橋の本体は明治44年（1911）に完成しているため、大正期撮影の写真と同一。橋のたもとに位置する欄干のモニュメントがアングルを決める目標となった。

この本の読み方と楽しみ方

城下町、門前町、宿場町は、日本特有の情感を感じさせる「歴史的町並み」の三大要素としてあげられる。

いま、古地図をはじめ、絵図、錦絵、古写真などと、現在の地図を対照することにより、歴史的町並みのかつての姿を思い起こし、現地を訪れることが大人世代の旅の楽しみ方として認知されつつある。このような現象は、「ブラタモリ」（ＮＨＫ）などのテレビ番組による影響も大きい。

テレビ番組においてすでに紹介された城下町、宿場町、門前町をフォローするよりもむしろ、本書では、歴史的景観が失われながらも、わずかに名残が伝えられているような町並みをご自身で選択し、古地図や絵図面などを収集して読み解き、そして現地を訪ねるまでの方法を提起した。

現代的な建築物が軒を連ねる都市であっても、古地図と現在の地図を比較することにより、江戸時代以来の町割りを発見できたとき、感動を味わうことができる。わかる人にしかわからない感動ではあるのだが、わかる人には味わっていただきたいという意図が本書に込められている。

古地図を手に城下町、門前町、宿場町を歩くには?

第1章では、「古地図で歩けるまち」として彦根の城下町をピックアップし、古地図と現在の地図とを比較しながら、巡り歩く方法を紹介。その上で、歴史的町並みに関連する情報を読者の方々がご自身で収集して分析し、ありし日の姿を思い浮かべながら、現地を訪れることを重視した。

本書では、古都京都や、城下町金沢のようなメジャーな対象のみを取り扱って観光ガイド的な情報を羅列するのではなく、城下町岸和田、宿場町島田、門前町琴平など、さまざまなタイプの歴史的な町並みを取り上げた。そして、歴史的町並みの往時の姿を知るための情報源として、古地図、絵図、古写真を提示することにより、読者の方々が情報を収集し、読み解く方法を示すように努めた。

数年前までは、歴史的町並みに関連する古地図や絵図や古写真などを収集するには、現地の図書館がもっとも頼りになる情報源だった。だが、最近は古地図などに限らず、歴史資料のデジタル化は目覚ましく進化し、インターネットで公開され、閲覧可能な事例が急速に拡大しつつつある。自治体や観光協会が作成したホームページでは、歴史的町並みを訪れるときの観光用ガイドとして役立つだけでなく、最新の研究成果を取り入れた事例も見受けられる。

本書を一読されるときには、スマホ、タブレット、ノートパソコンなどの情報端末をお手元に用意することをお勧めしたい。スマホを片手にテレビ番組を見ながら検索するというスタイルは拡散しつつあり、「スマホを片手に読む書籍」という方向性を試行した。

城下町、門前町、宿場町に秘められた歴史の真実

歴史的町並みを訪ねるための情報をえる手段としては、ガイドブックや旅行雑誌などがあげられる。それらでは、見所が紹介されてはいるものの、詳細な歴史や現代に至るまでの経緯まで言及されることは少ない。

一方、都市の歴史や将来への展望については、専門研究者によって論考がなされてはいる。だが、その成果が収録された研究書は、歴史的町並みを巡るための情報源としては、難解であることが多い。

本書では、歴史的町並みが誕生し、今日に至るまでの経緯について、具体的な事例をあげながら、わかりやすく紹介した。

戦国時代末期から江戸時代初期にかけ、戦乱の時代から天下泰平の時代へと移りつつあったころ、日本全体は、活気にあふれていた。そんな時代相のなか、数多くの城下町、門前町、宿場町などの歴史的町並みが誕生した。これらの時代の流れを追いながら、織田信長・豊臣秀吉・徳川家康の都市政策の相違について多角的に分析。さらに、藤堂高虎《とうどうたかとら》、蒲生氏郷《がもううじさと》、木俣土佐《きまたとさ》（守勝《もりかつ》）、百々越前《どどえちぜん》（綱家《つないえ》）など、都市を創成したプランナーたちにも焦点をあて、歴史的町並みが誕生する経緯を説き明かすように努めた。

また、「外様大名の城下町の街路が碁盤の目状なのに比較し、譜代・親藩大名の街路は複雑だった」「城下町の形態は、彦根城タイプ・和歌山城タイプ・名古屋城タイプに分類できる」など、大胆な仮説を立てることにより、いままで語られることがなかった城下町の真実の姿を提起してみた。

外国人の観光客数を拡大させることは、経済政策として必要なことだと認識していても、やはり、日本人が日本的景観を求め、国内を旅することは大切なことだと思う。

本書で紹介した歴史的町並みがどのような町なのか興味を抱き、その町のことを調べているうち、旅行計画を立て、実際に古地図を手にしながら歩いてみる。このような一連の流れが生まれることを願っている。

本書の図版スペースの活用法

城下町―大和郡山　奈良県大和郡山市

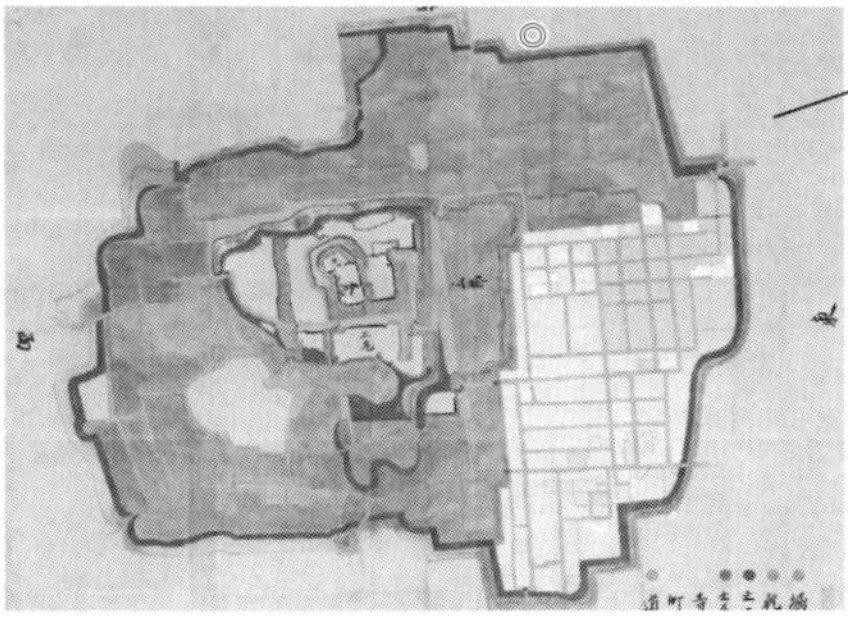

「和州郡山城図」（国立国会図書館蔵）大和郡山城は、惣構えによって城下町全体が防御されていたことを読み解くことができる。また町割りは、碁盤の目を基調にしていた。明治維新以後、惣構えを形成する外堀の大部分は埋め立てられた。◎印は、外堀の一部を復元した外堀緑地の位置を示す。

大和郡山城の外堀緑地。発掘調査が行われたのち、水堀の一部が再現され、緑地公園として利用されている。

町並み情報
城下町の一画にあたる紺屋町には、城の堀とつながる水路が伝えられ、往時の面影が残される。

お役立ちサイト
大和郡山の"みどころ・観光情報"。大和郡山市観光協会のサイトに収録される「郡山のおいたち」には城下町に関連する情報が掲載される。

関連施設
柳沢文庫

掲載した古地図、絵図、古写真については、所蔵先と表題を明記。所蔵先のデジタルアーカイブには原典が掲載されており、全体と細部を閲覧できる。
多くの古地図、絵図、古写真を掲載するため、現代の地図は原則的に省略した。現代の地図については、インターネットにおいて国土地理院、グーグル、ヤフーなどを利用されたい。

キャプションでは、写真の解説だけにとどまらず、お役立ちサイトの活用法、歴史にまつわるミニ情報なども紹介しながら、時には筆者の歴史や旅にまつわる感慨なども添付される。

歴史的町並みに関連する情報を掲載したサイトを紹介。限られたスペースに多くの情報を挿入するため、アドレス（URL）を割愛。サイトの名称、サイト内のツリーの名称の変更や統廃合、掲載された各情報は変更される可能性あり。紹介した情報は平成28年（2016）6月現在の表示による。

武家屋敷、商家、明治の洋風建築など、城下町、門前町、宿場町の現状を筆者が取材時に撮影した写真を掲載。

所在地、開館日程、入場料金などの情報は割愛。インターネットの検索欄に施設名を入力すれば、各種情報を入手できる。
多くの情報を掲載するため、このように小さいサイズの文字となったことを、ご理解願いたい。

提言
パソコンやインターネットを利用しなくても、本書は読み進められる構成にはなっている。ただし、インターネットで情報を引き出すことにより、無限の広がりを感じることができる。歴史的町並みというテーマに限ることなく、歴史という一つの学問領域と接していくためにも、デジタル化された情報の活用は、欠かすことができない。

「昔の名残」が見えてくる！　城下町・門前町・宿場町がわかる本◎目次

★カラー

1章 「古地図で歩けるまち」彦根の歩き方

2章　京都から江戸へ―都市の歴史を読み解く

3章　歴史的町並みを巡るには？

4章 城下町の歴史を読み解く

5章 城下町の作り方

6章 惣構えと寺町─都市防衛の強化

8章 宿場町の作り方

9章 門前町の聖と俗

10章　歴史的町並みの未来像

カバーデザイン◎志岐デザイン事務所（萩原睦）
カバーイラスト◎小島サエキチ
本文DTP◎一企画

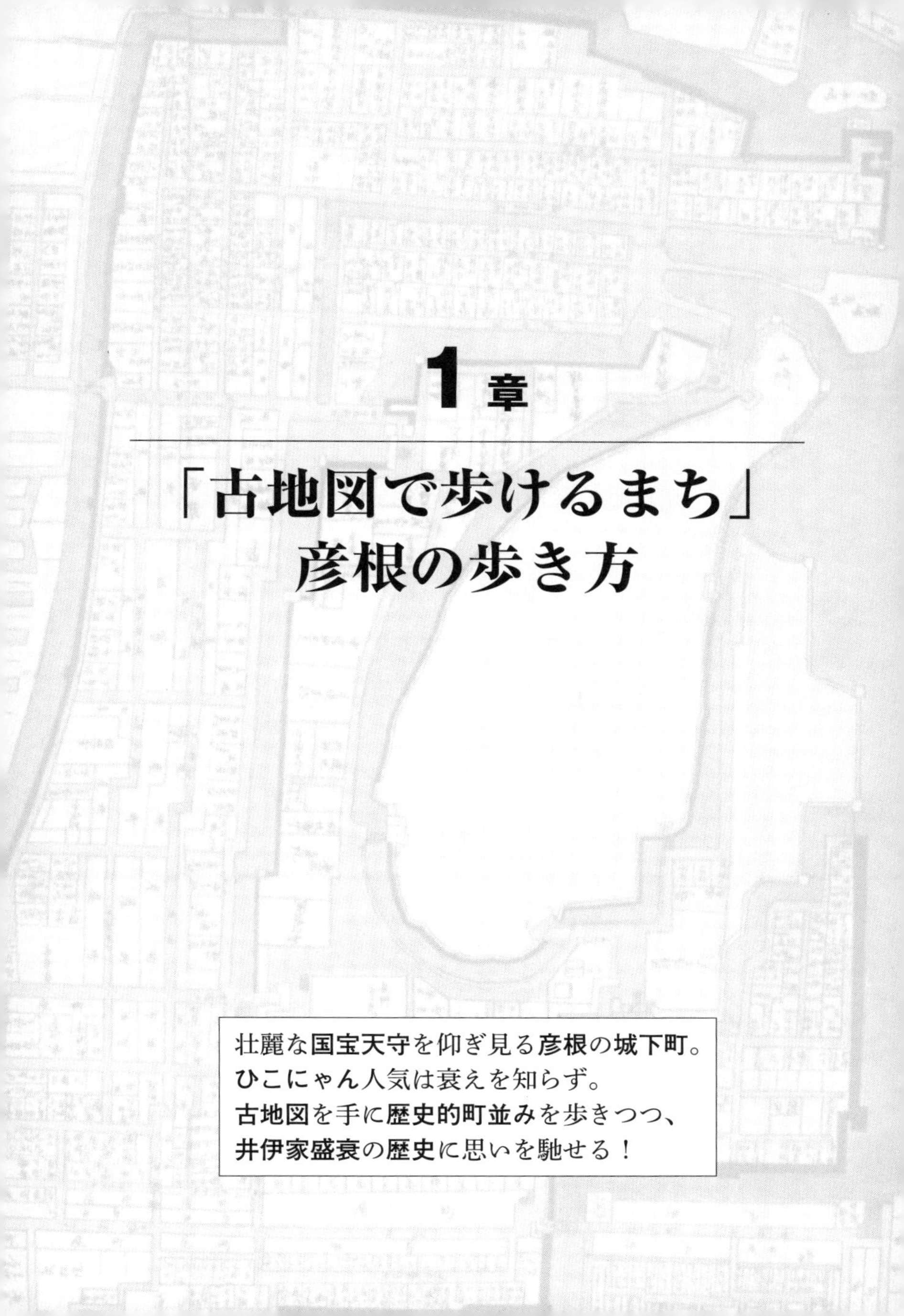

1章

「古地図で歩けるまち」彦根の歩き方

壮麗な**国宝天守**を仰ぎ見る**彦根**の**城下町**。
ひこにゃん人気は衰えを知らず。
古地図を手に**歴史的町並み**を歩きつつ、
井伊家盛衰の**歴史**に思いを馳せる！

小江戸より小京都が多数を占めるのはなぜ？

京都は、大坂や江戸が創成されるまで、日本最大の都市として繁栄を続けるとともに、都市のモデルでもあった。そのため、戦国時代末期から江戸時代前期にかけ、日本各地において創成された城下町は「小京都」と称される。

小京都に対し、江戸のように繁栄した都市としては、「小江戸《こえど》」という呼び名が利用された。ただし、小江戸と称された都市は、川越・栃木・佐原《さわら》など、ほぼ関東地方に限られる。江戸という都市は、幕末には世界最大の１００万人もの人口を誇る巨大都市にまで発展した。ただし、膨張を重ねただけに過ぎず、ほかの都市の住民から、あまりリスペクトされることはなかった。そのため小江戸と呼ばれた都市は、小京都と比較すると圧倒的に少なかった。

京都の町は、碁盤の目のような町割りであるのに対し、江戸の町は、城下町特有の複雑な都市構造だった。このような都市の特徴から考慮すると、小京都の代表格としてイメージされる萩（248ページ）や金沢は、城下町である以上、小江戸と呼ばれるほうが都市構造としては適切だった。ただ、都市としての伝統は、江戸よりも京都のほうが長く、王朝文化の雅《みやび》やかなイメ

城下町―川越　埼玉県川越市

町並み情報
小江戸の愛称で親しまれる川越の城下町。
明治26年（1893）の大火の教訓によって防火性が強化された蔵造りの商家が軒を連ねる。

お役立ちサイト
小江戸川越観光協会

関連施設
川越市立博物館・川越市蔵造り資料館・川越市立図書館（郷土関連の資料が充実）

城下町川越の点景。**川越市公式ホームページ**のトップから「観光」をクリックすると、城下町に関連する広範な情報を入手できる。トップから「くらし」「文化・教養」を経由して「川越市の文化財」に到達すると、「川越市の指定文化財」「最新の発掘調査成果」「川越市歴史的風致維持向上計画」など、専門的情報を入手できる。

ージもプラスに作用した。また、萩城主の毛利氏や、金沢城主の前田氏にしてみると、徳川家への対抗意識から、自分たちの町を「小江戸」と呼ぶことへの抵抗感が強かったと思われる。

このような要素により、日本全国の古い町並みは、江戸時代以降、最大の都市となった江戸をリスペクトすることなく、京都へのあこがれから、小京都と称された。また、小京都という呼び方は、古都京都の雅な情感をイメージさせ、集客力を高めるため、昭和40年代以降、観光業界や自治体によって多用されることにより、定着している。

全国京都会議には、小京都を観光資源とする自治体が加盟。「小京都と京都ゆかりのまち」というサイトには、北は秋田県の角館《かくのだて》

（162ページ）から南は鹿児島県の知覧《ちらん》（103ページ）まで、全国京都会議に加盟する小京都の一覧が掲載される。また、一覧表は、それぞれの自治体や観光協会が運営するサイトとリンクしており、日本全国の小京都の情報を入手できる。

小京都以外でも、歴史的町並みのなかで、伝統的建造物群保存地区（伝建。80ページ）に指定された自治体は、全国伝統的建造物群保存地区協議会（伝建協）を結成。その公式サイトには、活動理念や協議会に加盟する城下町や宿場町などの多彩な情報が掲載される。

また、門前町が存在する自治体は、全国門前町サミットを結成。サミットの中心的存在である成田市の公式サイトには、「全国門前町マップ」が掲載される。「全国門前町マップ」には、北は山形県鶴岡市から南は大分県宇佐市まで、加盟する自治体が掲示され、自治体や観光協会が運営するサイトとリンクし、日本全国の門前町の情報を入手できる。

「古地図で歩けるまち」

彦根

彦根の歴史的町並みは、江戸時代初期に創成された城下町の典型例であり、その面影が濃厚に今日に伝えられる。川越ほど大々的にキャッチフレーズとして使用されてはいないものの、小京都ではなく、小江戸と称される数少ない城下町である。

ここでは、ありし日の姿を描いた古地図を手に城下町を探査するプロセスを紹介。その上で、城下町が誕生してから現在に至るまでの経緯を説き明かしながら、歴史的町並みとしての見所と探査の仕方について具体例をあげながら、紹介したい。

「国宝・彦根城築城400年祭」のイメージキャラクターとして登場したひこにゃん。その効果は絶大であり、平成18年（2006）度の入城者数を前年の50万人台から80万人台へと押し上げている。

彦根城には、国宝指定の天守をはじめ、天秤櫓《てんびんやぐら》や太鼓門などの建物が今日に伝えられる。また、壮大な石垣や水堀も見所となっている。かつて、見学客の姿は、ひこにゃんショーが開催される彦根城博物館や天守周辺に限定されていたのだが、近年の城郭ブームにより、西の丸三重櫓や、城跡の最北端に位置する山崎郭周辺でも、見かけるようになった。また、彦根城とともに栄枯盛衰の歴史をたどった城下町エリアにおいても、地図を手に散策する歴史ファンと出会う確率も高くなりつつある。

彦根の城下町は、「古地図で歩けるまち」の一つである。この「古地図で歩けるまち」は、萩市がキャッチフレーズとして掲げている。ただし、萩の城下町に限らず、歴史的町並みを訪れたとき、古地図を手にして散策ができるのであれば、その町には、往時の「町割り」が残されていることを意味する。

●古地図から読み解く歴史的町並みの「町割り」

「町割り」は、歴史的町並みを知るための鍵となる言葉なので、解説を加えたい。

一つの町を新規に創成する、または抜本的に改造することを「町割り」という。

町割りという言葉を現代用語に置き換えると、都市開発、もしくは都市計画に等しい。「割る」という言葉は割り振るに等しく、町を構成する道路や住居の配置が町割りによって定められた。

また、町割りは、計画するという動詞的意味合いだけでなく、「古い町割り」「碁盤の目状の町割り」というように町の状態を示す名詞としても使われる。

町割りという言葉の具体的使用例としては「太閤町割り」があげられる。

室町時代前期の博多は、朝鮮や明との交易の中継拠点として繁栄したが、戦国時代には激しい争奪戦が繰り返され、戦火によって荒廃した。天正15年（1587）の九州征討後、豊臣秀吉は、博多の町を復興した。その時の復興計画は、のちに「太閤町割り」と称された。太閤町割りでは、住民の利便性が重視され、碁盤の目状の整然とした街路によって復興されたことから、博多の繁栄の基礎を形成している。

城下町─金沢　石川県金沢市

町並み情報
長町の武家屋敷をはじめ、主計（かずえ）町の茶屋町、卯達（うだつ）山麓の寺町など、金沢市内の各所には、城下町の遺構が点在する。

お役立ちサイト
金沢旅物語

関連博物館・図書館
前田土佐守家資料館・金沢城

長町の武家屋敷。城下町の典型的な光景が伝えられる。「**金沢城ARアプリ**」は、金沢城や兼六園を探査しながら、過去の研究の成果や絵図面などが閲覧できるように、開発されたスマートホン向けのアプリ。同じようなＡＲ（拡張現実）は、肥前名護屋城、高槻城、安土城、上田城などで試行される。

さて、萩の城下町は、「古地図で歩けるまち」というキャッチフレーズを掲げるほど、江戸時代の「町割り」が今日に伝えられている。また、木戸孝允《たかよし》や高杉晋作《しんさく》をはじめ、維新の志士たちの武家屋敷や、江戸時代初期に創建された商家の菊屋など、数多くの往時の建物が残される。

そのため、萩の城下町では、町割りとともに江戸時代に創建された建築群が伝えられることにより、ありし日の姿が偲ばれる。

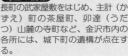

また宿場町の妻籠《つまご》宿は、町割りとともに江戸時代創建の古建築が保存され、数百年の時を越えたタイムスリップに等しい感覚を味わうことができる（189ページ）。

加賀百万石の城下町の金沢は、長町の武家屋敷をはじめ、主計《かずえ》町の茶屋町、卯達《うだつ》山麓の寺町など、往時の建築群が今日に伝えられる。ただし、城下町全体については、明治維新以後の都市開発により、江戸時代の町割りが姿を消し、「古地図で歩けるまち」に該当しないエリアも多い。当然のことながら、「古地図で歩けるまち」を掲げる萩であっても、萩市役所周辺は道路の拡張により、江戸時代の町割りとは変化しているエリアも認められる。

善光寺の門前町として発展した長野は、江戸時代創建の古建築は皆無に等しい状況である。江戸時代の町割りも都市開発によって変化したが、今日に継承されているエリアも存在する（219ページ）。

彦根の城下町については、やはり道路が拡幅している部分はあっても、江戸時代の町割りから大幅な変化は認められない。ただし、桜田門外の変で非業の最期を遂げた井伊直弼《なおすけ》が青少年時代を過ごした埋木舎《うもれぎのや》をはじめ、武家屋敷や商家が城下町に残されるものの、その密集度は萩や金沢には劣る。

つまり、歴史的町並みを比較すると、それぞれの町割りや建物の保存状態は異なる。萩の城下町や、妻籠の宿場町のように、往時の建物が残されていれば、誰でも歴史的町並みであることが理解できる。その一方、建物が存在しないと、往時の町割りが残されていても、気づくことなく、素通りしてしまうことになる。たとえ、往時の建物が存在しなくとも、城下町、宿場町、門前町だったころの町割りを知ることのできる情報源が古地図なのだ。

古地図で歩けるまち—彦根１　滋賀県彦根市

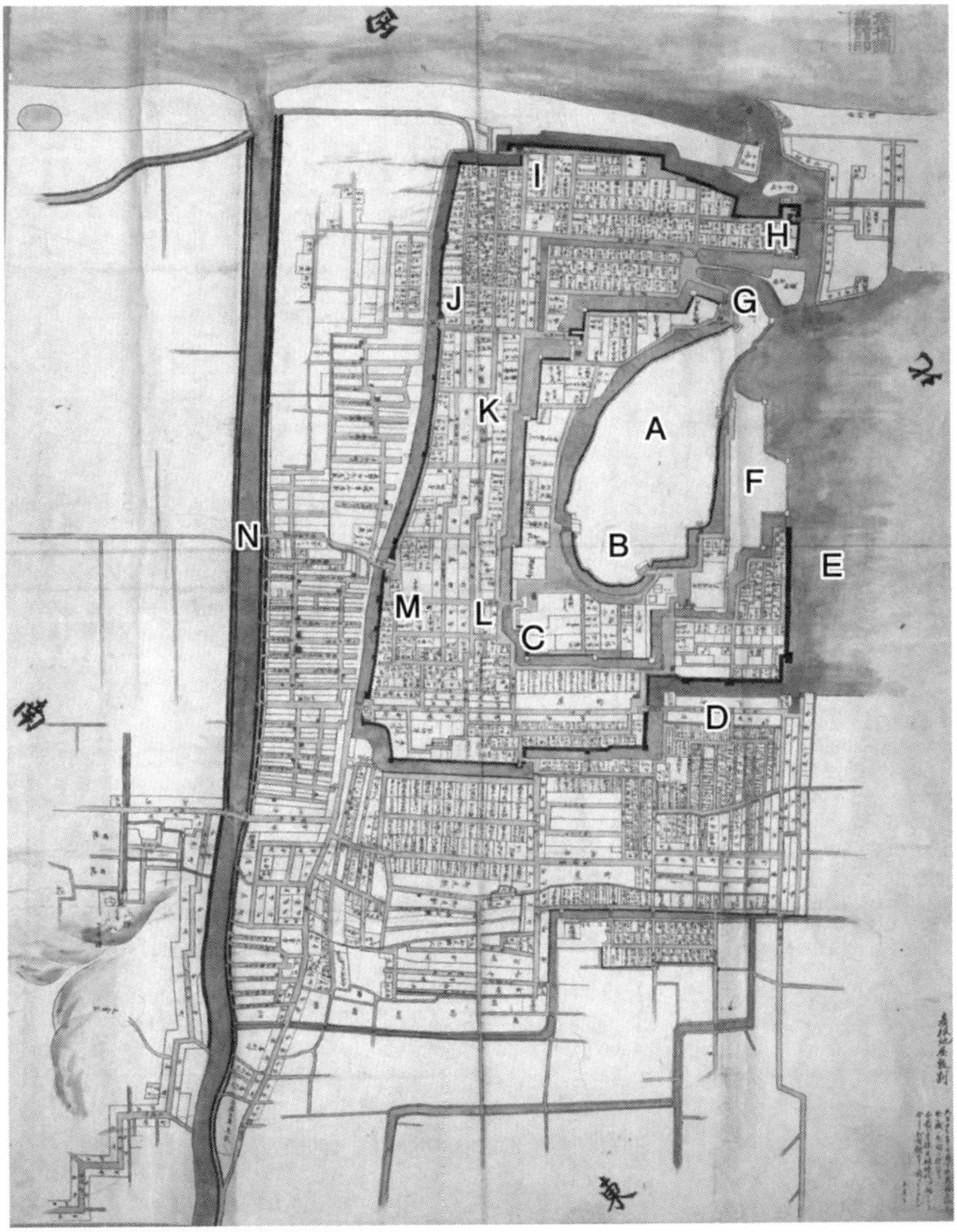

「彦根地屋敷割絵図」（彦根市立図書館蔵）Ａ本丸　Ｂ彦根城博物館　Ｃ内曲輪（彦根東高校）Ｄ埋木舎　Ｅ琵琶湖（彦根総合運動場）Ｆ玄宮園　Ｇ山崎郭　Ｈ舟町口（滋賀大学グラウンド）Ｉ教禅寺　Ｊ圓常寺　Ｋ鍵の手道　Ｌ京町口　Ｍ寺町　Ｎ芹川
地点Ａ～Ｎは、43ページの地図、50ページの俯瞰写真と共通。

●古地図を手にして歴史的町並みを歩く

カラーページで紹介した「彦根地屋敷割絵図《じやしきわりえず》」は、江戸時代後期に作成された古地図であり、往時の彦根の城下町の姿が描かれる。

滋賀県立図書館が運営する「近江デジタル歴史街道」のサイトの検索欄に「彦根地屋敷割絵図」と入力すると、カラーページで紹介したものと同じ図面を細部まで閲覧することができる。プリントアウトも可能なため、必要な個所を使い勝手のよい縮尺に設定した上で、古地図を手にしながら、彦根の城下町を探査することができる。「彦根地屋敷割絵図」の全体の細部まで読み解けるように紙媒体で提示するためには、折り込みの付録サイズになるところ、「近江デジタル歴史街道」を活用すれば、パソコンの画面で全体から細部まで閲覧することができる。

また、「彦根城博物館」のサイトの「収蔵品」のページには、「彦根御城下惣絵図《ごじょうかそうえず》」が掲載される。「彦根御城下惣絵図」は、「彦根地屋敷割絵図」よりも城下町の姿が精彩に表現される。「近江デジタル歴史街道」のサイトの検索欄で「彦根城」と入力すると、「彦根地屋敷割絵図」とは別バージョンの城下町の古地図をはじめ、明治以後に発刊された観光案内や彦根の市街図など、彦根城に関連する多彩なデータが列挙され、閲覧できる。また、カラーページで紹介した『滋賀県写真帖』の彦根城や玄宮園《げんきゅうえん》の古写真のように、歴史的町並みに関連するデータも収録されている。

「近江デジタル歴史街道」や、国立国会図書館の「デジタルコレクション」をはじめ、この数年のデジタルアーカイブの進化は目覚ましい（88ページ）。デジタルアーカイブに収録される多彩なアイテムを閲覧していると、時間の経緯を忘れるほど、見飽きることがない。出版物に掲載された絵図や古地図は、全体を把握できるが詳細を見分けることができない。その欠点が、デジタルアーカイブでは解消される。この楽しさは、実際に体験しないとわからない感覚なのだと思う。

●自治体サイトの歴史関連情報の活用法

試行錯誤を繰り返しながら、古地図と現在の地図を比較する作業は楽しいのだが、カラーページで紹介した「彦根城周辺詳細図」では、現在の地図の上に古地図が重ねられ、江戸時代と現代の町並みを対照することができる。彦根市だけでなく、各地の自治体では、城下町の古地図と現在の地図の対照図を作成し、ネットで公開している事例も多い。

「彦根市の公式サイト」から、「彦根城周辺」と検索。「彦根城周辺詳細図」を閲覧し、必要なサイズに拡大してプリントアウトすることができる。また、「彦根市の公式サイト」には、トップページに「歴史・文化財」のアイコンがあり、クリックすれば、「彦根の城下町―40

0年前の都市計画―」「文化財解説シート」など、多彩な情報を見ることができる。

なお、歴史的町並みに関連する観光サイトは、観光協会と自治体が別々に作成するパターンが多い（94ページ）。彦根市については、「彦根市の公式サイト」に加え、彦根観光協会作成の「彦根観光ガイド」からも、城下町に関連する情報が入手できる。

カラーページで紹介した「彦根城周辺詳細図」のような城下町の新旧対照図は、各地の研究者が数多くの資料を検証し、実際に現地を踏査しながら作成されており、自身で比較しながら検証する意味はないかもしれない。ただし、古地図を読み解くという作業は、歴史的町並みの構造を知る上では大切であり、しかも、往時の町割りが現代に伝えられたポイントやエリアを発見できたときの喜びは、実際に訪れてみたいと思う原動力となる。

くわえて、新旧対照図は現代の地図の上に古地図を組み合わせるためのデザイン的手法が確立されてなく、理解しにくいという欠点もある。そう考えると、対照図が存在しても、古地図と現在の地図を用意し、二つを検証した上で、プリントアウトした地図を手に歴史的町並みを散策すれば、その歴史的変遷をたどることができる。

ちなみにスマートホンやタブレットを利用すれば、現地で地図を手にする必要がないものの、筆者の場合は、プリントアウトした紙媒体を利用し、必要に応じてメモを書き入れるタイプであり、アナログな一面が残存している。

古地図で歩けるまち—彦根２

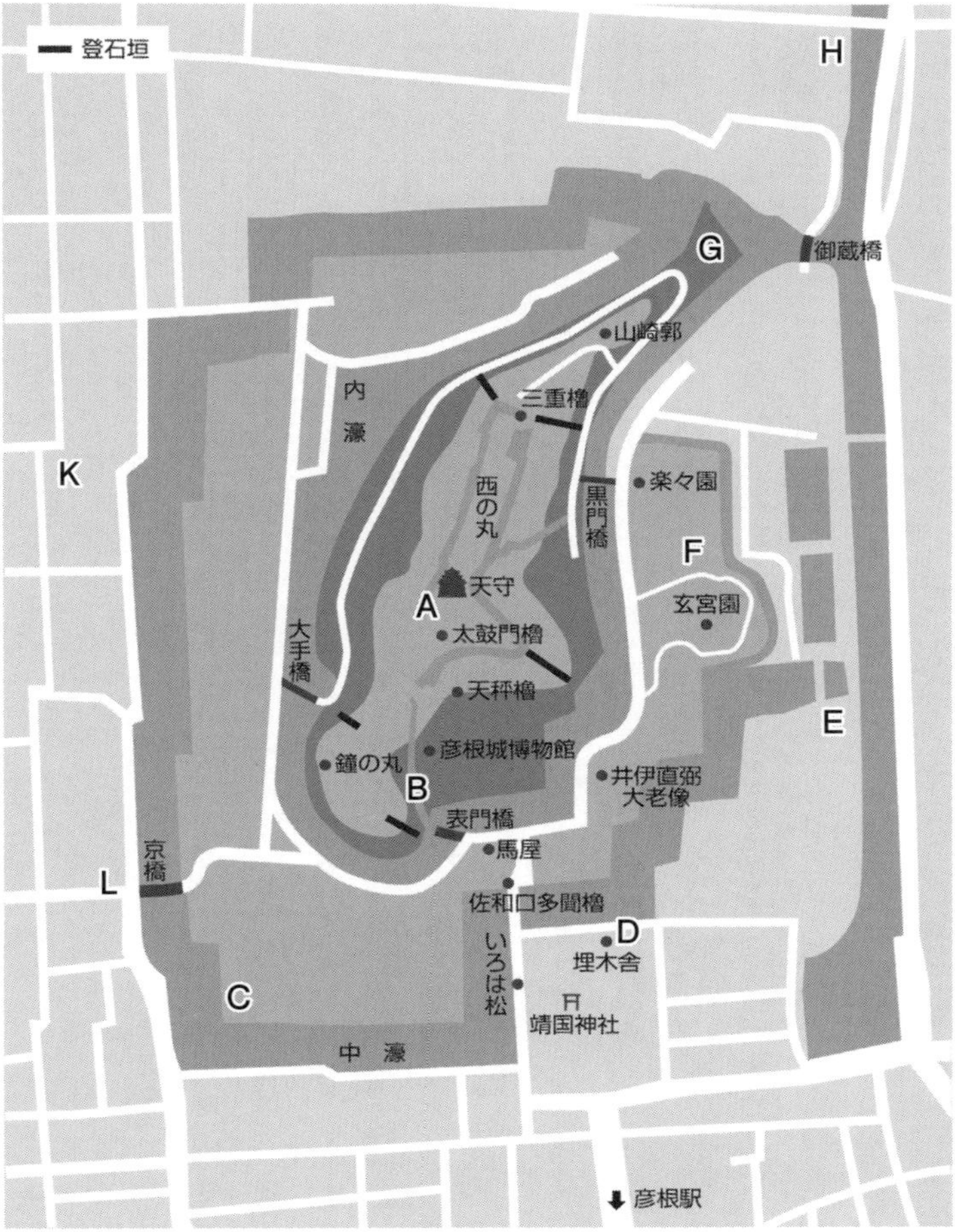

彦根城下町現状図（『歴史通　日本の名城30　城通になるために』より転載）イラスト化された現代の地図の例として紹介。39ページの「彦根地屋敷割絵図」と比較すると、町並みの変遷が読み解ける。A本丸　B彦根城博物館　C内曲輪（彦根東高校）D埋木舎　E琵琶湖（彦根総合運動場）F玄宮園　G山崎郭　H舟町口（滋賀大学グラウンド）K鍵の手道　L京町口。

●古地図解読法――崩し字が読めなくとも何とかなる？

「彦根地屋敷割絵図」のような江戸時代に作成された古地図は、現在の地図と比較することにより、歴史的町並みの変遷を知ることができ、かつての姿を推測することができる。

ただし、江戸時代に作成された古地図や絵図には、崩し字（草書体《そうしょたい》）で表現される例も多い。そのため、古文書が読めなければ、古地図を理解できないかというと、そうでもない。まず、古地図や絵図の文字は、崩し方が極端ではなく、定型的といえ、読みやすい部類である。

筆者は、大学時代の専攻が近世の農民闘争史だったことから、古文書が読めないと駄目なはずなのだが、すらすらと読みこなせるレベルではない。といって、まったく読めないこともなく、古地図や絵図の文字であれば、だいたいは読めるという微妙なレベルにある。

古地図に記載される文字は、地名、人名、数字、単位が多い。地名については、現在の地名から、類推することができる。武家屋敷の主であることを示す人名については、左衛門《ざえもん》、兵衛《べえ》、之助《のすけ》など、よく使われる文字を把握しておくと、姓名であることはわかる。数字については、「壱弐参《いちにさん》」という大字《だいじ》と称される画数の多い数字や、「廿《にじゅう》」「卅《さんじゅう》」などの特殊な用例を理解していると、数字だということがわかる。面積や長さを示す坪・丁・間《けん》などの単位も把握しておきたい。以上のような文字を記憶していると、おおまかな情報を読み解くことができる。

古地図に表記された「崩し字」の読み方

①

②
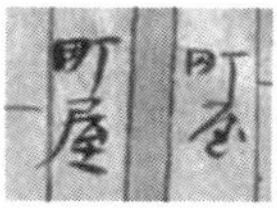
③
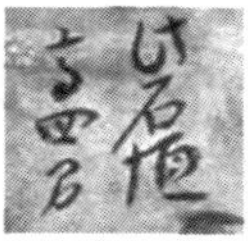
④
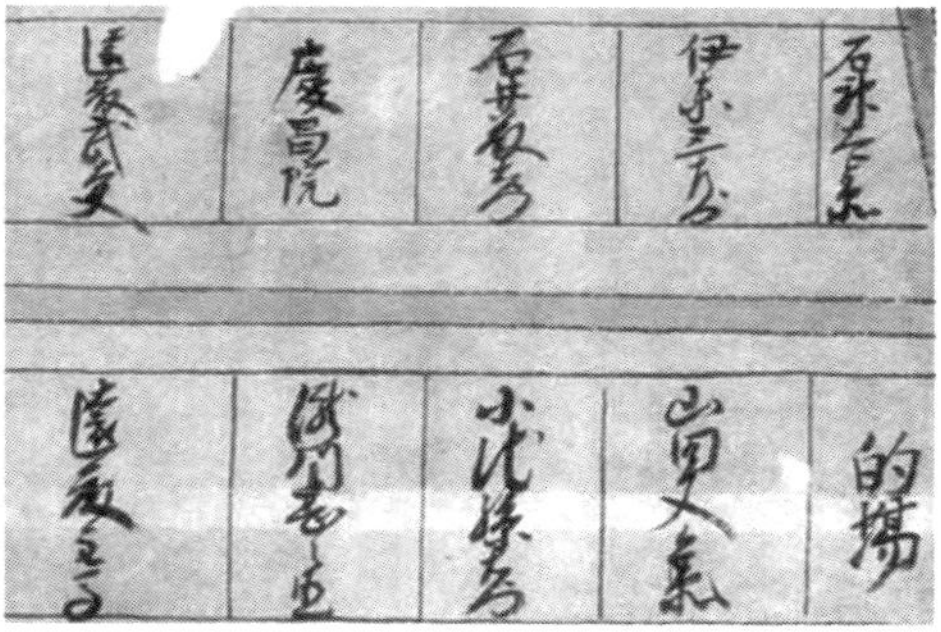
⑤

⑥

⑦

⑧
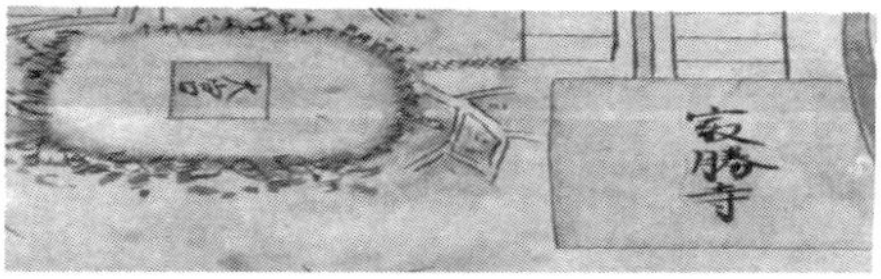

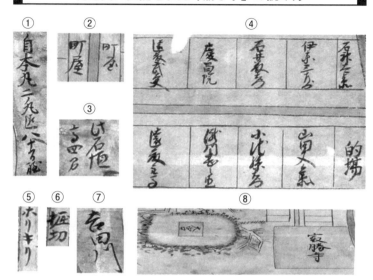

①自本丸二ノ丸迄八十間程。「本丸より二ノ丸まで八十間ほど」と読む。「間」（けん）は長さの単位で1.8メートル。「万」に似た字で崩され、古地図では頻用される。
②町屋。同じ文字であっても、書体が異なることも多い。
③此石垣高四間。「この石垣高さ４間」と読む。「此」「高」は古地図では頻用される。
④左上より、遠藤？？・慶昌院・石井？左衛門・伊東三右衛門・石？太兵衛・遠藤？　馬・？門壱之丞・小代孫左衛門・山田又兵衛・的場。郡上八幡城下の重臣屋敷に列挙された人名。崩し字辞典を利用すれば、判読は可能であっても、不明な文字は「？」とした。重臣の名前から武家屋敷の変遷を知るときには、きっちりと判読する必要があるものの、城下町のアウトラインを知るためには、名前が不明であっても不都合は生じない。遠藤姓が多いのは、このころの郡上八幡城主が譜代大名の遠藤氏であることによる。
⑤ホリキリ。
⑥堀切。同じ言葉であるにもかかわらず、カタカナと漢字で示すという表記の不統一は、頻繁に見かける。
⑦吉田川。右田川にも見えるが、郡上八幡周辺の現在地図で確認すると、正解は吉田川。
⑧最勝寺。「最」の文字の崩し方が微妙なため、現在地図で確認すると、隣接する大宮＝日吉神社との位置関係から最勝寺であることが判明。
カラーページで紹介した「美濃郡上之城図」（国立国会図書館蔵）の一部を拡大して使用。

あくまでも、古地図は図版とみなし、なじみのない外国語で表記された地図と同じように、読めない文字は、無視してもよいと思う。

歴史と接する方法は、人それぞれであり、「古文書は読めないといけない」「年号を暗記しなければならない」など、何かをしなければいけないという拘束を設定せず、自分自身の方法論を見つけることが秘訣なのだと思う。その一方で、古地図を糸口にして、古文書の読解に挑戦することも素晴らしいと思う。

東京大学史料編纂所《へんさんじょ》のサイトに掲載される「電子くずし字字典データベース」では、漢字を入力すると、崩し字の用例の一覧が提示される。その反対に崩し字を入力して解読することは、いまの技術では可能であり、今後の進展が期待される。

彦根城天守から城下町を一望する

まったく下調べをしなくとも、彦根であれば、まず彦根城博物館へ寄り、展示によって歴史を知り、パンフレット類を入手してから城下町エリアへ行くという方法もある。だが、とことん歴史的町並みを知るには、できるだけ、古地図や現在の地図との照合や、ネットで収集できる情報を事前に入手してから現地を訪れたほうがさまざまな発見に恵まれるだろう。

究極の事前調査として、「グーグルアース」を利用すれば、歴史的町並みの路地裏まで知ることができる。実際に訪れたときの感動が薄れるというマイナス要素もあるものの、歴史的町並みの現状を知るための手段として活用できる。

彦根城の城下町を実際に訪れるときには、まずは彦根城へ立ち寄り、天守の最上階から城下町を一望することにより、位置関係を掌握したい。

39ページの「彦根地屋敷割絵図」の地点Aが天守の聳《そび》え立つ本丸にあたる。だが、城の中心エリアは、軍事上の機密情報にあたることから、一色で塗りつぶされている。「近江デジタル歴史街道」に収録される「彦根城旧形《きゅうけい》絵図」には、本丸周辺の城内の様子が描かれている。

「彦根地屋敷割絵図」のようなタイプの絵図は領民も目にすることができたものの、「彦根城旧形絵図」のようなタイプの絵図は、城主をはじめ、藩内のトップクラスだけが閲覧可能な機密情報だった。つまり、現在では公開されている絵図であっても、江戸時代においては地図として公開されているタイプと非公開のタイプに二分されていた。

江戸時代には、城主や限られた人たちだけに昇ることが許された天守の最上階から俯瞰可能なエリアは、反対側の視点からすれば、天守を仰ぎ見られることを意味する。彦根城のような小高い丘の上に立つ天守は、城主の権威を領民に知らしめるには絶好の存在だった。城下町を散策しているときも、天守が見える位置にあるかに留意していると、その存在意義が実感できよう。

城の近くに駐車し、息を切らせて天守の最上階まで登り、地点Bに位置する彦根城博物館で「ひこにゃんショー」を見学する程度なら、2時間もあれば十分である。だが、城下町の中核に位置する彦根城を十分に探査するのには、3時間は必要となる。また、地点Fの玄宮園や、地点Dの埋木舎などの周辺施設や、城下町エリアを含めて見尽くすには、1日がかりとなる。ある意味、圧倒的多数の観光客が1時間から2時間で彦根城の見学を終えるなか、じっくりと城と城下町を1日がかりで古地図を手にしながら探査することは、歴史的町並みを巡ることを楽しみとする人のアイデンティティなのかもしれない。

●名君として慕われた石田三成の残像

これまでは、彦根城と城下町を訪れるまでのステップについて紹介した。これからは、彦根の城下町が譜代大名の井伊氏によって創成され、今日に至るまでの経緯を多角的に説き明かしながら、その見所について具体的に紹介したい。

徳川四天王《してんのう》の一人として知られる井伊直政《なおまさ》は、関ヶ原合戦での武功を認められ、高崎城12万石から佐和山《さわやま》城18万石へと栄転。だが、直政は慶長7年（1602）、関ヶ原合戦で受けた傷が治らないまま没し、城主の座は長男の直継《なおつぐ》が相続した。

佐和山城の前城主の石田三成《みつなり》は、民衆統治術に優れていたことから、領民に慕われていた。三成が関ヶ原合戦に敗れ、佐和山城が陥落したのちも、領民の心の奥底には三成を慕う思いが残されていた。井伊氏が新しい領主として君臨するためには、三成が本拠とした佐和山城を廃し、新しい城を築く必要があり、新しい城と城下町を建設するという直政の思いは、直継に受け継がれた。

関ヶ原合戦後、転封を命じられた大名は、新天地での居城を現代の引っ越しにたとえると、「そのまま中古物件に入居する」「リフォームする」「新築する」の三つのパターンに分かれる。井伊氏の場合、佐和山城という中古物件を使用しながら、彦根城を新築しようとしたのだ。

●木俣土佐—異色の経歴を誇る都市プランナー

井伊家の新当主の直継は、まだ13歳の少年だったことから、彦根城と城下町の建設は、木俣《きまた》土佐《とさ》（守勝《もりかつ》）が指揮した。

木俣は、徳川家康に側近として抜擢されながらも徳川家を離れ、明智光秀《みつひで》に仕えたのち、徳川家に復職するという異色の前歴の持ち主だった。公式な記録では、徳川家を離れたのは、家

古地図で歩けるまち―彦根3

佐和山城より彦根城と城下町を俯瞰。A本丸　B彦根城博物館　E琵琶湖（彦根総合運動場）
F玄宮園　I教禅寺　N芹川
筆者は城郭研究者としての一面もあるのだが、城郭の話題については必要最小限にセーブした。

彦根城下町の点景。江戸時代以来の古建築に見えながらも、銭湯。残念ながら筆者が入浴したのちに廃業。

町並み情報

城下町には、武家屋敷や蔵造りの商家が点在するとともに、江戸時代と変わらない町割りが今日に伝えられる。

お役立ちサイト

彦根観光ガイド。彦根市公式サイトに収録される「歴史・文化財」には、城下町の多彩な情報が掲載される。

関連施設

彦根城博物館

康との感情的対立とされる。だが、いったん浪人となったのは、名築城家として知られる光秀の家臣となり、築城技術のノウハウを伝授されることが目的だったとも想定できる。産業スパイのように潜入したというより、光秀が将来の布石として家康とのパイプを維持するため、石垣の築造術や都市開発などのマネジメント術を木俣に伝授したのかもしれない。

天正10年（1582）、旧武田領が徳川領に組み込まれると、木俣は、武田家の旧臣をスカウトする役割を命じられた。木俣は、闘将として名高い山県昌景《やまがたまさかげ》の旧臣たちを召し抱えることにより、武田家のなかでも最強部隊として名高かった「赤備え《あかぞなえ》」の軍団を再構成した。赤備えとは、甲冑《かっちゅう》や武具を赤一色に統一した戦闘集団を意味し、「ひこにゃん」の赤い兜の由来ともなっている。

武田信玄は、信玄堤《しんげんづつみ》と称される河川堤防を建設し、領内の鉱山を掘削して金銀を採取するなど、土木関連の事業を得意とした。そのため、木俣は、武田家の旧臣から、土木関連の優秀な技術者もスカウトしたと想定できる。

家康は、木俣に対し、井伊直政の配下として支えることを下命する。木俣は、赤備えの軍団と土木技術者を引き連れ、直政に仕えた。そして、直政の死後、その遺志を受け継ぎ、新しい城と城下町を建設するという一大プロジェクトを実行することになったのだ。

●城下町創成に生かされた甲州流治水術

琵琶湖のほとりに位置する彦根は、湖上交通を利用できるウォーターフロントタイプの都市であり、城下町を建設するスペースにも恵まれていた。

「彦根地屋敷割絵図」（39ページ）の地点Eは、かつては琵琶湖の入江だったが、現在の地図と比較すると、彦根総合運動場にあたり、都市開発によって琵琶湖が埋め立てられ、市街地が拡大されたことが読み解ける。また、大正12年（１９２３）刊行の「彦根市街図」（「近江デジタル歴史街道」収録）と現在の地図とを比較してみると、まだ琵琶湖の入江は残されており、地点Fの玄宮園は、琵琶湖に接していたことが読み解ける。

地点Gの山崎郭は、彦根城の北西端にあたり、往時の石垣が今日に伝えられる。さすがに山崎郭まで足を延ばすと、観光客の姿はなく、熱心な城郭ファンと、散歩をする地元の方に限られる。地点Gから望まれる野球場の周辺は、古地図と現代の地図を比較すると、琵琶湖の入江だったことが読み解ける。

彦根城は、琵琶湖によって北西の守りを固めるとともに、城下の西側を流れる地点Nの芹川を天然の堀として敵の襲来に備えた。

彦根城では、東側の防御を重視していないことが、「彦根地屋敷割絵図」から読み解ける。

彦根城は、大坂城の豊臣氏に対抗するために築かれたことから、西からの攻撃を重視していて、江戸寄りの東からの侵攻を想定していなかったのだ。

地点Nの芹川は、彦根の城下町を守る防衛ラインとして期待されたが、氾濫を繰り返し、流路が安定していなかった。そこで、木俣は蛇行する芹川の流路を直線とし、堅固な堤防を築くことにより、水害の危機を防ぎつつ、城下町のスペースを拡大しながら、西側の守りを固めようとした。

武田信玄が編み出した河川改修の技術は、甲州流治水術と称される。木俣は、甲州流治水術を習得した武田家の旧臣を活用し、困難な土木工事を成功へと導いたのだ。領民たちは、堤防建設の作業に徴集されながらも、この工事が新しい町を作るには必要なステップであることを理解し、監督役の武士と一体となって作業に励んだと伝えられる。

江戸時代の初期、日本各地では、数多くの城下町が創成された。そのとき、領主と領民が一体となって新しい町作りに励むことができたか否かは、都市としての基盤を築く上で、重要なファクターとなった。彦根藩井伊家では、城と城下町を領民と一体となって創成することにより、領民からは名君と慕われた石田三成の残像を消し去ることができたと評価できる。

木俣は、土木作業を終えると、堤防上に欅《けやき》、椋《むく》、檜《ひのき》などの木を植えることを下命。樹木が根を張ることにより、堤防の強度が高まる効果が期待できた。芹川堤の欅並木の風景は、今も彦根の城下町を象徴する風景として市民に親しまれ続けている。

芹川の堤防は、大雨によって決壊すると、南西の農村が被害を受け、北東の城下町側は守られた。これは、あらかじめ城下町側の堤防が高く造成されたことによる。農村と城下町が受ける被害総額の差を考えれば、避けられない「苦肉の策」だった。

水害を繰り返す「暴れ川」として名高い木曾川《きそがわ》では、御三家の尾張徳川家の本拠である名古屋城を重視し、名古屋よりの堤防を対岸よりも高く築くことが定められていたのも、同じ論理に基づいている。なお、今日では、このような両岸のどちらかに優先順位をつけ、堤防を設計することは、原則としてありえない。

また、かつて芹川の南西側は田園風景が広がっていたが、市街化されていったことを新旧の地図から読み解くことができる。

●城下町彦根の古地図で歩けなくなったエリア

彦根の城下町は、木俣の優れたプランニングと施工管理により、日本全国の城下町のモデルケースとなりえる構造を誇った（124ページ）。江戸時代初期に創成された城下町の特徴を箇条書きにすると、下記のようになるのだが、彦根城の城下町は、そのすべてがあてはまる。
・重臣は、城内の三の丸に屋敷を構えるなど、身分が高い家臣ほど、城に近い位置に屋敷を割

り振られた
・敵の侵入に備えるため、折れ曲がった町割りで構成された
・商人や職人の居住区は城下町の外縁部《がいえんぶ》に設定された
・城下町を防御するため、寺院を特定の区域に集めて寺町を形成した

彦根城は、「彦根地屋敷割絵図」の地点Aの本丸を防御するため、内堀が造成された。そして、彦根城では内曲輪《うちくるわ》と称され、三の丸に該当する地点C周辺は、中堀によって守られ、地点H・I・J・M・Dのラインには、外堀が築かれた。

三重の堀によって防御されたゾーンの中心には、城主が住む御殿が築かれ、その周辺には一族や重臣が居住。そして、城下町の外側には職人や商人の生活空間が設定され、本丸からの距離によって身分や格式の相違が示された。

地点Cは、彦根藩の重臣クラスの居住区だったが、現在は滋賀県立彦根東高校の敷地として利用される。

明治4年（1871）の廃藩置県後、日本各地では、城の本丸や二の丸までは保存されても、城下町との接点にあたる三の丸は、学校をはじめ、役場、軍隊の司令部、病院、裁判所、監獄、運動場などの公共施設や、地方銀行の本店、地元資本の本社、工場などに転用されることが多かった。

彦根の城下町では、彦根東高校や隣接する裁判所の周囲は、江戸時代の町割りとは改変され、古地図では歩けないエリアとなっている。

彦根東高校は、明治9年に創立され、明治22年に現在地に移転。江戸時代中期に開設された藩校の流れを継承する伝統校として名高い。日本各地には、愛知県立時習館《じしゅうかん》高校や、福岡県立明善《めいぜん》高校など、江戸時代中期に藩士の教育のため開設した藩校の名称を継承している高校も存在する。藩校の流れを受け継ぐ伝統校の卒業生たちは、母校への愛着が強く、それぞれの城下町のなかで、特有の文化的土壌を築き上げている。

城下町特有の町割りを歩く

地点Kの周囲は、城下町時代の町割りが濃密に残される。ただし、現在の地図と比較すると、城下町時代よりも道が追加されたラインは認められる。

地点Kは、城下町特有の道筋の折れの典型例であり、周囲からは天守の姿を仰ぎ見ることができる。曲がり角から城側には、昔ながらの和式建築が残される。かつて著者は、その建物が銭湯として営業していたころに入浴した。数字ではなく、「いろは」で識別された木製の脱衣ロッカーが印象に残っている。

彦根の城下町には、この銭湯に限らず、明治から昭和初期までに建設された和式建築や、和洋折衷の建築が今日に伝えられる。日本全国の歴史的町並みでは、明治から大正にかけての建築物については、その多くが文化財に指定されるなど、保存への道筋が開かれつつある。ただし、昭和初期以降に建築され、歴史的景観を演出する建物を保存する方向性については、正解のない難問として残されている。

彦根城を取り囲む三重の堀のうち、内堀と中堀は今に伝えられるのに対し、外堀は、明治維新以後の都市開発により、徐々に姿を消していった。

地点Jの圓常寺《えんじょうじ》は、塀で境内を取り囲むことにより、外堀の一画を出城《でじろ》のように守るという意図を秘めて建立された。古地図と現在と地図を比較するとき、圓常寺をはじめ、周囲の寺院をランドマークとして活用すると、外堀の大部分が埋め立てられながらも、小規模な排水路として残存し、埋め立てられた部分は道路として利用されていることが読み解ける。

城下町絵図に記載された寺院の大部分は、今も江戸時代と同じ地点に存在するため、古地図と現代地図とを比較するときのランドマークとして活用できる。また、堀は埋め立てられても、そのラインが道筋として生かされる事例が多い。江戸城の外堀を埋め立てた外堀通りは、その代表例としてあげられる。

総延長3・4キロに及ぶ彦根城の外堀の跡を一周することは、城郭の探査のようではあるが、城下町の外周部を巡ることにより、古地図に描かれた町割りを思い描きながら、現状を理解するという意義がある。

地点Mは、寺院が密集する寺町（68ページ）が形成され、境内を取り囲む塀や鐘楼により、外堀の守りを強化する役割が期待された。

地点Lの京橋から地点M近くの本町交差点との周辺は、「夢京橋キャッスルロード」と名付けられ、白壁と黒格子で統一された土産物屋や飲食店が軒を連ねる。彦根観光協会作成のホームページには「オールド ニュー タウン」と称されているように、城下町が再現されたのではなく、それらしいイメージが演出されたに過ぎない。建物は和風であっても、ある意味、彦根の城下町らしくないエリアであるのだが、観光振興のための一つの方向性として、評価したい。

明治維新後、彦根の城下町は、文明開化の波に乗り遅れたこともあり、かえって城下町の景観が保たれた。昭和28年から平成元年まで、旧彦根藩主直系の井伊直愛《なおよし》が彦根市長を務め、文化的都市の創成に意を尽くしたことも、景観の保存という面ではプラスに作用している。

2章

京都から江戸へ
—都市の歴史を読み解く

外敵の侵入に対して**無防備**だった**京都**。
「**惣構え**」によって守られた**江戸**。
都市の安全確保という視点から、
日本の**都市の歴史**を見直す！

無防備な「平和都市」京都が誕生した経緯

かつては江戸と称され、今は日本の首都としての役割を果たす東京。そして、延暦《えんりゃく》13年（794）の平安遷都以来、都として栄枯盛衰を繰り返した京都。

この二つの都市は、日本の歴史の中核を担い続け、いずれを紹介しても、書籍一冊分以上の情報量は十分にある。ただし、本書では、地方の城下町、門前町、宿場町を中心話題として取り上げるため、あまり多くの紙数を割くことができない。

そこで、京都と江戸（東京）という二つの都市の歴史を紹介するとともに、どのようにこれらの都市の安全が確保されたかという問題を提起しながら、ざっくりと、都市の歴史の全体像を考察してみたい。

古代の日本の都市は、中国の長安《ちょうあん》をモデルタイプとした。平安京遷都では、平城京《へいじょうきょう》での経験を生かしつつ、長安と同じように、北側の中央には、天皇の居住空間である内裏《だいり》が設定され、その南側には碁盤の目のように区画された町が造成された。

モデルタイプとした長安は、外敵からの侵入を遮断するため、強固な城壁が四周を取り囲ん

古都―京都１　京都府京都市

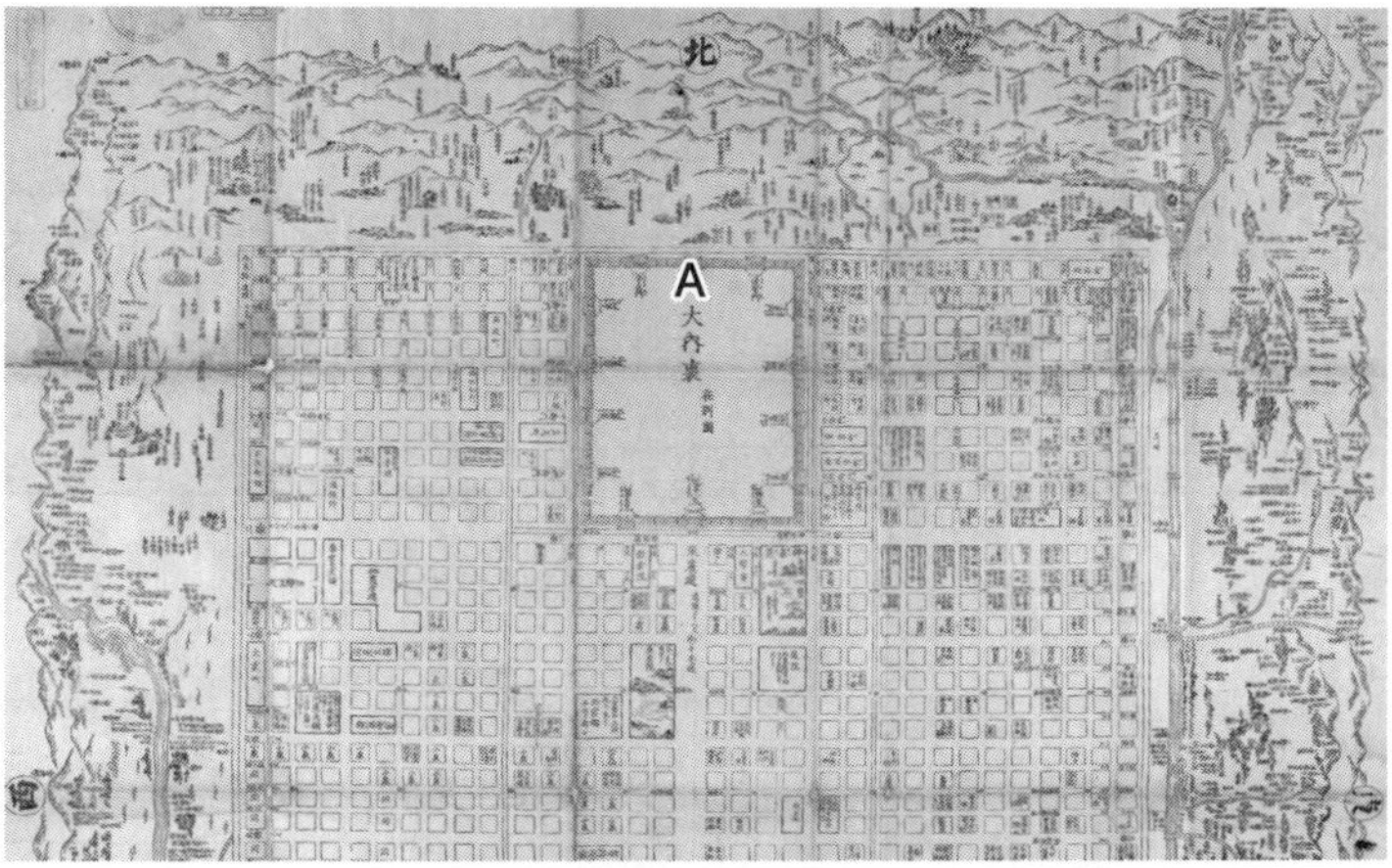

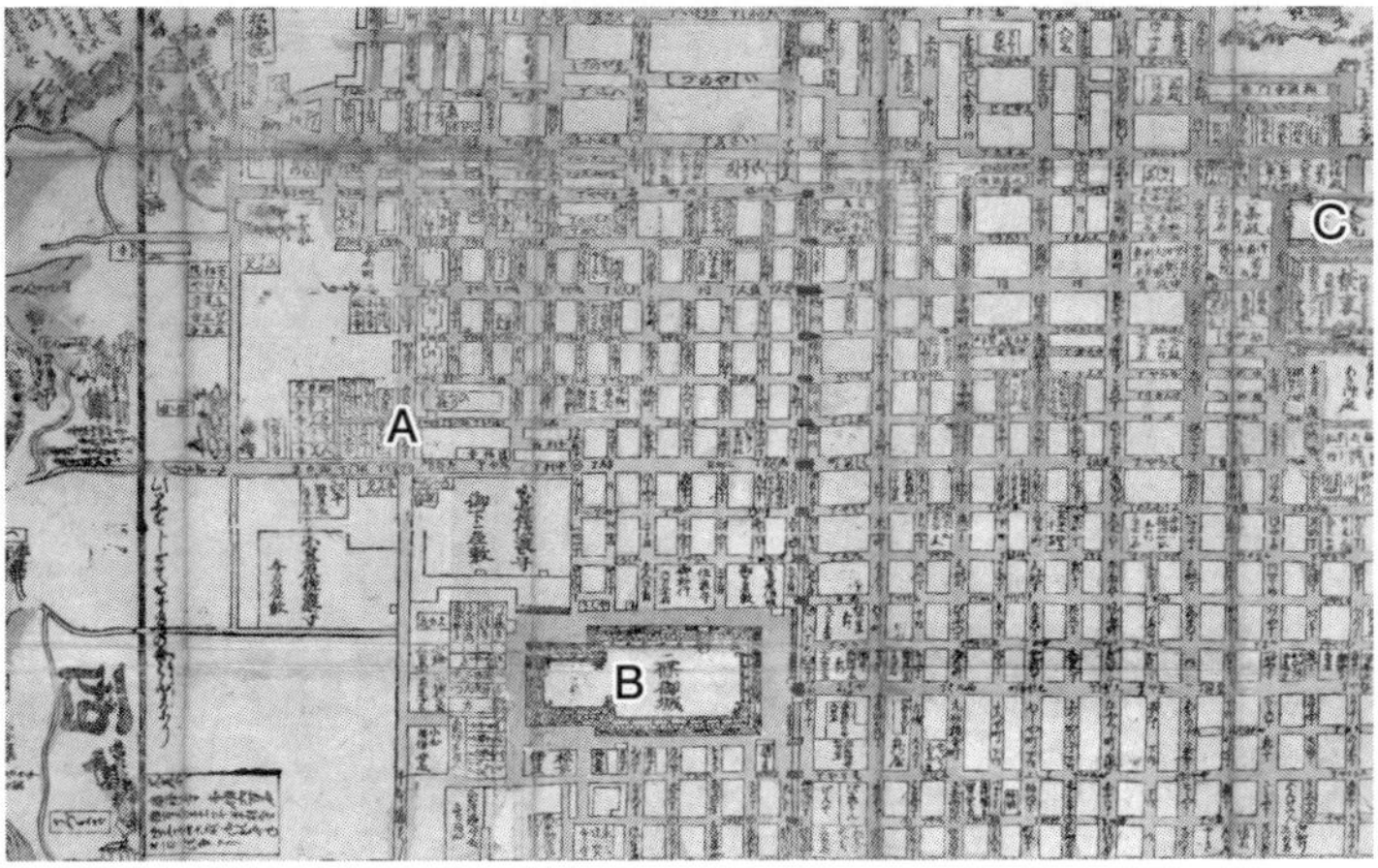

「京都古図」（上）「京都大絵図」（下）（２点とも国立国会図書館蔵）Ａ＝大極殿　Ｂ＝二条城　Ｃ＝禁裏（京都御所）上は、平安遷都時点での姿を想定して描かれた古地図。下は江戸時代の京都の姿を描く。御所は、平安時代の位置よりも東へ移動して縮小され、左京が右京よりも発展したことを読み解ける。「**京都大学電子図書館　古地図コレクション**」「**京都府立総合資料館　京の記憶ライブラリ**」は、京都を題材とした多彩な絵図や古地図を収録。

でいた。中国では、異民族の襲来や、内乱が多発していたことから、強固な城壁は、都市の安全を守るために不可欠な存在だった。また、ヨーロッパにおいても、全体を取り囲む防衛ラインは、都市の安全確保には不可欠だった。

だが、平安時代の日本は、諸外国と比較すると、外敵の侵入の危険が低く、大規模な内戦も勃発しなかったことから、首都を防衛する必要性が低かった。そのため、莫大な資金と労力を必要とする防衛ラインは省略された。

平安京は、外敵から襲撃されることなく、日本一の規模と人口を誇る都市として繁栄を続ける一方、整然とした長方形を基本とする都市の基本形態が徐々に崩れていく。

平安京は、東側の左京と比較すると、西側の右京は、低湿地が多かったことから、住民たちは指定された居住区から離れ、人口が減少した。

京都の中心に位置する内裏が災害を受け、一時的に移転した住居を里内裏《さとだいり》と称した。平安時代後期になると、本来の位置である北側中央のエリアに内裏が再建されることはなかった。そして、本来は里内裏であるはずの現在の京都御所が天皇の居住空間として定着していく。

つまり、長安をモデルタイプとした都市としての京都の姿は、なし崩し的に変化し、碁盤目状の街路だけが都市の形態として残されたと評価できる。

鎌倉
――武士の願いが込められた古都

鎌倉は、武士の、武士による、武士のための都だった。

源頼朝は、京都の朝廷とは別次元の武家政権を創生するため、鎌倉を本拠とし、幕府を開いた。古代の日本には、京都以外には1万人以上の都市が皆無に等しい状況のなか、頼朝は、京都に匹敵する都市を建設することにより、武家政権の実力を誇示しようとしたのだ。

平安京の中心に内裏が位置したのと同じように、鎌倉の中心には鶴岡《つるがおか》八幡宮が鎮座する。そして、鶴岡八幡宮から由比ヶ浜《ゆいがはま》へ向けて一直線に若宮大路《おおじ》が走り、この若宮大路を幹にして枝葉のように都市が拡大された。鶴岡八幡宮を中心に発展した鎌倉は、寺院や神社を中心にして発展した門前町（鳥居前町）の一種としても区分できる。

鎌倉時代の鎌倉と京都の人口は、ともに10万人前後と推定されており、京都に匹敵する都市を創生するという頼朝の悲願はかなえられている。

鎌倉は、武士による都であったことから、外敵の侵入という安全面でも配慮されている。鎌倉という都市は、前方は海に面し、三方を小高い丘陵に囲まれていたことから、盆地の中央に

門前町—鎌倉１　神奈川県鎌倉市

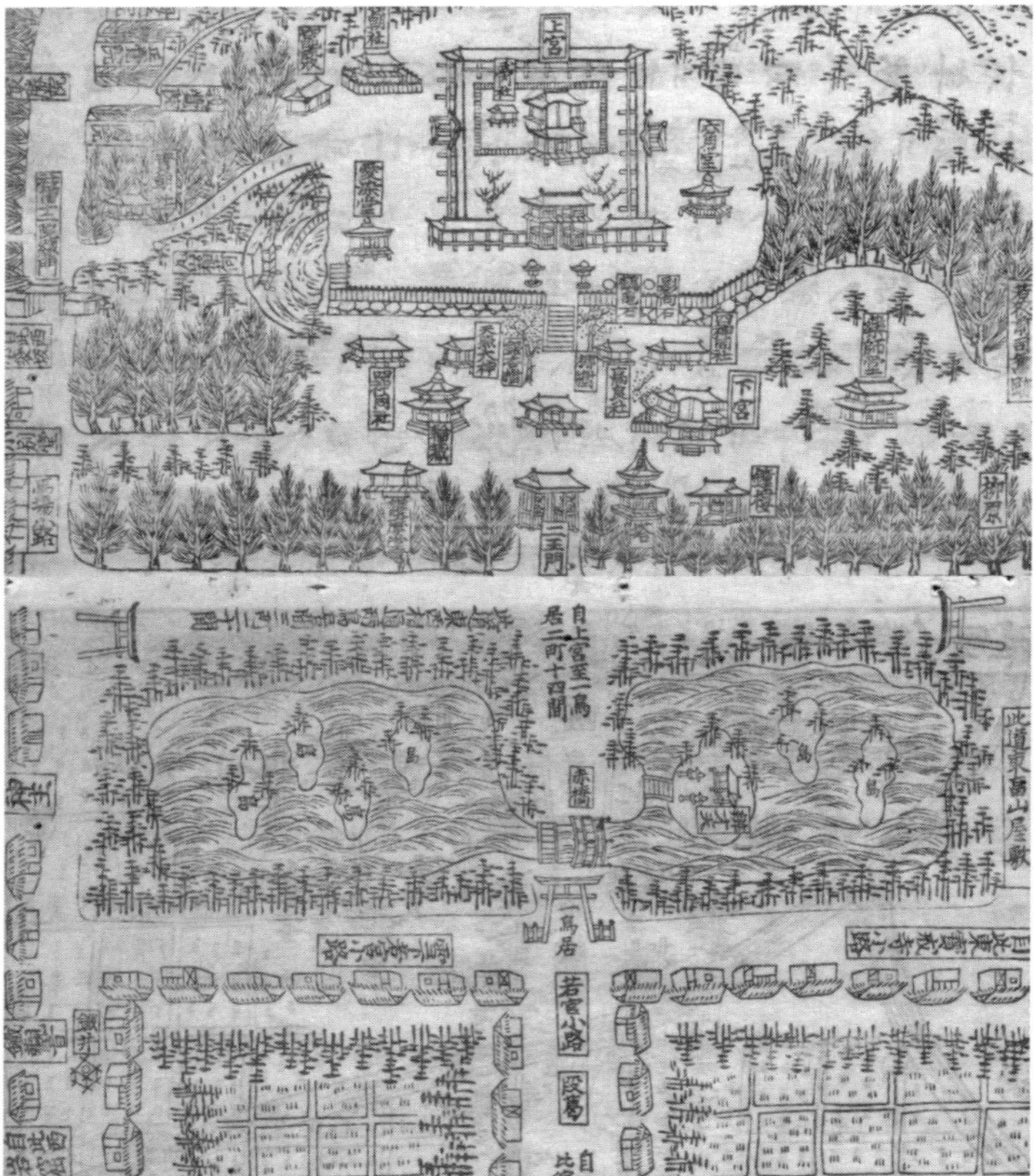

「新編鎌倉志１巻」所収「鶴ヶ丘八幡宮図」（国立国会図書館蔵）鎌倉という都市が若宮大路を軸にして発展した様子とともに、江戸時代には若宮大路の周囲は農地に転用されていたことが読み解ける。
「新編鎌倉志」は、江戸時代のガイドブックに等しい。全国のデジタルアーカイブには、さまざまなタイプの江戸時代のガイドブックや観光マップが収録される。それらを発見する楽しみは、デジタルアーカイブの充実とともに拡大しつつある。

位置する京都と比較すると、立地条件の面において優れていた。また、切通《きりどお》しと称される掘削された通路の守りを固めることにより、外敵の侵入を防いだ。

戦国の争乱によって提起された都市の安全性

鎌倉幕府の成立により、京都は政治の中心としての役割を徐々に失った。だが、経済の中心としての役割は、鎌倉時代から室町幕府にかけては、むしろ活性化され、日本最大の規模と人口を誇る都市の座を守り続けている。

公家や寺社勢力は、町衆と称される商人や職人たちに権益を与え、保護する見返りとして資金を供与された。室町時代になると、町衆は経済力を背景にして京都という都市の命運を左右する存在へ成長を続けた。

応仁の乱において、京都の町は、大きな被害を受けたものの、町衆たちの力によって不死鳥のように蘇り、日本一の都市の座を守り続けた。

京都の町屋の構造は、応仁の乱後、町衆の手によって復興されたとき、原型が築き上げられ

城下町―小田原１　神奈川県小田原市

町並み情報
小田原には、明治から昭和初期の建物が散在する。
城下町であるとともに、宿場町でもあったころの独特な景観が今日に伝えられる。

お役立ちサイト
小田原市公式ホームページから「文化財」へ進むと、「観光」よりも詳細かつ、広範囲な情報を掲載。

関連施設
小田原城・小田原宿なりわい交流館

小田原城惣構えの空堀。小峰御鐘ノ台周辺には、壮大な規模を誇る空堀が伝わる。戦国城郭のイメージを強調するためＣＧで兵士を追加。**小田原市公式ホームページ**から「観光」へと進むと、城下町と宿場町に関連する多彩な情報が掲載される。サイト内に収録されるパンフレット「小田原城総構を歩こう」「小田原　時の回廊」は利用価値が高い。

た。そして、江戸時代になり、日本全国で城下町や宿場町が創成されるさいに、多大な影響を与えた。

　京都の町家は、通りに面した格子戸《こうしど》や虫籠《むしこ》窓《まど》が独特な外観を演出する。また、間口が狭く奥行きが深い構造は「うなぎの寝床」とたとえられる。また、町屋では、門がなく、出入り口である格子戸が通りに面していることが特徴となっている。

　明治維新以前の都市では、門の有無がステータスシンボルとなり、どんな富豪であっても、身分が商人である以上、城下町において門構えのある屋敷に居住することが原則として許されなかった。別の見方をすると、城下町の武家屋敷に住む武士たちは、門構えの屋敷に住むことにより、士農工商の頂点に立つことをアピールしたのだ。

近年では、京都の町屋が注目を集め、「京都　町屋」で検索すれば、物件購入、賃貸、短期滞在など、さまざまなニーズに応じたサイトが列挙され、その現状の一端を知ることができる。

京都の町が復興されたとき、京都の町全体を防御するという方向性もありえたが、無防備な都市という基本形態には変化がなかった。

だが、応仁の乱以後、日本各地では戦乱が継続した状態になったことから、都市全体を保護するためのラインを造成する必要性が高まった。

浄土真宗の寺院を中核とし、城のように防御された都市は寺内町《じないまち》と称された。寺内町では、城の本丸に位置する中心部には寺院が建設され、一帯には僧侶たちの住居が軒をつらねた。その周辺には、浄土宗を信仰する門徒の町衆たちが居住したのだが、そのエリアもまた、水堀や土塁によって守られており、都市全体が外敵からの侵入に備えられていた。

浄土真宗の信仰者の集団は、一向一揆《いっこういっき》と称され、戦国大名にも匹敵する勢力を誇った。一向一揆は、組織としての自立を守るため、強大な城を造成して外敵からの侵入を防ごうとしたのだ。

最大の寺内町であった石山本願寺は、跡地に大坂城が建設されることにより、遺構は地中に埋没した。その一方、富田林《とんだばやし》や貝塚の寺内町には、戦国時代に築かれた水堀と土塁が今日に伝えられる。また、山科《やましな》本願寺の跡地には、巨大な土塁が部分的に残され、寺内町の姿を知ることができる。

惣構えと寺町
——都市の安全強化への取り組み

寺内町のような防衛された都市が造成された一方、戦国大名の圧倒的多数は、城下町を防衛するという意識が低かった。

もしも、敵に城を攻められたとしても、城下町に住む領民を城内に引き入れ、生命の安全を保護する程度であった。そのため、籠城戦になれば、城下町は攻城方によって放火され、住民たちは住む家と財産を失った。

だが、敵が襲来するたびに城下町が焼き払われれば、たとえ撃退できたとしても、打撃が大きかった。そのため、長期の籠城戦にも耐えられるように、城下町全体を堀や土塁などで囲む「惣構《そうがま》え（総構え）」と称される防衛ラインの造成が検討された。

北条氏政《うじまさ》・氏直《うじなお》父子は、豊臣秀吉との対決が回避できないと判断すると、天正17年（158

古都―京都2

町並み情報
京都防衛のために建設された御土居の遺構は、京都市内に点在し、国の史跡に指定される。

お役立ちサイト
京都市の公式サイトに収録される「京都市情報館」には、御土居や聚楽第をはじめ、古都京都にまつわる多彩な情報が掲載される。

関連施設
京都市考古資料館

平野鳥居前町に残された御土居。**「京都市埋蔵文化財研究所」**のサイトに収録される「遺跡散策マップ」には「聚楽第散策マップ」をはじめ、古都京都に関連する多彩な情報が掲載される。また「画像データベース」には、発掘調査中の御土居の写真などが掲載され、利用価値が高い。

9）から、小田原城の増強工事に着手。その一環として、総延長9キロにも及ぶ惣構えを造成した。そして、惣構えで城下町全体を包み込むことにより、住民の安全を確保するとともに、大量の食糧や生活必需品を確保し、長期にわたる籠城戦にも耐えられる態勢を整えた。

小田原城の惣構えの大部分は、都市化によって失われた。だが、本丸より西へ約1キロに位置する小峰《こみね》御鐘《おかね》ノ《の》台《だい》周辺は、大量の土砂を切り崩してから盛り上げることによって造成された空堀《からぼり》と土塁が今日に伝えられ、国指定史跡として保存されている。

堀の深さは10メートル以上に達し、自然の谷のようでもある。戦国時代に築かれた城の空堀のなかでも空前絶後の規模を誇る。今日にも残っている小田原城の惣構えを実際に訪れてみると、城下町の住民たちが自分たちの生命や財産を守るため、巨大な土塁と空堀の建設工事に従事した様子が偲ばれる。

豊臣秀吉は、天正18年、小田原城を開城へと導き、天下統一を達成させた。だが、小田原城の惣構えを突破することができず、その有効性を強烈に認識させられた。

秀吉は、自身の本拠である大坂の城下町にも惣構えを築くことを計画するとともに、京都には、御土居《おどい》と称される惣構えを造成した。

秀吉は、天皇の居住空間である御所の大坂への移動を検討していたが、多くの反発が予測されたため、遷都は断念した。その一方では、天正14年、かつて、大極殿《だいごくでん》（平安京の政庁）のあったエリアに聚楽第《じゅらくだい》の建設に着手。京都の新しい統治のための拠点とするとともに、「御土居」により、京都の町全体を防御することを目指した。

御土居の建設は、天正19年1月に着工され、「割《わ》り普請」（114ページ）により、わずか2カ月の工期で完成している。御土居の建設では、深さ4メートルの堀を築き、掘削によって生じた土を5メートル積み上げ、高低差9メートルの土居（土塁）とした。その全長は22・5キロに及び、京都の市街全体を包み込んだ。

京都は、平安京遷都以来、無防備な「平和都市」だったのだが、天下統一へと邁進する秀吉により、防衛ラインによって囲まれた城塞都市へと変貌を遂げた。秀吉は、住民の安全を守る

古都―京都３

町並み情報
本能寺の跡地は、本能小学校の敷地として利用されていたが、統廃合によって廃校となり、現在は福祉施設として再利用されている。

お役立ちサイト
寺町の歴史は、**新京極商店街振興組合公式ウェブサイト**に収録される「新京極今昔」を参照。

関連施設
京都市歴史資料館

本能寺跡に立つ石碑。本能寺が建立され、現在地へ移転するまでの経緯はサイト「**法華宗大本山本能寺**」を参照。「**フィールドミュージアム京都**」には、京都市内に設置された石碑の情報が網羅される。本能寺跡をはじめ、京都市内の史跡に関係する多彩なデータも収録され、利用価値が高い。

ともに、壮大な御土居を短期間で造成することにより、自身の力を誇示した。また、秀吉の手によって京都という都市が改造されたことは、それまで京都の町を支配していた朝廷や、経済的発展を演出していた町衆が秀吉に屈服し、その支配下に組み込まれたと評価できる。

秀吉は、都市における寺町の形成という意味でも先駆的な役割を果たした。

本能寺は、織田信長が明智光秀の謀反によって無念の最期を遂げた地として名高い。秀吉は、壊滅的被害を受けた本能寺再建を支援しながらも、天正19年、四条西洞院《しじょうにしのとういん》から寺町通り御池《おいけ》の現在地への移転を下命した。

秀吉は、鴨川の西岸エリアに本能寺をはじめ、京都市内に分散していた寺院を強制的に移転させ、寺町を創成した。京都の町を防御する施設としては、御土居が存在したものの、秀吉は、さらに防御を強化するためのエリアとして寺町を設定したのだ。

寺町の寺院は、城壁に匹敵する強度を誇る塀で取り囲まれ、櫓のような楼閣や、城門に匹敵する山門が建設された。砦のような寺院が集中して配置されることにより、敵の侵入を防ぐ役割が期待された。また、寺院を攻撃することへの罪の意識を働かせ、結界を張るという意味合いも込められている。

秀吉は、京都の寺院を豊臣政権の監視下に従えるという意味でも、寺町への寺院の強制移転を強力に推進した。

それまでの日本では、京都のように無防備な都市が多数を占めるなか、秀吉は、惣構えと寺町を造成することにより、都市全体の安全の強化に取り組んでおり、その都市プランは、後世に多大な影響を与えた。惣構えと寺町の個々の事例については、6章で紹介したい。

城下町—江戸1　東京都千代田区

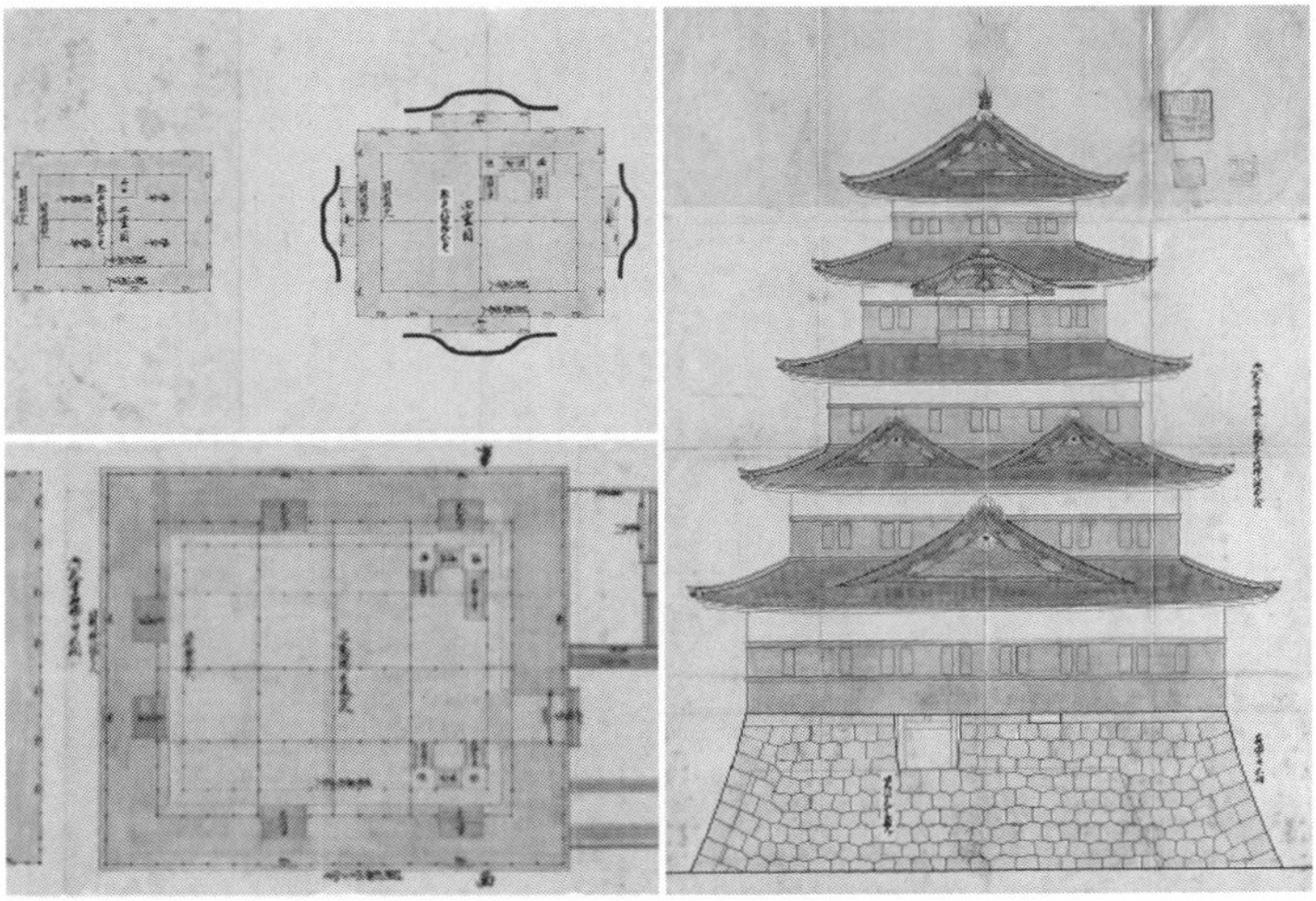

「江戸城御天守絵図」（国立公文書館蔵）江戸城の天守の復元は、多くの古図面が残され、不可能ではないことから、東京観光の目玉として期待される。だが、基礎の天守台自体が貴重な歴史遺産であることもあり、超えるべきハードルは高く、東京観光の目玉として提唱されては、尻すぼみが繰り返されている。

江戸城天守台。明暦の大火で失われたのち、基礎の天守台を解体して再建したが、本体は建設されなかった。

町並み情報
東京の各所には、江戸時代以来の町割りが伝えられるとともに、時代の変遷が偲ばれる建築群が伝えられる。

お役立ちサイト
GO TOKYOホームページは「東京の観光公式サイト」と題され、現代における観光サイトの一つの到達点とも評価できる。

関連施設
江戸東京博物館

京都を凌ぐ巨大都市「江戸」の創成

秀吉は、大坂城を築くとともに、その城下に大坂という都市を創成した。秀吉が天下統一という偉業を達成する過程において、大坂の町は、京都を凌ぐ規模の都市へと成長を続けた。それまで、京都は、十万人単位の人口が居住する日本で唯一の都市だった。鎌倉時代において、鎌倉もまた、京都に匹敵する人口を誇った時期もあったが、鎌倉幕府の滅亡とともに、一地方都市へと転落していた。

秀吉が大坂の町を京都に匹敵する規模の都市へと発展させたことは、日本の歴史のなかで、画期的な出来事だった。

その一方、家康は、慶長5年（1600）、関ヶ原合戦に勝利すると、日本全国を統治する拠点を江戸と定め、慶長8年には江戸幕府を開いた。江戸幕府が成立しても、東海道での往来では、京都へ行くことを「上《のぼ》る」、江戸へ行くことを「下《くだ》る」と表現したが、日本の政治経済の中心は江戸へと移った。

江戸は、徳川将軍家の「お膝元」として発展を続け、世界最大の人口を誇る都市へと成長した。江戸とともに、大坂と京都は「三都」と称され、ほかの地方都市とは別格とされ、幕府が直轄地として支配した。

家康は、関ヶ原合戦後、江戸城を「天下人の城」とすべく、大拡張工事に着手する。以来、幕府は、諸大名を築城工事に動員し、巨大かつ強力な要塞へと江戸城を進化させ続けた。慶長12年には五層の天守が築かれ、一応の完成をみたともいえる。

だが、その後も外堀周辺の工事は延々と続けられており、江戸城が完成した時期は不明とされる。4代将軍家綱の時代になると、さすがに諸大名が動員を命じられたとしても、修復工事や都市建設が中心となり、江戸城は、未完のままの状態で放置されたともいえる。

家康は、外堀を惣構えとみなし、巨大な水堀と土塁によって囲まれた防衛ラインを造成しようとした。だが、3代将軍家光の時代になると、天下泰平の時代の到来により、惣構えを建設する必然性は薄れた。また、江戸が都市として成長を続け、外堀よりさらに外側へ町並みが造成されたことから、惣構えの意味合いがなくなったこともあり、家康の都市構想は実現されなかったと想定できる。

江戸に限ることなく、天下泰平と称された平和な時代が到来することにより、都市の安全性は考慮されることなく、惣構えや寺町の存在は形骸化していった。

江戸時代後期になると、日本全体において自然災害や凶作の多発により、景況指数の右肩下がりの状況が続くと、都市においても停滞感が蔓延し、上昇へのきっかけが求められた。

そのような意味においても、鎖国体制が打破されて西洋文明が流入するとともに、明治維新が達成され、新しい政治体制が誕生したことは、都市の歴史においてもエポックとなっている。なお、明治元年（1868）から翌年にかけ、東京遷都が行われ、皇居が移されることにより、東京が名実ともに日本の首都となっている。

生粋の京都人は、今でも日本の首都は京都であると信じているという。それは、天皇の京都から東京への「動座」は実行されたものの、正式に遷都の命が出されていないことによる。とはいえ、既成事実として遷都は実行され、京都は天皇が住まいする「都」の座を失った。

近代の日本では、首都東京をはじめ、都市を外敵の侵入から遮断するため、防衛ラインを造成しようという発想はなかった。

戊辰《ぼしん》戦争の戦火にあった城下町や、第二次世界大戦末期の本土防衛戦へ移行しつつあった時期を例外として、戦国時代の終焉とともに、日本の都市は、防衛ラインを必要としない状況が今日まで継続している。そのため、都市計画において外敵の侵入を考慮する必要のないことが当たり前になっている。

逆の見方をすると、江戸時代の前期までは、外敵の侵入を防ぐことが重視され、安全な都市環境を築き上げるための努力は、都市の構造に大きな影響を与えたと評価できる。

3章

歴史的町並みを巡るには？

歴史的町並みを巡るには**地図**は欠かせない。
現在の地図から江戸時代作成の**古地図**まで。
インターネットを活用した**収集方法**を
具体例を提示しながら紹介する！

江戸時代の負の遺産とみなされた歴史的町並み

明治維新は、歴史的町並みにとっても大きな転換点となった。

明治新政府が掲げた富国強兵政策や文明開化路線では、都市構造の近代化が推進された。洋風建築が建ち並ぶとともに、江戸時代の都市プランが見直され、近代的都市への転換が促進された。

だが、歴史的町並みを江戸時代に存在した都市や集落と定義するのであれば、都市構造の近代化とは、町並みの改変または破壊を意味し、明治維新は、受難の時代の幕開けともいえる。

江戸時代の城下町では、武家屋敷と、商人や職人が住むエリアが厳格に区別されていた。だが、明治維新以後、城下町の規制が解除され、土地の譲渡が可能となったことは、歴史的町並みが変化し、消滅する一因となっている。

大正12年（1923）9月1日発生の関東大震災では、江戸時代以来の入り組んだ東京の都市構造が被害を拡大した要素となっている。歴史的町並みは、防災強化という意味においても、整理され、縮小される運命にあった。

第二次世界大戦中の空襲では、日本の都市が標的となり、歴史的町並みもまた、被害を受けている。江戸時代以来の都市構造が防災の弱点となり、交通の障害とみなされるのなら、空襲によって被害を受けた都市が復興されるとき、抜本的な見直しが実行されるべきだったかもしれない。長岡（260ページ）のように戦災を契機として、城下町時代の都市構造が改変された例もある一方、戦災以前の土地の権利関係に手がつけられず、復興された例も少なくない。そのため、建物が消滅しても、江戸時代の古地図と現在の地図の道路が一致する事例もかなりある。

国や自治体は、都市を理想的な形態にするため、公共事業を推進する一方、さまざまな規制を加えた。対する民間は、経済活動を活性化させ、住みやすさを追求するため、違法と合法のグレーゾーンを利用し、時には処罰覚悟の違法行為を繰り返す傾向も認められる。そのため、戦後の都市は、行政サイドの求めた理想の姿へ近づいた例もある一方、民間主導の開発により、基本理念のないまま、膨張を続けた例も少なくない。

戦後の都市開発の課程のなかで、歴史的町並みのうち、史跡として保存が法律的に定められない、もしくは観光地として価値がなければ、開発という名の破壊が繰り返された。とくに、高度経済成長期には、利便性や防災性の向上という「錦《にしき》の御旗《みはた》」に逆らうことができず、消滅した歴史的町並みも少なくない。

ついでながら言ってしまえば、高度経済成長期の日本では、政治家と建設業者との持ちつ持たれつの関係により、都市開発に関連する公共事業に莫大な予算が投じられた。このような状況も、理想的都市の創造というよりも、都市が無計画に発展する傾向として指摘できるのかもしれない。

高度経済成長が終息を迎え、安定成長が求められる時代になっても、東京をはじめとする大都市は、変化を続けている。平成28年（２０１６）現在、交通の利便性の高いエリアに高層マンションを雨後の筍のように建設し、人口を集中させるような都市政策が推進されつつあるように思われる。

少し時間軸を現代から戻し、一九八〇年代の後半、年号が平成に変わるころになると、一部の自治体は、今まで存在価値が認められなかった歴史的町並みにまで、保存への方向性を指向し始めるようになる。歴史的町並みは、ようやく受難の時代を終え、現代の都市と共生する流れが生まれつつあった。

●伝建―歴史的町並みの救世主の登場

歴史的町並みを保存し、後世に伝えるには、その価値を多くの人が認識するとともに、法律によって環境が整えられることも大きな要素となる。

「文化財保護法」（243ページ）の昭和50年の改訂では、「伝統的建造物群保存地区（重要伝統

鉱山町—大森　島根県大田市

町並み情報
かつて、屋根瓦の隙間から雑草が生えた廃屋が目立ち、もの悲しい風情に満ちていたが、伝建指定を契機として、建物は修復され、町並みが再生された。

お役立ちサイト
石見銀山世界遺産センター

関連施設
石見銀山資料館・熊谷家住宅

大森の町並み。石見銀山の繁栄とともに栄華を極めた「鉱山町」大森。閉山とともに活気は失われたが、昭和62年に伝建に指定され、観光地として再生。歴史的町並みを保存するとともに後世に伝えるには、伝建指定は大きな役割を果たし、世界遺産指定への基軸ともなった。

的建造物群保存地区)」が規定され、各地の歴史的町並みが保存される大きな転機となっている。「伝建《でんけん》」と略称される歴史的町並みは、発足当時は以下の7カ所だけだった。

秋田県仙北《せんぼく》市角館《かくのだて》「武家町」、長野県南木曽《なぎそ》町妻籠《つまご》宿「宿場町」、岐阜県白川村荻町「山村集落」、京都市産寧坂《さんねいさか》「門前町」、京都市祇《ぎ》園《おん》新橋「茶屋町」、山口県萩市堀内地区「武家町」、山口県萩市平安古《ひあこ》地区「武家町」

その後、全国各地の歴史的町並みが追加指定され、その総計は平成28年(2016)6月時点で111カ所に達した。

伝建指定を受けた歴史的町並みでは、すでに文化財として指定された建築物だけでなく、指定されたエリアの昔ながらの建築物も保存の対象となった。かつて保存の対象となった建築物の創建時期は、江戸時代から明治や大正あたりに限定されていた。だが、伝建エリア内では、昭和期の創建であっても、歴史的町並みにふさわしい工法の建築物であれば、保存の対象となっている。

伝建指定の歴史的町並みがエリア内に存在する自治体は、「全国伝統的建造物群保存地区協議会」(伝建協)を結成し、町並み保存のために必要な情報の共有が目指されている。また、観光客誘致のための情報発信に努めており、公式サイトでは、活動の趣旨説明や、伝建に指定された区域の一覧や、それぞれの情報が掲載され、利用価値が高い。伝建に指定された歴史的町並みのすべてを訪ねるという旅の目標設定もありえよう。

ちなみに筆者は、伝建だから探査したということはなく、行ってみたら伝建だったという歴史的町並みは53だった。

●「歴史まちづくり法」とは?

平成20年(2008)11月施行の「地域における歴史的風致の維持及び向上に関する法律」は、歴史的町並みを保存するための法律の集大成といえ、「歴史まちづくり法」と通称される。法律の趣旨については「国土交通省ホームページ」に収録される「歴史まちづくり法パンフレット」で説明され、「それぞれ地域固有の風情、情緒、たたずまい」を「歴史的風致」と称し、

歴史まちづくり法の制定

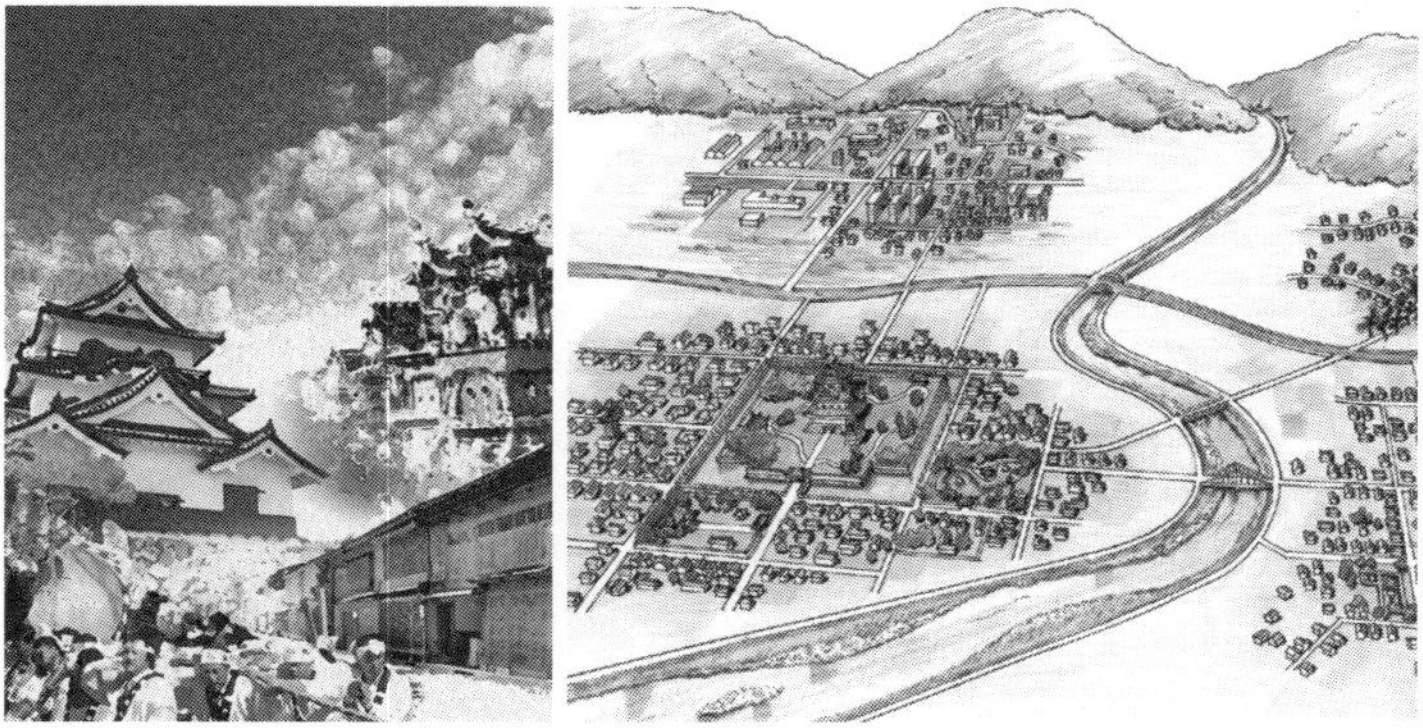

「歴史まちづくり法パンフレット」に記載された概念説明のためのイメージカットとイラストマップ。出典：国土交通省ホームページ（http://www.mlit.go.jp/common/001084854.pdf）。城跡、寺院、宿場町などを中心にして、「歴史的風致」を後世に伝えようとする法律の概念がイラストマップなどによって解説される。文科省や国交省をはじめ、自治体や行政の運営するサイトなどにも、歴史的町並みについての多彩な情報が掲載される。

維持するとともに向上させることを目指している。「歴史まちづくり法」の大きな特徴は、建造物というハードだけではなく、歴史的風致というソフトもまた、継承することを目的としたことがあげられる。

金沢のように「伝建」に指定されるとともに、「歴史まちづくり法」にも認定される事例もあれば、「伝建」に指定されても、歴史まちづくり法の認定を受けないという事例や、その反対の事例もある。「伝建」が文部科学省、「歴史まちづくり法」が国土交通省と、管轄する省庁が異なり、運用方法についての不安は残されてはいる。とはいいながら、「歴史まちづくり法」の制定により、歴史的町並みは、保存と活用への方向が定められたと評価できる。

歴史的町並みとしての「谷根千」の魅力

いま、「谷根千《やねせん》」と称される東京の下町地区が注目を集めている。谷根千とは、谷中《やなか》、根《ね》津《づ》、千駄木《せんだぎ》の総称であり、昭和59年（１９８４）に発刊されたコミュニティ雑誌の誌名を起源とする。

歴史的町並みというと、築百年以上の建物が残されているというイメージがある。谷根千にも、根津神社や観音寺の築地塀《ついじべい》などの古建築も存在するものの、戦後の復興期以降の建築も少なくない。谷根千の魅力は、江戸時代以来の道筋が残されるとともに、地域住民によって下町特有の情感が演出されていることにある。

谷根千には、ほかの観光地化した歴史的町並みのような定番スポットは存在せず、訪れる人の趣向により、散策のコースが設定される傾向が強い。また、飲食店や工芸品店など、さまざまなタイプの店舗が散在するため、一回の探査だけでは魅力を満喫することができず、リピート率が高い。

谷根千の一角に位置する谷中銀座は、多彩な飲食店や商店が軒を連ね、平日の日中であっても人並みが絶えることが少ない。商店街の建物を見ていると、昭和初期の創建と思われるものから新築物件まで、統一性がなく、雑然とした光景が形成されていることがわかる。このような雑然とした商店街は、全国に存在するのだが、谷根千は、何もしなければ、衰退しかねない商店街や歴史的町並みを活性化させるという面では、一つのモデルケースとして評価できよう。

また、定番の観光地として町並みを巡るだけでなく、それぞれの興味の方向性により、魅力を発見できるという意味でも、観光地としての新しい方向性を示している。飲食店や商店に立ち寄り、「とても立派な構えですが、築何年くらいでしょうか」と、店の方に話しかけ、うまく会話が回転すれば、店の創業から今日に至るまでの歴史や苦労話を聞き出してみる。そんなことも、谷根千に限らず、歴史的町並みを散策する楽しみだと思う。

筆者の場合は、歴史的町並みを散策するとき、ガイドブックやインターネットに頼らず、地元の特産品や、美味しいものを探し出すことと、銭湯の入浴がアクセントとなっている。

●江戸切絵図を手にしながら谷根千を歩く

谷根千のエリアは、江戸時代の「切絵図《きりえず》」で描かれた道筋が今日に伝えられ、そのことも、根強い人気の一因となっている。

切絵図とは、地域別に区画された都市の地図を意味し、「江戸切絵図」が代表例としてあげ

門前町─谷根千　東京都文京区・台東区

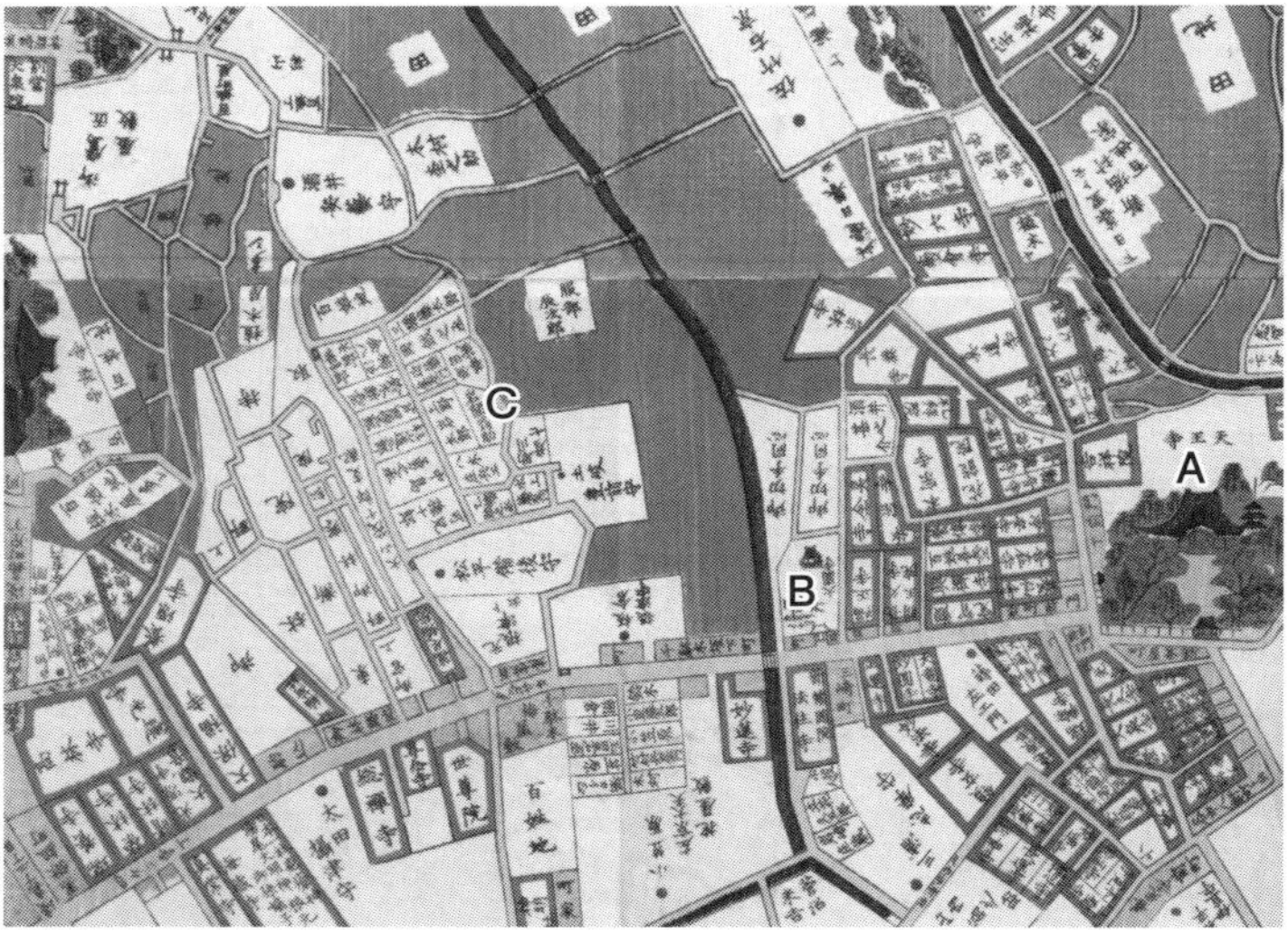

「根岸谷中辺絵図 」（国立国会図書館蔵）地点Aは現在のＪＲ日暮里駅近くの天王寺。ただし、江戸時代と比較すると、境内の規模が縮小されている。地点Bの大圓寺は、江戸時代と同じ地点にあり、ランドマークとなる。地点Cの複雑に折れ曲がった街路は、現在の地図でも確認でき、江戸時代と同じ道筋であることが読み解ける。

谷根千の点景。左は昔ながらの銭湯。右は残念ながら廃業したのち、同一アングルから撮影したカット。

町並み情報
江戸・東京の下町情緒を感じさせる町並みが伝えられる。

お役立ちサイト
「谷根千」という地域名を考案した地域雑誌「谷根千」は休刊中。ただし、**谷根千ねっと**として情報発信を継続。

関連施設
旧岩崎邸庭園・大名時計博物館

られる。本書では、江戸切絵図の具体的なイメージを示すため、国立国会図書館が所蔵する「根岸谷中辺《あたり》絵図」の一部をモノクロで掲載した。

国立国会図書館は、昭和23年に設立されると、帝国図書館が収集した書籍を引き継いだ。江戸切絵図をはじめ、「古典籍」と総称される文献史料や絵画史料はデジタル化され、国立国会図書館のホームページのトップで「電子図書館」をクリックすると、「国立国会図書館デジタルコレクション」を利用することができる。

検索欄に「江戸切絵図」と入力すると、「御江戸大名小路《こうじ》絵図」「根岸谷中辺絵図」をはじめ、江戸のすべてのエリアにおける切絵図を閲覧することができる。

また、国立国会図書館が開設するサイト「錦絵でたのしむ江戸の名所」では、現在の地図から江戸切絵図が検索できるなど、谷根千以外のエリアについての情報も入手することができる。「デジタルコレクション」には、宿場町の様子を描いた「東海道分間絵図《ぶんけんえず》」（197ページ）、城や城下町の姿が記録された「日本古城絵図」（88ページ）をはじめ、日本全国の歴史的町並みの姿を知るには不可欠な絵図が数多く収録され、閲覧することができる。また、歌川（安藤）広重の「東海道五拾三次」（198ページ）のように宿場町の光景を描いた錦絵なども収録される。「デジタルコレクション」に収録された資料は、閲覧だけではなく、プリントアウトも可能である。そのため、必要な個所を適切な縮尺にして、切絵図を手にしながら、江戸の名残を東京に求めての散策を楽しむことができる。

●デジタルアーカイブの魅力とは？

国立国会図書館デジタルコレクションは、歴史的町並みに関連する絵図、古地図、古写真などの二次元的情報の宝庫ともいえ、本書においても、デジタル化された所蔵資料を掲載することにより、歴史的町並みの変遷を具体的に表現するように努めた。

「日本古城絵図」は、江戸時代前期に収集された城郭の図面集であり、鳥羽《とば》藩主の稲垣家に伝来していたが、現在は国立国会図書館に所蔵され、デジタル化されて公開される。収録された総数は約220城に及び、城郭や城下町の研究には不可欠な史料として高く評価される。ただし「日本古城絵図」のそれぞれの絵図面は、城下町の細部まで描かれる事例から、城の中心部に限定される事例まであり、城下町を訪ねるときに役立つか否かは運次第となる。

全国の自治体や公的機関が運営するデジタルアーカイブは、情報の宝庫であるが、必要な「お宝」情報を探し出すには、検索機能の利用方法を習熟する必要がある。筆者も、試行錯誤の過程のなかで、『東海道：広重画五拾三次現状写真対照』（カラーページ・199ページ）『倉敷市案内』（266ページ）などを見つけ出し、本書で紹介している。

国立国会図書館は、図書館や博物館などに収蔵される史料のデジタル化の先駆的役割を果たしており、その傾向は全国へ拡散される傾向にある。

国立公文書館のデジタルアーカイブでは、城や城下町の姿が記録された「諸国城郭絵図」、宿場町の様子を描いた「東海道細見《さいけん》図」など、歴史的町並みに関連する絵図、古地図、古写真が収録される。

また、文化庁が運営する「文化遺産オンライン」では、全国の博物館や、美術館などから提供された文化財のデジタル画像が収録される。文化庁関連では、「国指定文化財等データベース」において、国宝、重要文化財、史跡、登録有形文化財、重要伝統的建造物群保存地区（伝建）、世界遺産の情報が掲載され、利用価値が高い。

次ページには、国立国会図書館をはじめ、歴史的町並み関連の情報が収録されたデジタルアーカイブを、「全国主要デジタルアーカイブ一覧」として掲載した。

滋賀県の「近江デジタル歴史街道」をはじめ、秋田県の「デジタルアーカイブ」、新潟県の「越後佐渡デジタルライブラリー」、長野県の「信州デジくら」、島根県の「しまねデジタル百科」などには多彩な情報が掲載される。

デジタルアーカイブに収録される多彩なアイテムを閲覧していると、時間の経緯を忘れるほど、見飽きることがない。出版物に掲載された絵図や古地図は、全体像を確認しながら細部まで見分けることができなかったという欠点があったが、デジタルアーカイブでは解消されてい

●全国主要デジタルアーカイブ一覧

	運営組織	アーカイブ名称	掲載史料の代表例
	北海道立図書館	北方資料デジタル・ライブラリー	函館市鳥瞰図
	青森県立図書館	デジタルアーカイブ	弘前町割絵図　宝暦五年
	岩手県立図書館	イーハトーブ岩手電子図書館	盛岡城下図
◎	秋田県立公文書館など	デジタルアーカイブ	仙北郡角館領絵図
	茨城県立図書館	デジタルライブラリー	水戸絵図（水戸城下図）
	国立歴史民俗博物館	WEBギャラリー	江戸図屏風
	東京国立博物館	情報アーカイブ	東海道分間絵図
	江戸東京博物館	収蔵品検索	江戸神社仏閣名所旧跡安見画図
◎	東京都立中央図書館	江戸・東京デジタルミュージアム	東都名所　上野東叡山全図
◎	国立国会図書館	デジタルコレクション	下野宇都宮城図
◎	国立公文書館	デジタルアーカイブ	東海道細見図
◎	文化庁	文化遺産オンライン	慶安御城下絵図
◎	早稲田大学図書館	古典籍総合データベース	京都御絵図
	神奈川県立図書館など	神奈川デジタルアーカイブ	鎌倉繪圖
◎	新潟県立図書館	越後佐渡デジタルライブラリー	旧高田城分間絵図
◎	富山県立図書館	古絵図・貴重書ギャラリー	富田讃岐屋敷御建物之間絵図面
	石川県立図書館	貴重資料ギャラリー	金沢町図
◎	福井県文書館・図書館	デジタルアーカイブ	天保福井御城下絵図
	長野県立図書館ほか	信州デジくら	信濃国善光寺略絵図
	岐阜県図書館	デジタルコレクション	岐阜県写真帖
◎	静岡県立中央図書館	ふじのくにアーカイブ	御巡幸御道筋宿駅其他略図
◎	愛知県図書館	絵図の世界	名古屋御城下絵図
◎	滋賀県立図書館	近江デジタル歴史街道	彦根市街図
	彦根城博物館	収蔵品	彦根御城下惣絵図
	京都国立博物館	館蔵品データベース	賀茂御祖神社絵図
	京都府立総合資料館	京の記憶ライブラリ	新板平安城東西南北町并洛外之圖
	京都大学電子図書館	古地図コレクション	内裏図
	大阪府	おおさかアーカイブス	錦絵「天下茶や」
	奈良国立博物館	画像データベース	宇治名所図
	神戸大学附属図書館	デジタルアーカイブ	神戸市細見全図
◎	島根県立図書館	しまねデジタル百科	出雲大社造営沿革社図
◎	岡山県立図書館	デジタル岡山大百科	後楽園図　御茶屋廻り之図
	徳島県立図書館	デジタルライブラリ	徳島藩士族禄高付図
	香川大学	瀬戸内圏研究データベース	高松市街圖
	香川県立図書館	デジタルライブラリー	金比羅宮御境内図
	香川県立ミュージアム	館蔵品データベース	高松市旧藩時代之絵図
	福岡県立図書館	デジタルライブラリ	福岡博多市街地図
	佐賀県立図書館	データベース	肥前国佐賀郡寺町絵図
	鹿児島県立図書館	デジタルアーカイブ	薩藩御城下絵図（大口）
	沖縄県立図書館	貴重資料デジタル書庫	首里古地図

全国の自治体、図書館、博物館が運営するデジタルアーカイブの主要なものを選択して提示。そのなかでも、多数の絵図、古地図、古写真などが掲載され、閲覧しやすい「お勧めサイト」については◎を付した。デジタルアーカイブで閲覧可能な資料の代表例を右の欄に掲載。沖縄県立図書館「貴重資料デジタル書庫」の「リンク」には、全国の図書館が運営するデジタルアーカイブがラインナップされる。国立公文書館の「関連リンク」には、全国の公文書館をはじめ、大学、国の行政機関、自治体、博物館が運営するデジタルアーカイブがラインナップされる。なお、大量の史料を所蔵する東京大学史料編纂所では、史料の内容を紹介する文字データは公開されるが、現状ではウェブでの画像公開については限定される。

る。この楽しさは、実際に体験しないとわからない感覚なのだと思う。

所蔵資料をデジタル化して公開するという流れが推進されている一方、都道府県単位の進捗状況には格差がある。すべての歴史資料がデジタル化され、ネットで閲覧可能になる日が来ることを願っている。

地図の活用法——アナログからデジタルへ

旅に出る前に地図を見ることにより、これから訪れる歴史的町並みがどんな場所であるかを想像する。きっと、本書を手にされた方の多くは、このような思いを共有しているのだと思う。地図は、ただ目的地へたどりつくためのアイテムではなく、さまざまな情報が盛り込まれている。著者は、地図を眺めるのが好きであり、自宅のトイレの四周は地図で囲まれている。

スマートフォンのアプリに収録される地図は、日本全図から住宅地図まで、あらゆる縮尺に及び、それを紙媒体にした場合、トラック一台分の搭載量に及ぶ。

一昔前までは、取材先が決まると、訪問先の地図を準備し、必要な部分をコピーして持ってゆくという一連の流れがあった。それが数年前からは、スマホに訪問予定地を登録すれば、紙媒体の地図を用意することなく、しかもナビゲーション機能により、目的地まで導いてもらえる。スマホの地図とナビゲーションシステムは、夢のような機能と思いながら、活用している。

本書では、より多くの絵図や古地図の掲載を優先したことから、歴史的町並みの現在の地図は割愛した。現状の地図は、パソコンやスマートフォンの使い慣れた地図関連のサイトを利用すれば、確認することができる。たとえば、国土地理院の「地理院地図」では、日本全体が入る地図から住宅地図まで、さまざまな縮尺の地図が閲覧できる。

「地理院地図」は、地形が正確に表現される一方、建物の名称や商店の屋号などは省略される。その一方、「グーグル」や「ヤフー」などの地図は、地形の表記が省略される一方、建物の名称や商店の屋号は詳細に表現されるという傾向があり、併用すれば、長所と欠点を補完できる。また、本書の「お役立ちサイト」で紹介する自治体や観光協会のサイトには、ガイドマップ類も収録されており、現地を訪ねる準備段階において、さまざまなタイプの地図を入手できる。

●自治体サイトの多彩な歴史関連情報

歴史的町並みを訪ねる際には、多くの人はまず書店へ行き、ガイドブックや旅行雑誌のなかから、最適なものを選択して購入するだろう。それでも十分ではあるのだが、近年では自治体や観光協会の作成したサイトを利用すると、より多彩な情報を入手することができる。

本書の執筆のために、各地域の観光関連のサイトを閲覧したところ、その多彩さに驚くとともに、一種の感動さえ覚えた。

北海道函館市公式の観光情報ウェブサイトの「はこぶら」、萩市観光協会の「ぶらり萩あるき」などには、歴史的町並みを訪ねるために役立つデータが掲載される。

「はこぶら」のトップページから「街歩き～歴史ロマンを体感」を経由し、「街歩きをもっと楽しむコラム」のページまで到達すると、「歴史の息づく街、箱館はじめて物語」「栄華を伝え、凛とたたずむ和風邸宅」など、港町函館の歴史に関連する情報が紹介された記事を閲覧することができる。なかでも、「函館古地図マップで明治の町並みを巡る」は、古地図に描かれた市街と現状が地図や写真とともに解説されており、利用価値が高い（以上は２０１６年６月現在のサイト内の構成による）。

函館や萩のように、歴史的町並みについて多彩な情報が掲載されているサイトに出会うと、その情報を入力した方々の熱意や苦心を感じながら、晴れやかな気分となる。

観光関連のサイトのなかで、目的地の地図や住所や連絡先などの基本情報のほか、歴史的経緯や現状までも詳細に紹介されるか否かは、千差万別の状態にある。数年前までは最新であっても、今では時代遅れというサイトも見受けられる。また、歴史関連の情報を入手しようという視点でなければ、評価は違うのかもしれない。どちらかというと、優劣を上から目線で判定すると、役に立ちそうもないサイトを目にしたときのイライラ感は解消されるだろう。

観光サイトには、観光協会と自治体が別々に作成するパターンが多い。どちらかというと、歴史関連の情報は、自治体のほうが充実していることが多い。また、自治体の公式ホームページでは、観光関連だけではなく、文化財関連のページにも歴史的町並みにまつわる多彩な情報が掲載されている。

歴史的町並みを知ろうとするとき、ありし日の姿を記録した絵図、古地図、古写真などを事前に入手しておくと、現地を実際に訪れるとき、過去と現在の姿の相違を読み解くことができる。歴史や現状などの文字によって表現された一次元的情報に加え、絵図、古地図、古写真などの二次元的情報についても、自治体のホームページに掲載されているパターンもある。

自治体のホームページは、それぞれ体裁が違い、文化財関連のページに到達するまで、時間をとられることも多い。そこで、トップページの検索欄に「指定文化財」と入力し、「指定文化財一覧」などの項目を選択すると、文化財関連のページに到達することができる。

彦根市や小田原市などは、観光関連のサイトが充実しているだけでなく、文化財関連のページには、絵図、古地図、古写真などの情報が掲載されている。

歴史的町並みの保存や継承に対し、積極的な自治体であれば、都市政策としての理念や、活動状況を記録した報告書をサイトに掲載している事例も多い。市町村の公式サイトのトップページの検索欄から城下町であれば「城下町」、宿場町であれば「宿場町」と入力すれば、それらしき表題が検索結果としてリストアップされる。具体例としては、島田市作成の「島田宿大井川川越遺跡保存管理計画の策定」、熊本市作成の「熊本市新町・古町地区の城下町の風情を感じられる町並みづくり事業」などがあげられる。

報告書には、歴史的町並みの誕生と現状が解説され、絵図や古写真などが掲載されていることもあり、情報源として予想外に活用できる。

●情報の宝庫としての「全国遺跡報告総覧」

自治体が発行した史跡や遺跡関連の報告書の多くは、「全国遺跡報告総覧」というサイトに収録され、ＰＤＦファイルの形式でダウンロードすることができる。その総数は、１万６４２７件に及ぶ（２０１６年６月現在）。発掘報告書は発行部数が少なく、かつて図書館で必要な部分をコピーしていた時代と比較すると、夢のような時代が訪れたともいえる。

たとえば、「城下町」という言葉で検索すると、約１６００件の報告書のなかで「城下町」という言葉が使用されていることがわかる。検索ワードに「彦根」を追加すると、約50件に絞られ、彦根の城下町の歴史や現状を知るのに役立ちそうな『彦根市文化財年報 平成20年度』

をダウンロードすることができる。同書には、彦根市指定文化財となった「旧彦根藩足軽組辻番所」の歴史的沿革や現状が記録されるなど、観光パンフレットよりも、一歩踏み込んだ情報を入手することができる。

ちなみに、考古学の発掘報告書の大半は、遺跡の形状や遺物を記録した写真や図面と、その状態を表現した文章で占められている。理解できない部分についてはスルーし、必要な情報だけをピックアップすればよい。「全国遺跡報告総覧」は、新規発行されたものに加え、既刊の報告書のデータ化と公開も進められており、今後の進展を期待したい。

都道府県史と市町村史は、地方史と総称される。地方史のラインナップは、国立国会図書館のサイトの蔵書検索や、それぞれの地域における図書館のサイトの蔵書検索で確認できる。

一口に地方史といっても、編纂された時期や構成にバラつきがあり、当たり外れがある。地方史だけではなく、歴史学の研究書でもいえることなのだが、論理的に構成することに労力をとられ、理解しやすさへの努力を怠ると、読む気力を喪失させる文章となる。内容が充実し、理解しやすい地方史もあれば、その反対もある。そのような意識を抱き、上からの目線で評価すると、外れの地方史を手にした時の絶望感を少しは解消することができる。

地方史については、一つの歴史的町並みを徹底的に調べるときの手段として、存在することだけを記憶の片隅にしまっておく程度でも、よいのかもしれない。

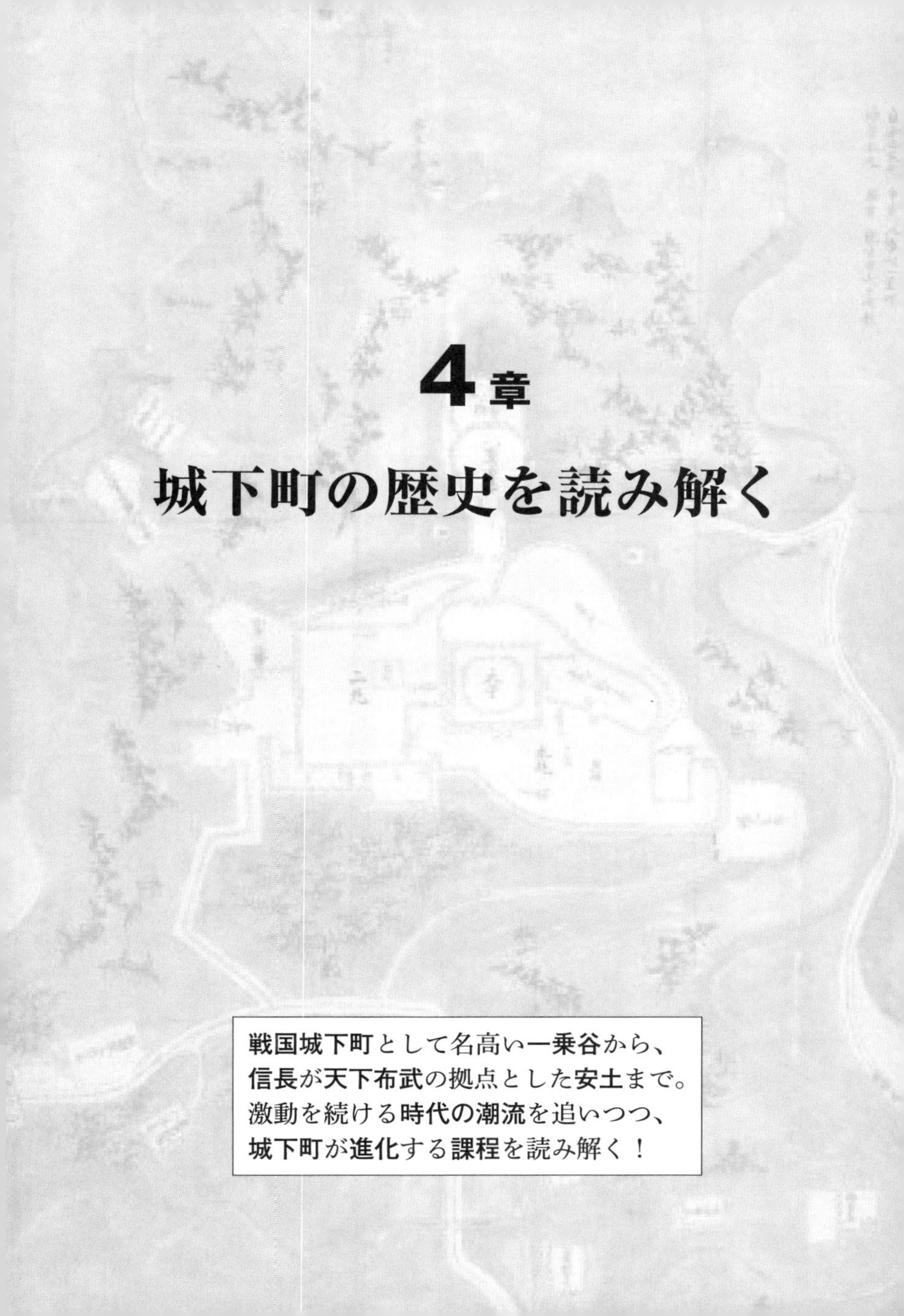

4章

城下町の歴史を読み解く

戦国城下町として名高い**一乗谷**から、
信長が**天下布武**の拠点とした**安土**まで。
激動を続ける**時代の潮流**を追いつつ、
城下町が**進化**する**課程**を読み解く！

47都道府県のうち城下町だった都市はいくつ？

日本の主要都市の大部分は、城下町を原型とする。都道府県庁所在地を例にとってみると、47のうち35が城下町を母体とし、その割合は4分の3に達する。

ちなみに、城下町以外の12都市は、古都の京都と奈良、港湾都市の青森・新潟・横浜・神戸・長崎、門前町の長野、道県庁が設置されることによって発展した札幌・さいたま（浦和）・千葉・宮崎の4タイプに分類できる。

多くの城下町が誕生したのは、17世紀前半、つまりは江戸時代の初期だった。このころの日本は、開発ラッシュともいえる時代にあり、農村では新田開発が推進されるとともに、大名の居城と城下町が建設された。

都道府県庁所在地のうち、17世紀前半に誕生した城下町は、以下の9都市があげられる。

盛岡・仙台・福島・名古屋・松江・松山・高知・福岡・鹿児島

以下の26の城下町は、江戸時代以前から、都市としての原型が存在していた。

秋田・山形・宇都宮・前橋・水戸・東京（江戸）・静岡・甲府・岐阜・富山・金沢・福井・

大津・津・大阪（大坂）・和歌山・岡山・広島・鳥取・山口・高松・徳島・佐賀・大分・熊本・那覇
徳川家康が本拠とする以前の江戸は、人口数千人規模の地方都市だったにもかかわらず、日本一の大都市へと発展したように、江戸時代初期、すでに存在していた城下町も都市として飛躍的に発展している。

つまり、都道府県庁の原型をたどってみると、日本の都市の大多数は、城下町を原型とし、江戸時代初期に都市としての基盤が形成されたことがわかる。

●人口統計から読む都市の変遷

日本全国の都市の人口が統計としてカウントされるようになったのは、明治維新以後、戸籍が整備されてからであり、江戸時代の都市の人口を一律に比較するデータは、存在しない。

そこで、次ページの「全国主要都市の人口推移表」では、明治10年（1877）の人口が多いベスト30の都市と、平成27年（2015）時点の人口を比較してみた。

明治10年時点での数値は、誤差はあっても、江戸時代後期の主要都市の人口を推測するデータとして活用できる。「都市の人口推移表」において二つの数値を比較することにより、江戸時代から現代にかけて、日本の都市の人口が膨張する経緯を追ってみよう。

明治10年時点での日本の人口3587万人に対し、平成27年現在は1億2689万人に及び、

●全国主要都市の人口推移表

1877年						2015年	
順位	都市名	人口	禄高	推移	増加率	順位	人口
1	東京	1,121,000		→	7.9	1	8,949,000
2	大阪	361,000		↓	7.3	3	2,666,000
3	京都	245,000		↓	6	7	1,474,000
4	名古屋	131,000	61万石	→	17.2	4	2,263,000
5	金沢	97,000	102万石	↓	4.7	35	462,000
6	横浜	89,000		↑	30.2	2	3,689,000
7	広島	81,000	42万石	↓	14.4	11	1,174,000
8	神戸	80,000		↑	19.3	6	1,544,000
9	仙台	61,000	62万石	↓	17.1	12	1,045,000
10	徳島	57,000	25万石	↓	4.6	87	264,000
11	和歌山	54,000	55万石	↓	6.8	55	369,000
12	富山	53,000	10万石	↓	7.9	40	421,000
13	函館	45,000		↓	6.2	81	279,000
14	鹿児島	45,000	72万石	↓	13.4	23	605,000
15	熊本	44,000	54万石	↑	16.6	18	734,000
16	堺	44,000		↓	19.1	15	842,000
17	福岡	42,000	43万石	↑	34.8	8	1,463,000
18	新潟	40,000		↑	20.3	16	812,000
19	長崎	38,000		↓	11.6	38	443,000
20	高松	37,000	12万石	↓	11.3	42	419,000
21	福井	37,000	32万石	↓	7.1	86	266,000
22	静岡	38,000	70万石	↑	18.8	20	716,000
23	松江	33,000	18万石	↓	6.2	108	207,000
24	岡山	32,000	31万石	↑	22.1	21	709,000
25	前橋	32,000	15万石	↓	10.6	64	340,000
26	下関	30,000		↓	9.3	79	280,000
27	八幡	29,000		↑	33.6	13	977,000
28	秋田	29,000	20万石	↓	11.1	68	323,000
29	米沢	29,000	18万石	↓	3	299	89,000
30	鳥取	28,000	32万石	↓	7	117	197,000
	札幌					5	1,914,000
	川崎					9	1,420,000
	千葉					14	962,000
	浜松		6万石			17	800,000
	相模原					19	717,000

推移の項目の↑はランキングの上昇、→はランキングの維持、→はランキングの下降を示す。1876年の時点ではベスト30にランキングされなかった都市のうち、政令指定都市は参考例として提示した。

増加率は3・5倍に達する。

それぞれの都市の人口増加率は、基本的には倍率が高いほど、都市として発展したことを示している。ただし、繰り返された市町村の統廃合により、分母が変化している事例もあり、正確な数値ではない。

江戸時代において、江戸・東京・京都は「三都」と称され、都市として別格とされた。三都に続く4位の人口を誇ったのは、東海の中核都市である名古屋であるのは予測がつく。だが、5位の金沢は、35位にまで低下した現在と比較すると、予想外の順位だといえよう。

ベスト30までの都市の大半は、城下町であり、そのなかでも、禄高の多い藩が上位を占める。禄高が多いほど、家臣の数が多く、都市の人口も多くなるという傾向から、大名のなかでも、もっとも多い禄高を誇る前田氏の金沢が上位にランキングされるのは、当然の流れだった。

大名の禄高のランキングと都市の人口とは、完全には比例しないものの、武士が半数を占める城下町においては、禄高の多少は、都市基盤の根幹にかかわる要因となっている。

広島、仙台、熊本、福岡、静岡、岡山は、10倍以上の人口増加率を誇り、政令指定都市であるとともに、地方の中核都市としての地位を守り続けている。対して、徳島、富山、和歌山、福井、松江、米沢、鳥取は、人口の増加率が10倍以下であり、ほかの都市と比較すると、時代の流れに乗り切れなかったとも評価できよう。

米沢藩上杉家は、会津若松城120万石から30万石へと減封処分を受けても、家臣の雇用調整をしなかった。そのため、武士の人口が通常の禄高の藩よりも倍以上に達した。しかも、明治維新以後は、都市としての発展が今一歩であったことから、増加率3倍という低い数値を示している。

米沢は例外として、江戸時代から3倍以上も増加した日本の人口は、東京をはじめとする大都市に集中したことが「全国主要都市の人口推移表」から、読み解くことができよう。

城下町と三都以外の都市では、横浜・神戸・函館・堺・新潟・長崎・下関・八幡《やわた》がランクインしており、そのすべてが港湾都市に分類される。そのうち、横浜、神戸、函館、新潟は、開国とともに飛躍的に発展した都市だった。つまり、江戸時代の主要都市は、京都、堺、長崎、下関などの例外を除くと、その圧倒的多数は城下町だった。

●城下町は全国でいくつある?

明治維新を迎えた時点において、日本には約280の藩が存在した。これは、同数の280の城下町が存在したことを意味する。ただし、「無城《むじょう》」と称され、格上の「国持《くにもち》」や「城持《しろもち》」とは区分され、城を築くことが許されず、「陣屋」と称する居館を本拠とした大名も存在した。その周辺に形成された町は、厳密には陣屋下町と称するべきかもしれないが、都市の形態とし

城下町—登米　宮城県登米市

町並み情報
北上川沿いの河川交通の中継拠点として発展した登米の城下町。明治創建の蔵造りの商家や洋風建築が伝えられ、城下町の中心エリアは、「みやぎの明治村」と称される。

お役立ちサイト
とめ日和

関連博物館・図書館
蔵の資料館・懐古館・水沢県庁記念館・警察資料館・登米図書館

旧登米高等尋常小学校校舎。現在は教育資料館として再利用され、内部には教育関連の史料が展示される。国重要文化財指定。仙台藩伊達氏の要害は、「伊達四十八館」とも称され、登米のほかにも、水沢・一関・岩出山・涌谷・佐沼・岩沼・船岡・亘理・金山・角田などがあり、小規模な城下町が形成された。

城下町—知覧　鹿児島県南九州市

町並み情報
「薩摩の小京都」とも称される知覧の城下町。南国の城下町らしい武家屋敷の町並みが今日に伝えられる。

お役立ちサイト
おじゃったもんせ かごしま知覧。**南九州市公式サイト**の文化財のページには城下町関連の情報が掲載。

関連博物館・図書館
ミュージアム知覧・知覧図書館（資料館の機能も兼ね備える）

城下町知覧の武家屋敷。薩摩藩島津氏が領内を統治するための拠点としての役割を果たした麓には、知覧のほかには、出水・阿久根・加世田・蒲生・鹿屋・都城・志布志などがあげられる。**南九州市公式サイト**の文化財のページでは、観光関連のサイトとは違う視点から、武家屋敷の歴史的経緯が紹介される。

城下町—糸魚川　新潟県糸魚川市

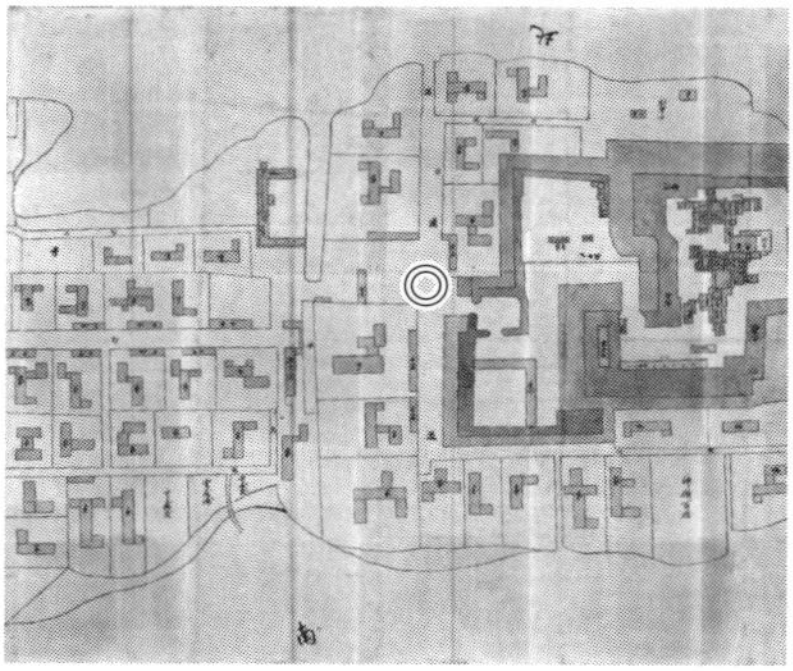

町並み情報
糸魚川陣屋は、住宅開発によって消滅し、井戸跡が今日に伝えられる。城下町の一画には詩人の相馬御風（ぎょふう）の旧宅が残される。

お役立ちサイト
糸魚川市観光協会。糸魚川市の公式ウェブサイト

関連施設
糸魚川歴史民俗資料館

「越後糸魚川図」（国立国会図書館蔵）小規模な陣屋とともに創成された城下町の姿が描かれた絵図。糸魚川藩松平家の禄高は１万石であることから、武士と、その家族の総数は800名前後と想定される。◎マークの大手門周辺に位置する３軒は、敷地面積が広いことから、重臣の屋敷と想定されるほか、約50軒の武家屋敷が建ち並ぶ。

ては、規模の相違があっても城下町として分類できる。

幕府が定めた元和《げんな》一国一城令では、大名が維持する城は本拠だけと定められたものの、仙台藩伊達氏の「要害」、土佐藩山内氏の「土居《どい》」、薩摩藩島津氏の「麓《ふもと》」は、本拠以外の支城としての存続が幕府から黙認されていた。薩摩藩の出水《いずみ》麓、知覧《ちらん》麓、入来《いりき》麓には、城下町としての歴史的町並みが今日に残され、伝建の指定を受けている。仙台藩の登米《とよま》要害や、伝建指定の土佐藩の安芸土居についても、歴史的町並みが伝えられ、観光地として高い集客力を誇る。

幕府が直轄領の統治のために造成した「代官所」の周囲にも町が創生された。このような代官所下町とも称すべき小型都市も、都市の形態としては、城下町として分類できる。その代表例としては、高山（264ページ）や日田があげられ、歴史的町並みとして伝建に指定される。

「城下町は全国でいくつある？」という設問に対し、陣屋、大名の支城、代官所の周囲に築かれた町にまで城下町の定義を拡大すると、その総数の把握は、とても根気のいる作業となる。推計値を大胆に提示すると、３５０前後という感じなのだと思う。この数値が「当たらずといえども遠からず」のレベルであることを祈りたい。

●10万石の城下町に住む人口は？

江戸時代には、数多くの城下町が建設された。

一例として10万石の大名の城下町における人口と戸数を試算してみよう。

大名は、幕府が定めた法律により、雇用すべき家臣の人数が決められていた。江戸時代の前期であれば、おおまかな基準は、１万石につき２００人とされ、10万石だと２０００人という計算となる。大名に仕える家臣は、１人につき、３人の家族を養っていたと想定すると、城下町には８０００人の武士と、その家族が居住していた。

禄高１石につき人口が１人いたという大胆な人口統計の計算式に従えば、10万石の大名であれば、人口は10万人となる。武士の人口は、５〜10パーセントとされることから、８０００人という数値は想定の範囲内といえる。

城下町において、武士に対する町人の数は、多い例も少ない例もあるのだが、平均値として同数とみなすと、町人も8000人。したがって、城下町の人口の総数は、1万6000人で、戸数は4000戸という試算となる。

すでに紹介したように日本全国の都市の人口が判明するのは、明治維新以後のことであり、江戸時代の都市の人口は、年度順のデータが残される城下町もあれば、不明な事例もあり、一定しない。

仙台（約5万2000人）や金沢（約11万人）など、一部の城下町については、藩が幕府に提出した年次別の人口統計が今日に伝えられ、城下町の人口動向を知る貴重な史料となっている。

江戸の町の人口は100万人以上に達したという。ただし、町人の人口が詳細なデータがあるのに対し、武士や僧侶の人口は正確なデータがなく、トータルの人口は推計値となっている。

地方の城下町についても同様の傾向にあり、仙台や金沢は例外ともいえる。

なお、「ウィキペディア」の「江戸時代の日本の人口統計」という記事には、城下町の人口統計のデータが収録される（2016年6月現在）。江戸時代の都市の全体像を把握するのに役立つ。

一乗谷――戦国城下町が歩んだ栄枯盛衰の道程

一乗谷《いちじょうだに》（福井市）は、戦国大名の朝倉氏の城下町として知られる。天正元年（1573）、朝倉氏が滅亡すると、一乗谷は織田信長の軍勢に焼き払われた。また、天正3年、柴田勝家が越前《えちぜん》一国の支配を信長から一任され、北庄城《きたのしょう》（福井市）を築くと、一乗谷は地方の中核都市としての役割を終えた。江戸時代には、農村に戻り、かつての姿は忘れ去られた。

昭和42年（1967）、発掘調査が開始されると、戦国時代の城下町としては最大級の規模を誇ることが解明された。陶器や銅銭などとともに、将棋の駒や盤が発掘されたことは、当時の武士たちの暮らしを知る手がかりとなり、調査活動の象徴的事例として各種メディアで紹介された。

朝倉氏の居館の周囲には、武家屋敷が配されるとともに、商人や職人が住む住居が建ち並び、人口は1万人に達した。武家屋敷や町屋の一部の建物は推定復元され、戦国城下町の姿を視覚的にイメージできる。

戦国時代に存在した城下町のうち、小田原、駿府《すんぷ》（静岡市）、山口などは、江戸時代から現

城下町—一条谷　福井県福井市

町並み情報
戦国時代には繁栄を謳歌した一乗谷の城下町。朝倉氏の館や庭園の遺構が伝えられるとともに、重臣屋敷や庶民の家が発掘調査の成果により、推定復元される。

お役立ちサイト
朝倉氏遺跡保存協会 ホームページ

関連施設
福井県立一乗谷朝倉氏遺跡資料館

復元された戦国城下町の町並み。**「全国遺跡報告総覧」**には残念ながら一乗谷に直接関係する報告書は、平成28年（2016）6月の時点では掲載されていない。「全国遺跡報告総覧」への情報提供は地域によってバラつきがあり、筆者の拙文が掲載された報告書も、現状では発行した機関がデータを提供していないため、閲覧できない。

代に至るまで都市として存続した。対して、一乗谷は、朝倉氏滅亡とともに、都市から農村へと変貌したため、戦国時代の城下町の基礎がオリジナルな状態を保ち、地中に眠ったという意味でも、貴重な存在だった。

一乗谷朝倉遺跡の発掘は、それまで縄文時代から平安時代までが中心だった日本の考古学研究においてエポックをもたらし、「中世考古」という用語が定着し、鎌倉時代や室町時代にまで考古学の研究領域が拡大された。

また、中世考古の進展とともに、江戸時代にも調査対象の領域が拡大されると、「近世考古」という用語もまた定着し、城下町、宿場町、門前町も発掘調査の対象となっている。現在では、近現代にも領域が拡大され、明治5年（1872）に開業した新橋駅跡地も考古学の調査対象となっている。

戦国時代にも城下町は存在し、江戸時代の城下町の原型となった。だが、最大級の一乗谷であっても、1万人程度に過ぎない。江戸時代であれば、5万石から10万石の中堅クラスの大名であっても、城下町の人口は1万人に達したと想定でき、戦国時代の城下町は、江戸時代に比較すると、発展途上段階にあったと評価できる。

安土——織田信長が創造した未来型都市

織田信長は、戦国乱世を終結の流れへと導いた。その独創的な構想力は、都市計画の分野でも発揮された。

楽市楽座は、信長が推進した先進的な経済政策として知られる。

楽市楽座令が制定されるまで、室町幕府や守護大名は、「座」と称される同業者組合に対し、市場における独占権を認め、新興業者の参入を排除する見返りとして、税や献金を受けていた。物資の交換や売買が行われる「市」についても、規制を加える傾向が強かった。

永禄10年（1567）9月、信長は、稲葉山城を奪取すると、名称を岐阜城と改めるとともに、楽市楽座令を発し、城下町での商工業の活性化を促進した。また、天正4年（1576）2月、信長は、岐阜から安土《あづち》へ本拠を移すと、楽市楽座令を発することにより、城下町の発展の基礎を築こうとしている。

信長は、商工業を統制下に従え、税収を得ることよりも、過去の枠組みを破壊することにより、市場における新規参入を促し、経済を活性化させることにより、城下町の基盤の拡充に努めたと評価できる。

さらに、安土城下への人口流入を促進するため、農民の都市への移住を認めた。最下層の農民たちを奴隷に等しい状態から解放することにより、その向上への絶えない意欲を活用しようとしたのだ。

米や生活物資が安土へ集積してから、地方へ流通するような規制も加えた。さまざまな物資が安土に集まれば、取引をする商人、輸送する労働者が城下町に居住することになり、人口の増加によって都市としての基盤が拡充されると判断したのだ。

また信長は、美濃攻めのため、本拠を清須城から小牧山城へ移動したとき、家臣たちに対し、小牧の城下町に住むことを強制した。それまで、家臣のなかには、城下町ではなく、自身の領地である農村に住む者も少なくなかった。だが、信長は本拠の移動を契機にして、家臣団の城

城下町—安土　滋賀県近江八幡市

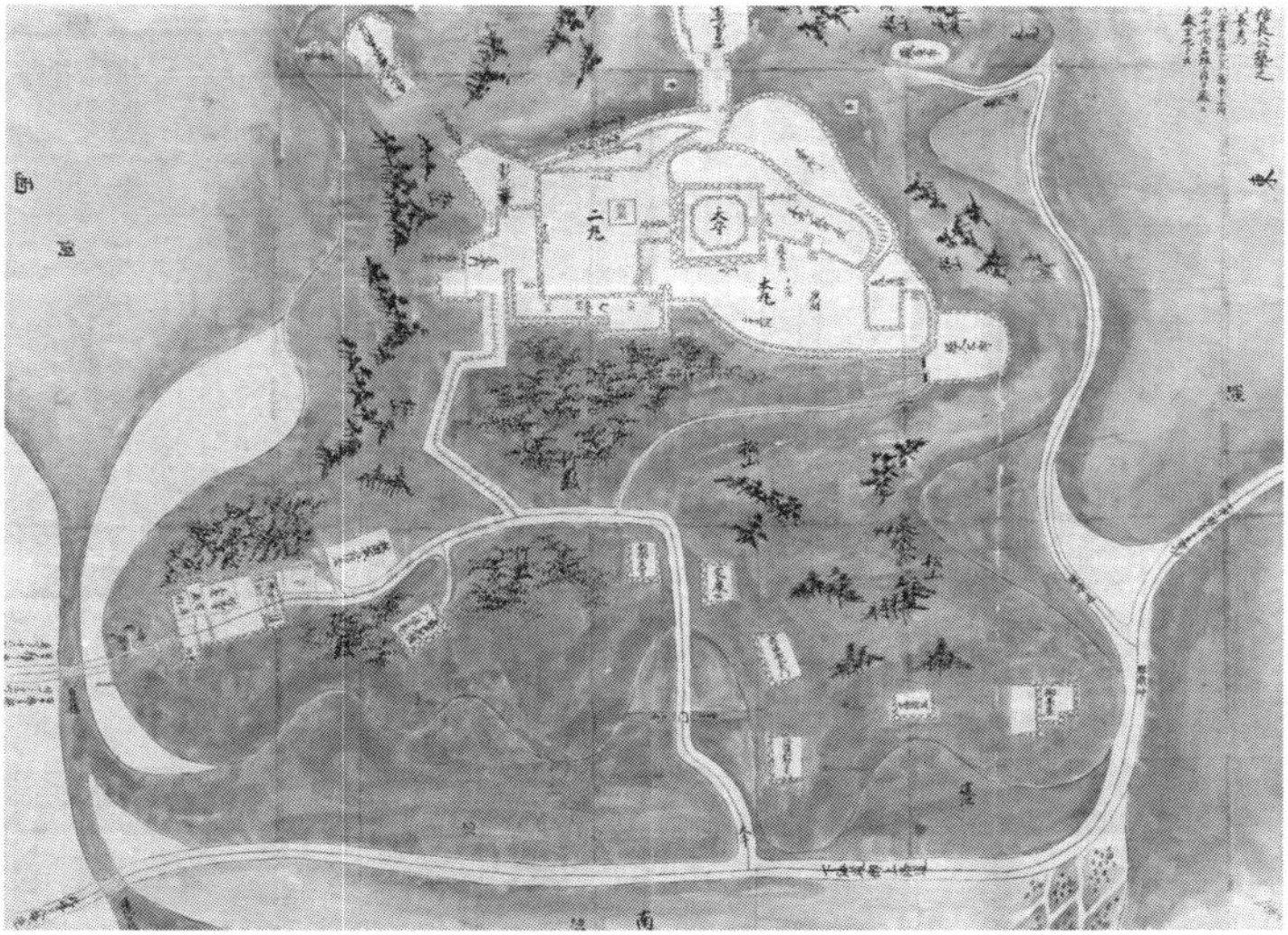

「江州安土古城図」（国立国会図書館蔵）安土城の山腹から山麓にかけては、重臣たちの屋敷が建ち並んだ。**滋賀県文化振興事業団**は、滋賀県の歴史や文化を観光資源としてとらえ、整備するとともに活用する事業を「**近江歴史回廊**」と称し、多彩な取り組みを展開する。公式ホームページには、歴史的町並みに関連する情報も掲載。

安土セミナリヨ跡。信長が君臨していたころ、繁栄を謳歌した安土の城下町は、かつての面影はなく、田園風景が広がる。

町並み情報

信長が天下布武を達成していたら、日本の首都となっていたかもしれない安土の城下町。その姿は地中に埋もれたが、発掘調査によって全容が解明されつつある。

お役立ちサイト

あづち周遊は、近江八幡市に合併された旧安土町の観光情報を掲載。

関連施設

滋賀県立安土城考古博物館・安土城天主　信長の館

下町への集住を促し、先祖伝来の土地との切り離しを策したのだ。

その後、小牧山城から岐阜城を経由して安土城へと本拠を移す過程で、安土への移住命令に従わず、岐阜に居座ろうとする家臣の屋敷の放火を命じた。江戸時代になると、大名の家臣は城下町の武家屋敷に住むのが常識になる。信長は、家臣団を強力に統制するための手段として城下町への移住を強力に推進したと評価できる。

安土の商人町を発展させるには、新規参入を促すとともに、保護を加える必要もあった。信長は、柔軟な発想により、総合的に判断しながら、安土という新時代の都市を創成したと評価できる。もしも、信長が本能寺で非業の最期を遂げていなければ、安土は都市として発展を続けていたに違いない。

いま、安土の城下町は、築城以前の田園風景へと戻り、発掘調査によって、往事の繁栄の様子が解明されつつある。

●近江八幡—信長の夢を引き継いだ商人町

安土城は、本能寺の変により天主が焼け落ちても、建物の多くは残され、城下町は存続していた。だが、天正13年、豊臣秀次《ひでつぐ》が叔父の秀吉の命により、西方約5キロに位置する八幡《はちまん》山城を築くと、安土城の建物は移築され、城下町の町人は移住を命じられた。秀吉は、信長の天下

商人町―近江八幡　滋賀県近江八幡市

町並み情報
豊臣秀長によって開設された八幡堀の周囲には、蔵造りの町並みが今日に伝えられる。

お役立ちサイト
近江八幡観光物産協会。近江八幡市の公式サイトに収録される「市の紹介」のページは、近江八幡の町並みや安土城についての多彩な情報を掲載。

関連施設
近江八幡市立資料館

商人町近江八幡の点景。このカットは、十数年前にリバーサルフィルムで撮影。撮影ポイントの記録が残されていなかったため、**近江八幡観光物産協会**のサイトに掲載される町並みの写真と比較したところ、新町通りの町並みであることが判明。過去に撮影したカットの撮影ポイントを確認するためにも観光サイトは活用できる。

を継承しながらも、そのイメージが強い安土城と城下町を地上から消滅させたのだ。安土の城下町は、信長の優れた構想により発展する基礎が築かれたものの、秀吉によって可能性が摘み取られたともいえよう。

秀次は、安土城をも凌ぐ堅城として八幡山城を仕立てるとともに、城下町の創造に尽力した。琵琶湖の湖水を引き入れ、運河とすることにより、物資の流通を円滑にするなど、先進的な都市開発を展開する。だが、文禄4年（1595）、秀次が秀吉の命によって切腹を命じられると、八幡山城もまた、廃棄処分となってしまう。

城がなくなれば、家臣たちは離散し、城下町も衰退する運命にあった。だが、商人たちは、行商に活路を求め、八幡の町を拠点にして全国に商圏を拡大することを目指した。

江戸時代になると、かつて城下町だった八幡は、商都として発展を続け、近江商人の活動拠点として活況を呈している。江戸時代の面影を残す町並みと堀割りが今日に伝えられ、伝建に指定される。変則的ではあるが、信長が安土の城下町を創造しようとした思いは、近江商人たちによって受け継がれたと評価できる。

なお、明治維新以後、八幡は九州の八幡《やわた》と読みが違いながらも、判別するため、行政的には近江八幡と呼称されている。近江八幡と同じように、城が消滅しながらも商業拠点として存続した城下町としては、高山、長浜などがあげられる。

割り普請
——秀吉が得意としたマネジメント術

豊臣秀吉は、まだ羽柴姓を名乗り、織田信長の家臣だったころから、都市プランナーとしての才能を開花させつつあった。

秀吉は、まだ足軽の身分だったころ、清須城の塀を割り普請という土木建築のマネジメント術により、短期間で修復したことから、信長に評価されて出世の糸口をつかんだという。

割り普請とは、建設現場を複数の工区に分割し、設計図通りの仕上がりとともに速さを競わせることにより、工期の短縮を策す技法を意味する。割り普請は、秀吉のオリジナルの技法ではないが、秀吉は驚異的な出世を果たし、天下統一という偉業を達成するまでのステップにおいて有効に活用した。

たとえば、秀吉は天正10年（1582）5月、備中《びっちゅう》高松城を攻略したとき、割高な賃金で農民を集めるとともに、割り普請によって競わせることにより、水攻めのための土手を短期間で完成させている。

秀吉の人心掌握術の巧さは、「人たらし」という言葉で表現される。割り普請では、工区間の競争が生まれるとともに、工区内における結束が生まれる。秀吉は、過酷な労働環境にある建設現場において、割り普請というマネジメント術を利用することにより、モチベーションの向上を策した。城や城下町の建設を祭のようなイベントにすることで、庶民の支持を獲得し、「たらしこんだ」とも評価できる。

秀吉は、小谷《おだに》城を攻略し、浅井《あざい》氏を滅亡へと導いた功績により、天正元年、小谷城と北近江の支配を主君の信長から命じられた。小谷城が典型的な戦国時代の山城だったことから、秀吉は、琵琶湖のほとりに位置する今浜に本拠を移転し、信長の名にあやかり、長浜と改称した。

商人町―長浜　滋賀県長浜市

町並み情報
大通寺の門前町でもあった長浜。黒塗りの漆喰の商家が印象的な歴史的町並みは「黒壁スクエア」と名付けられ、さまざまなタイプの商店へと姿を変え、多くの観光客で賑わう。

お役立ちサイト
長浜・米原・奥びわ湖を楽しむ観光情報サイト

関連施設
長浜城歴史博物館・長浜鉄道スクエア・曳山博物館

商人町長浜の点景。**長浜市の公式ホームページ**に収録される「歴史文化」のコーナーには、長浜の歴史的町並みに関係する情報が掲載される。市町村の公式サイトでは、検索欄に「指定文化財」と入力すると、指定文化財が確認できるとともに、サイト全体が情報源として活用できるか否かを確認することができる。

小谷城のような山城は、敵からの攻撃には有利である一方、城下町を建設するスペースには恵まれないという欠点があった。そのため、戦国時代が終幕を迎え、織豊《しょくほう》時代（安土桃山時代）を経て、江戸時代へと移行する流れのなかで、山城の多くは廃棄処分となり、城下町造営のスペースに恵まれる平城《ひらじろ》や平山城《ひらやまじろ》が新規に築かれている。秀吉が山城の小谷城から平城の長浜城へ本拠を移したことは、その流れの先駆けとなった都市開発プランだったと評価できる。

秀吉は、琵琶湖のほとりに建設した長浜の城下町のようなウォーターフロントを活用した都市開発を得意とした。ウォーターフロントは、城下町建設の用地に恵まれるとともに、水上交通の拠点としても活用でき、新時代の都市環境だった。

天正11年、秀吉は石山本願寺の跡地に大坂城の建設を開始し、城下町の創成にも着手した。秀吉は、長浜の城下町を創成するとき、利便性を重視して碁盤の目状の町割りを採用しており、大坂の城下町においても、同じような町割りにより、ウォーターフロント都市の創成が推進されている。大阪の町が碁盤の目状の整然とした町割りであることは、現在の地図を見ても確認することができる。秀吉による都市計画の基本理念は、現代に受け継がれていると評価できる。

●秀吉型都市プランの発展と継承

秀吉は、貧しい農民の家に生まれ、少年時代は行商人として各地を巡り歩いたとも伝承される。秀吉の都市プランは、少年時代に培われた庶民感覚が基盤となっていた。また、秀吉は竹中半兵衛《はんべえ》と黒田官兵衛《かんべえ》という二人の名参謀に恵まれ、彼らは、秀吉の驚異的な出世を支えるとともに、都市プランの策定においても手腕を発揮したと想定できる。

名築城家として知られる加藤清正《きよまさ》は、秀吉の家臣として築城技術を学び、都市プラン策定や領国経営のノウハウを習得した。そして、熊本の城下町の造営では、秀吉から学んだ技術を生かし、碁盤の目状を基調とした町作りを実行している。

城下町―熊本　熊本県熊本市

町並み情報

熊本の城下町では、「熊本市新町・古町地区の城下町の風情を感じられる町並みづくり事業」と称し、歴史的町並みの再生が試行されている。

お役立ちサイト

熊本県観光サイト なごみ紀行 くまもと

関連施設

熊本城

熊本市役所より熊本城を望む。熊本地震によって大きな被害を受ける前の雄姿。静岡県庁、大分県庁、松本市役所などでは、最上階に展望スペースを設置。その一方では、国宝天守に近接しながら、展望スペースの存在しない県庁や、平日は開放されていても、役所の休みの日には閉鎖されるという市役所も存在。

また、浅野長政、福島正則《まさのり》、加藤嘉明《よしあき》、蜂須賀《はちすか》家政《いえまさ》、生駒親正《ちかまさ》、中村一氏《かずうじ》、堀尾吉晴《よしはる》ら、秀吉によって取り立てられた大名たちは、秀吉から伝授された技術を生かし、城郭と城下町の造営にあたった。

信長や秀吉との関係が深い織豊《しょくほう》系大名たちは、会津若松（加藤嘉明）、甲府（浅野）、駿府（中村）、浜松（堀尾）、和歌山（浅野）、高松（生駒）、徳島（蜂須賀）、米子（中村）、松江（堀尾）広島（福島）、福岡（黒田）、中津（黒田）、熊本（加藤清正）など、多くの城下町の造成に関与し、秀吉型都市プランの発展に寄与している。

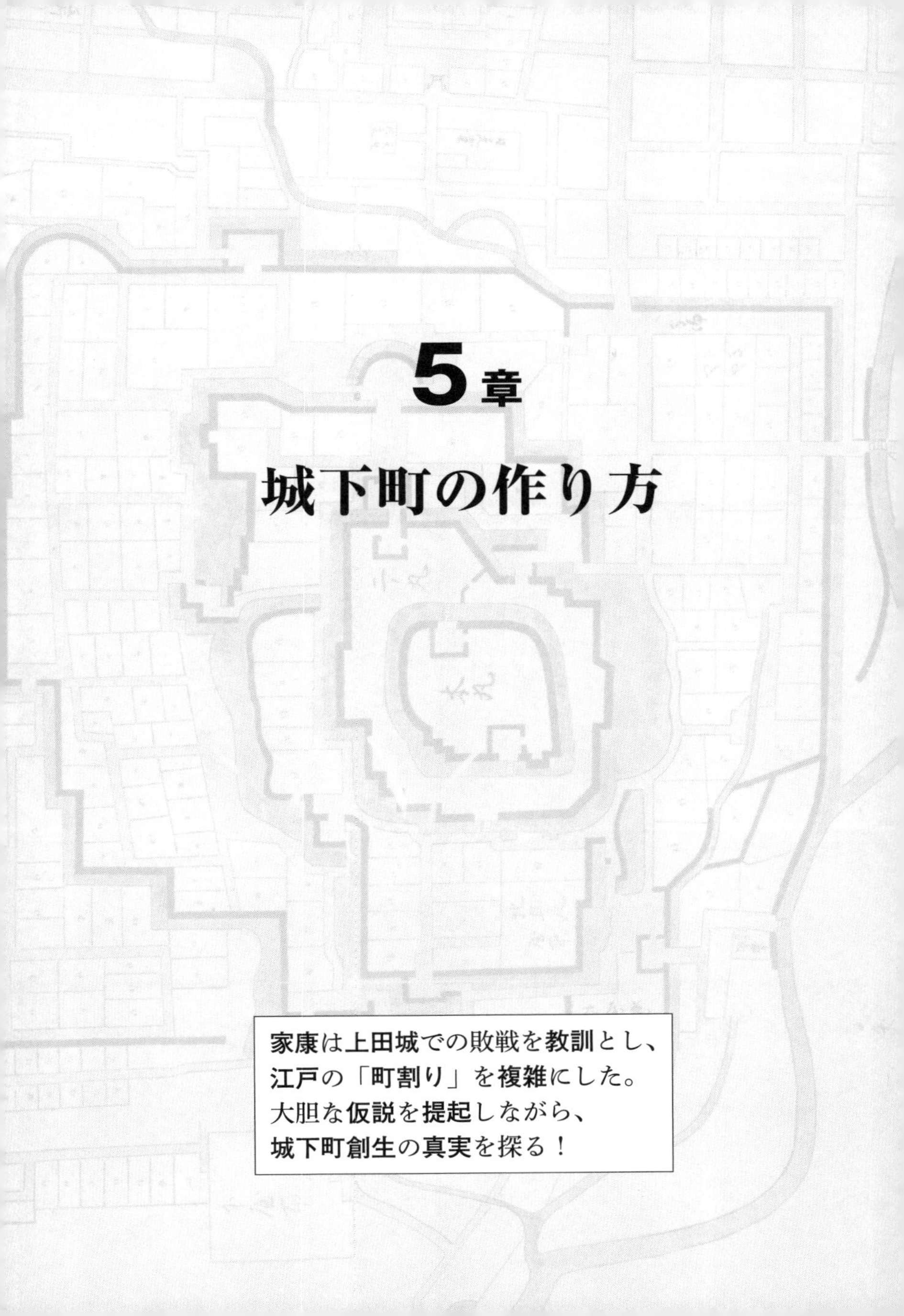

5章

城下町の作り方

家康は上田城での敗戦を教訓とし、
江戸の「町割り」を複雑にした。
大胆な仮説を提起しながら、
城下町創生の真実を探る！

絵図から読み解く鍵の手道や丁字路の実態

城下町の道筋は、碁盤の目のような整然とした形状ではなく、折れ曲がっていることが多い。「なぜ、城下町の道筋が複雑に折れ曲がっているのか」という疑問に対し、歴史の入門書をはじめ、現地の案内板、観光ガイドブックなどには、「敵が攻めてくるのに備え、複雑な構造にして敵を迷わせた。また、道を折り曲げることにより、視界を悪くさせ、敵が一直線に城へ接近することを防いだ」というような回答が異口同音で示される。

城の内部も、敵の侵入を防ぐため、通路が折り曲げられ、突き当たりが多用されており、そのような防御システムが城下町にも応用されたといえる。

折れ曲がった道筋の一例として宇都宮の城下町の東側を取り上げてみた。図の全体や詳細については、「国立国会図書館デジタルコレクション」の「下野《しもつけ》宇都宮城図」を参照されたい。

左ページ地図のエリアは、現在のJR宇都宮駅が中央に位置するため、改変されている部分が多いものの、現在の地図と比較してみると、部分的には往時の町割りが伝えられているエリアも認められる。

城下町─宇都宮　　栃木県宇都宮市

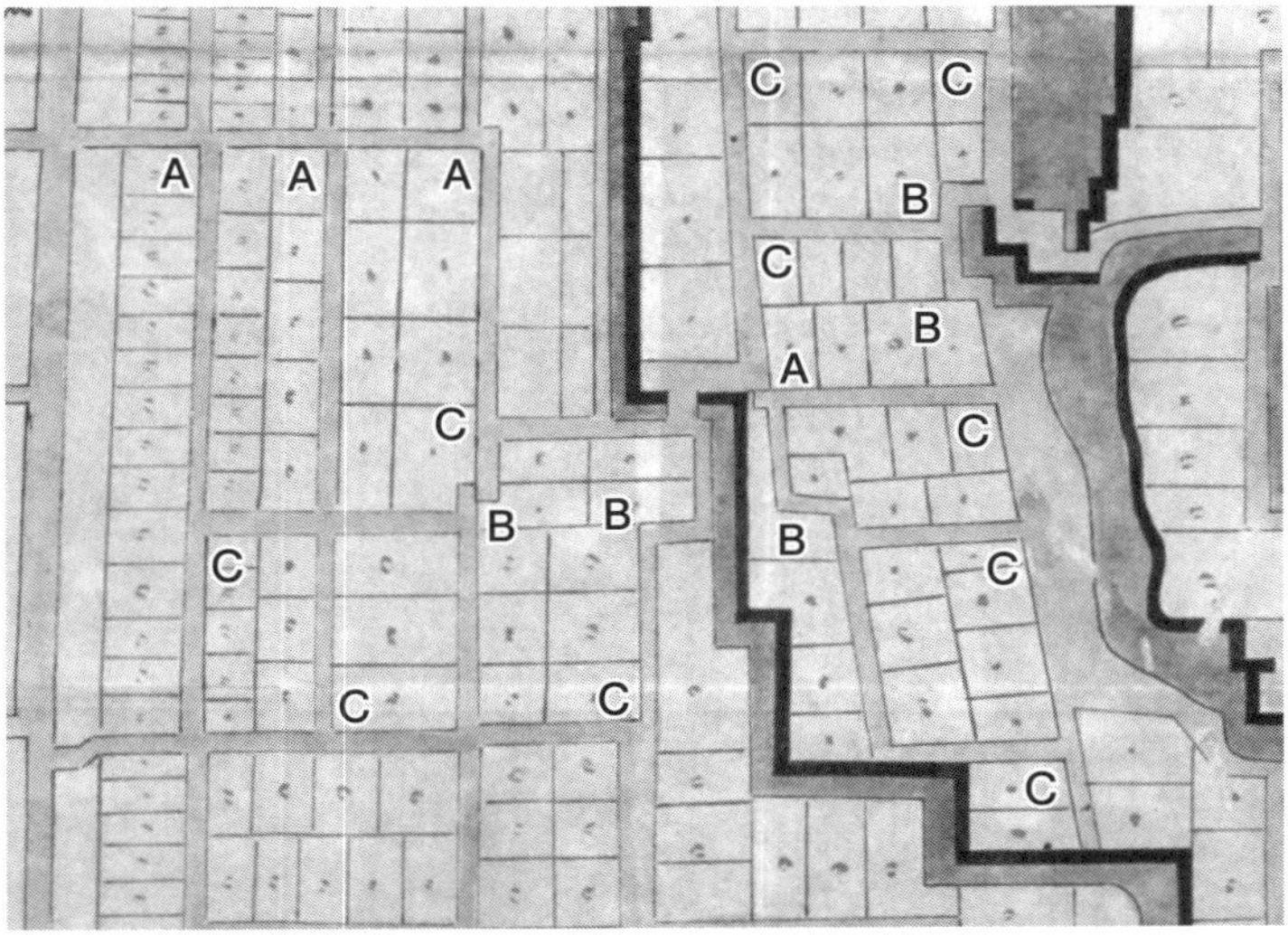

宇都宮城下町の松ヶ峰門―宇田門周辺の折れ曲がった道筋。A＝喰い違い　B＝折れ　C丁字路　「下野宇都宮城図」（国立国会図書館蔵）

復元された宇都宮城の土塁。城跡は整備されるとともに、防災拠点の役割も果たすため、トンネルを設置。だが、往時の外観と異なる「コンクリート打ちっ放し」への批判も根強い。

町並み情報

市街化によって歴史的町並みの大半は失われながらも、蔵造りの商家などが点在。江戸時代の町割りが部分的に伝えられる。

お役立ちサイト

宇都宮市公式WEBサイトに収録される「宇都宮の歴史と文化財」には城下町の情報が掲載される。

関連施設

栃木県立博物館・宇都宮市立図書館

地点Aの「喰い違い」は、十字路のほうが街路として自然であるにもかかわらず、道筋が人為的にずらされた。十字路のほうが日常生活には便利であっても、敵が城下町に侵入した時、直進することができず、見通しが効かないように喰い違いとされたのだ。

地点Bの「折れ」については、どちらかに道筋をずらせば、直線を保てるにもかかわらず、2回屈曲させることにより、通行の障害としている。

地点Cの「丁字路《ていじろ》」は、右端のように城の堀で行き止まりになっていることが多い。堀の先へ進むには、近くの城門のある地点まで遠回りする必要があった。なお、この絵図面のエリアは、城門の周辺であることから、侵入者への警戒意識が高く、ほかのエリアよりも、道筋が入り組んでいる。この絵図を見ていると、日常生活の利便性を高めるには十字路を多用し、もっとシンプルな町割りにもできたにもかかわらず、道を人為的に折り曲げていることが読み解ける。

宇都宮の城下町の原形を創成したのは、本多正純《まさずみ》だった。本多は、2代将軍の徳川秀忠との対立により、失脚するまで、幕閣の要職にあった。複雑に折れ曲がった城下町の街路は、江戸時代初期における都市計画の流行ともいえ、本多は、流行の先端に乗るとともに、さらにそれを発展させるため、自身の本拠である宇都宮の城下町に鍵の手の道を多用した。本多は、幕閣として経済政策を強力に推進する立場にあり、日本の首都としての江戸の創成にも深く関与していた。都市開発についても、その動向が注目を集める立場にあった。

宇都宮の城下町は、日光東照宮《とうしょうぐう》への通り道に位置し、諸大名の通行も多く、複雑に折れ曲がった城下町の道筋が全国へ拡散するための波及効果は高かった。

●城下町の複雑な街路は、実戦では役立たない？

江戸時代の城下町の複雑な街路は、敵の侵入を防ぐためと解説されるが、実際の戦闘で役に立った実例は皆無に等しい。

慶応4年（1868）勃発の戊辰《ぼしん》戦争では、白河城下、二本松城下、長岡城下などで市街戦が繰り広げられたものの、折れ曲がった道筋が敵の進撃を防ぐというシーンはなかった。なお、市街戦が繰り広げられた会津若松城下は、碁盤の目状の街路だった（155ページ）。

多くの城下町の街路が折れ曲がっていることは、誰もが知っていた。また、攻撃目標の都市について情報を事前に入手するのは当然のことであり、城下町に突入して迷子になる間抜けはいなかった。攻城方は、城下町の建物が邪魔になれば、放火するのが有効な手段だった。会津若松城の攻防戦では、銃撃の障害になり、敵の拠点となることを恐れ、逆に籠城方が城下町に放火している。

城下町を造成するとき、領主は、「敵に備えて街路を折り曲げた」という大義名分を掲げたが、そうしたのは、当時の流行に便乗したという隠された意識も作用していた。

江戸時代初期の流行の発信基地ともいえる江戸は、街路は複雑に折れ曲がっていた。「国立国会図書館デジタルコレクション」の「江戸切絵図」の「四ツ谷《よつや》絵図」（126ページ）を見ると、江戸の町では、喰い違い、丁字路、折れが多用され、人為的に複雑な街路となっていたことを読み解くことができる。四谷御門《ごもん》一帯は、坂道が多いため、碁盤の目状にはできない制約があるとはいえ、城下町特有の複雑に折り曲げられた街路の典型例だといえよう。

大名は、自分たちの城下町を建設するさい、江戸のような都市構造を、参考にするというより、模倣して都市計画を策定したことから、複雑に折り曲げられた街路が日本全国に拡散したと想定できる。

また、江戸城のような町割りが全国に拡散するには、モデルケースとして彦根城が果たした役割が大きかった。

彦根城は、「天下普請《てんかぶしん》」によって築城されたことから、幕府の命令によって動員された大名たちは、城や城下町の構造を知ることができた。また、彦根城は、主要幹線である中山道《なかせんどう》のルート上に位置するため、大名や諸藩の重臣たちは、江戸や上方との往復の間、工事中の彦根城と城下町を見学することにより、自分たちが城下町を建設するときの参考にすることが可能だったのだ。

住民の利便性を無視した徳川家康の都市計画

住民にとって、複雑な街路より、碁盤の目状の整然とした町割りのほうが生活しやすいのは当然のことといえる。

織田信長、豊臣秀吉、徳川家康の都市計画を町割りから比較すると、信長と秀吉は住民本位の視点に立っていた。織田信長が創成した安土の城下町は、地形的障害による歪みはありながらも碁盤の目状の町割りだった。また、豊臣秀吉が建設した大坂の城下町も碁盤の目状だった。

つまり、信長や秀吉の都市計画は、防御性よりも利便性を優先した。

家康は、天下泰平と称される平和な時代を築いたにもかかわらず、江戸の町の構造は、利便性よりも防御性を優先して複雑な町割りにした。街路を複雑にしたことは、「治《ち》に居《い》て乱を忘れず」の精神とも言えなくもない。だが、家康は、敵に備えて道を折れ曲げることにより、江戸の町は、住民の日常生活よりも、万が一の備えが優先されることを思い知らせたかった。ひいては、江戸の町は、住民のためではなく、徳川将軍家のために存在することを強力にイメージづけるため、住みにくい複雑な町割りにしたと想定される。

城下町—江戸２

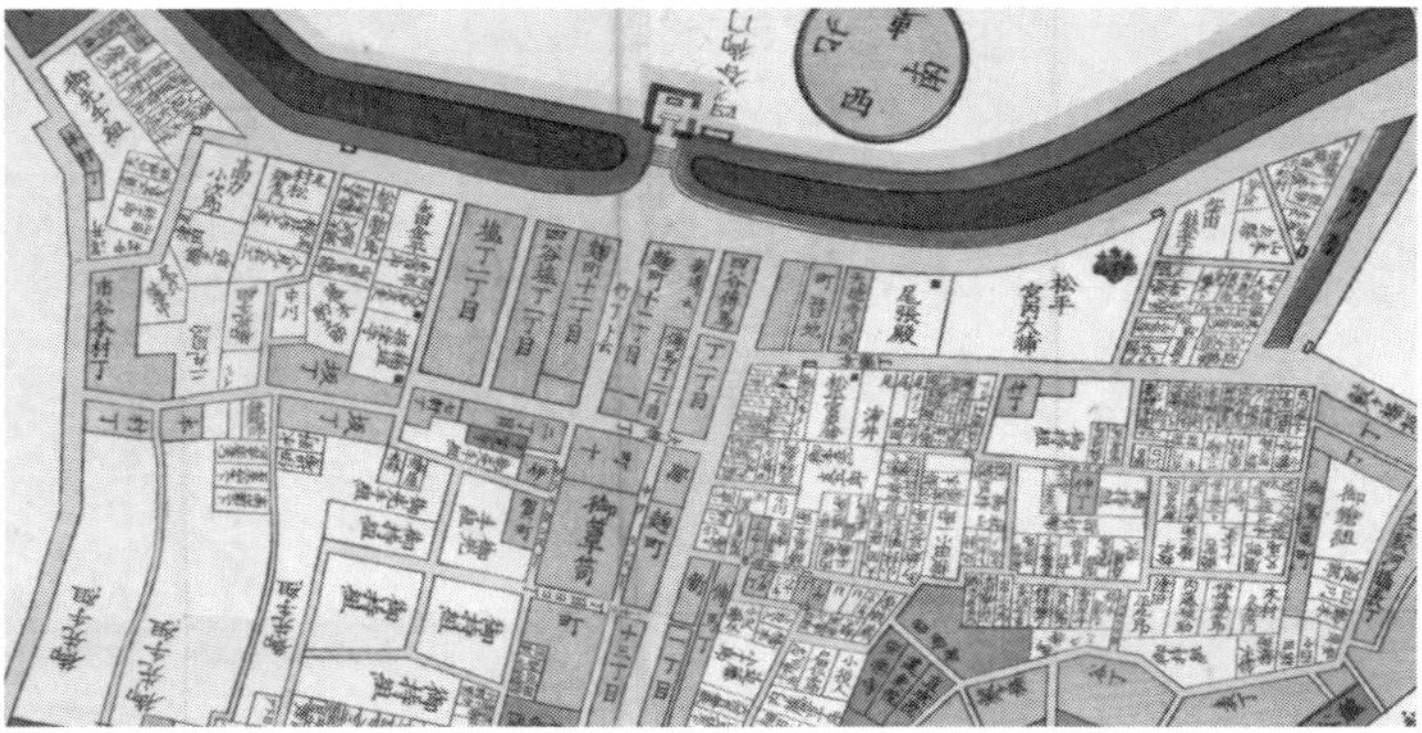

「四ツ谷絵図」（国立国会図書館蔵）四谷御門周辺の折れ曲がった町割り。城下町の複雑な街路の代表例としてピックアップ。統治者サイドの「我がまま」で城下町の道筋が折れ曲がったという持論を抱くようになったのは、この絵図のような複雑に入り組んだ城下町を巡り歩きながら、方向感覚が麻痺して道に迷ったときに込み上げた怒りが原点となる。

江戸や各地の城下町の住民たちは、日々の暮らしのなかで、目的とする場所へ行きたくとも、城下町特有の折れ曲がった道筋により、最短の経路を利用できず、遠回りを強いられるたび、自分たちの利便性よりも、侵入する敵への万一の備えが優先されることを痛感させられた。

極論すれば、城下町の道筋が折れ曲がっているのは、「この町の中心に住むのは自分であり、自分の安全を守るためには、庶民の日常生活の障害になってもかまわない。むしろ、自分の存在感を示すことができる」という将軍様や殿様たちの虚栄心を満たすための示威行為、もしくは「我がまま」だった。そんな考え方の是非は別にして、江戸時代の城下町は、将軍や大名によって作られた以上、彼らの考え方が都市計画に反映されるのは当然のことであり、それが将軍や大名を頂点とする江戸時代の統治システムの基本だった。

歴史的町並みの本質を知るためには、時代的背景に対し、多角的な視点から探ることも不可欠である。統治者だけではなく、住民の視線から都市の構造や歴史を読み説くことも、大切だと思う。

●藤堂高虎―都市プランナーでもあった名築城家

若き日の藤堂高虎《たかとら》は、主君に恵まれず、姉川合戦では敗北した浅井《あざい》勢として参戦している。22歳のとき、羽柴秀長《ひでなが》に仕え、ようやく出世の糸口をつかむことができた。高虎は、のちに築城の名手として知られるのだが、前半生においては、生傷がたえない戦場暮らしのなかで、流《なが》れ弾《だま》一発で昇天する危険性を負いながら、出世街道を突き進んだ。

天正13年（1585）、秀長が兄秀吉から長年の功績を認められ、大和郡山城《やまとこおりやま》（134ページ）の城主の地位と、100万石の領地を与えられると、高虎もまた、1万石を与えられ、大名の仲間入りを果たした。高虎は、大和郡山城と城下町の建設工事に関与することにより、名築城家や都市プランナーとしての基礎を築いている。

最良の主君だった秀長の死後、高虎は豊臣家内部の権力闘争に巻き込まれ、危機的状況に陥った時期もあった。だが、独特の遊泳術によって政争に巻き込まれず、秀吉から築城家としての才能を高く評価されていたため、伊予板島《いたじま》城（愛媛県宇和島市）7万石に昇進することができた。

秀吉の死後、政治的混乱状況が続くなか、高虎は「次の天下人は徳川家康」と予測し、関ヶ原合戦の勝利に貢献。外様大名でありながら、家康から絶大な信任を受けた。関ヶ原合戦後、江戸城の大改修工事が開始されると、縄張《なわば》り（設計）を命じられ、徳川将軍家の本拠にふさわしい堅城へと仕立てた。

となると、城下町エリアの都市プランも高虎が担当し、江戸の町を複雑な街路にしたとも仮定できる。だが、最初に設計した板島城をはじめ、大洲《おおず》城、今治《いまばり》城、津城、上野城など、高虎が創成した城下町は、碁盤の目状の町割りが採用されており、高虎は、城下町のプランニングには関与していなかったようだ。

高虎が築いた大洲城の東側には、「町」と表記された町人の居住区が描かれ、街路の交叉は、十字路を基本としている、丁字路があっても、それは、城下の東側を流れる肱川《ひじかわ》の流れに合わせ、城下町の形状が左右されたことにより、通行の障害となるように計画されていない。

高虎は、徳川家康の命によって名古屋城の設計を命じられると、城下町の町割りは徹底した碁盤の目状にするように設計した。北側の武家屋敷のエリアは、多少の食い違いも認められな

城下町―大洲　愛媛県大洲市

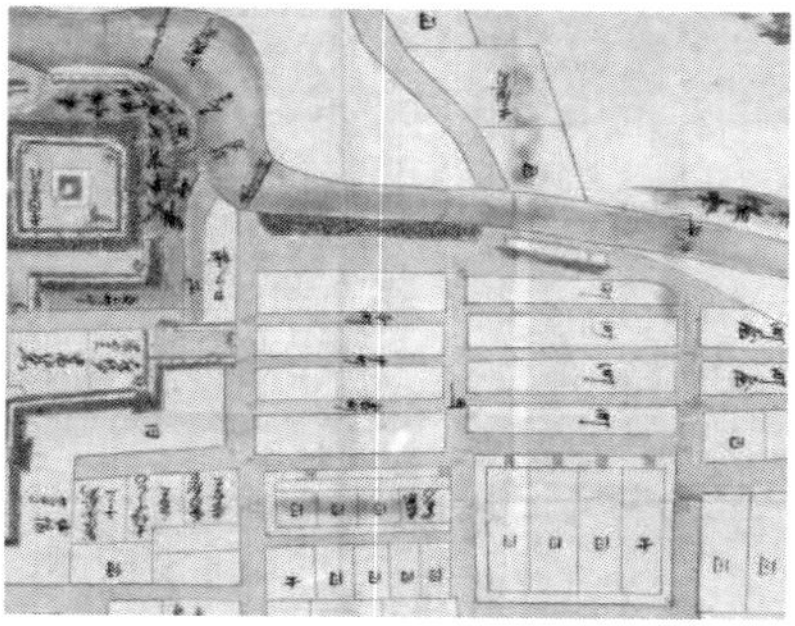

町並み情報
大洲の城下町には、腰板張りの武家屋敷や、なまこ壁の商家が残され、「伊予の小京都」の名にふさわしい風情が今日に伝えられる。

お役立ちサイト
伊予の小京都 大洲―大洲市観光協会オフィシャルサイトは、城下町に関連する多彩な情報を掲載。

関連施設
大洲城・大洲歴史探訪館

「伊予大洲之城図」（国立国会図書館蔵） 大洲城の城下町を設計するとき、図の中央よりも右側の町人の居住区の町割りにおいて、鍵の手や折れを多用することも可能だった。だが、藤堂高虎は、住民の利便性を重視し、碁盤の目状の町割りとしたことを城下町絵図から読み解くことができる。

城下町―名古屋　愛知県名古屋市

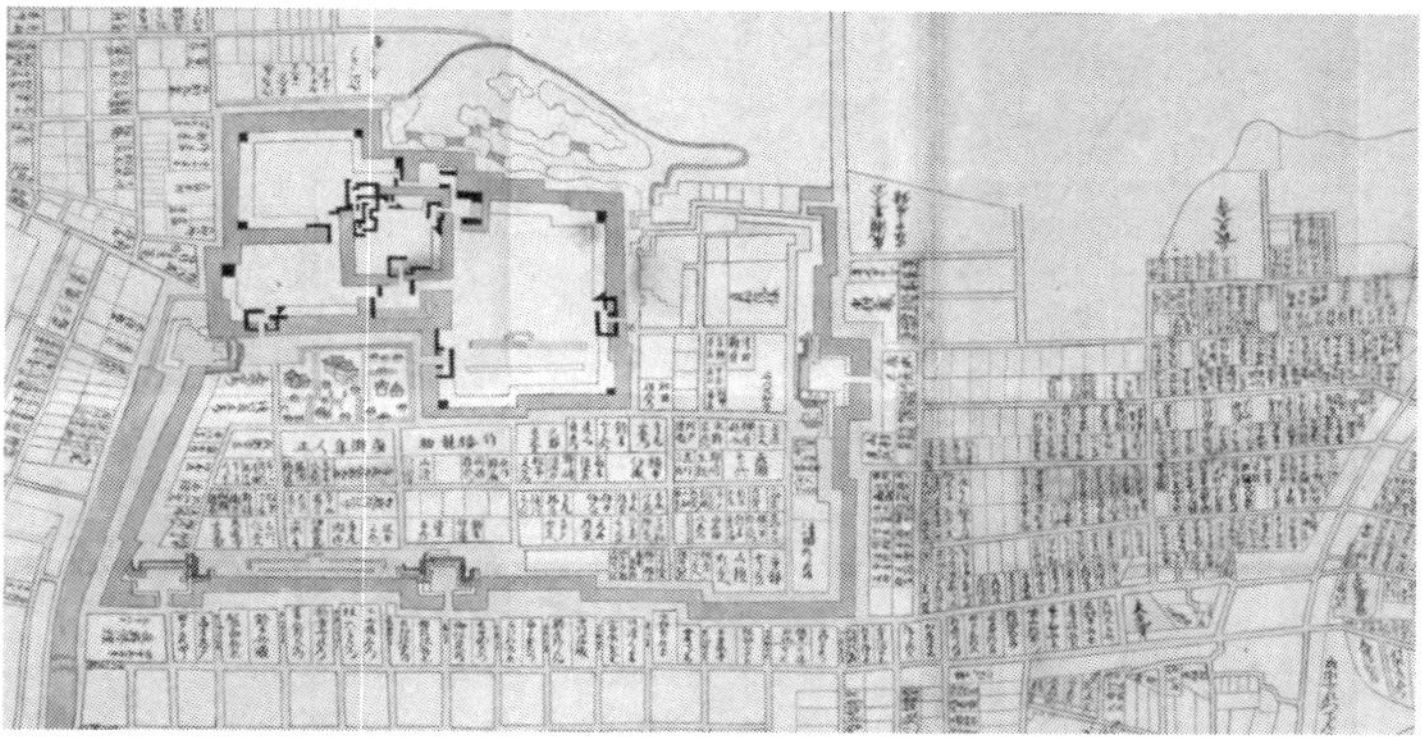

「尾州名護屋」（国立国会図書館蔵）名古屋城の縄張り（設計）を担当した藤堂高虎は、ほかの城のように防衛ラインを屈曲させず、直線を多用した。
筆者は、中学校卒業後の春休みを利用し、名古屋城、関ヶ原古戦場、彦根城を日帰りで往復。それ以来、どうしたら次の旅に出られるか、チャンスを狙いながら、日々の生活に励む。

がらも、基本は十字路であり、中央より南側（右側）の町人の住むエリアは、徹底した碁盤の目状の町割りが採用されている。高虎の都市計画は、現在に生かされ、東海エリアの中核都市として発展を続ける名古屋の基礎を形作っている。

高虎は、流通経済の活性化を城下町発展の基礎と考え、人間、駄馬《だば》、荷車の通行の障害にならないように、道筋を直線とした。また、河川の改修により、城下町の規模を拡大しながら、城下町に水路を張り巡らせることにより、輸送力の向上を目指しており、都市プランナーとしての構想力は卓越していた。

司馬遼太郎は、名作『関ヶ原』のなかで、家康への追従《ついしょう》によって国持大名にまで出世したという高虎像を描いた。だが、そのような一面的な人物像ではなく、都市プランナーとしての功績を正当に評価すべきだと思う。

●上田城攻防戦が与えた都市構造への影響

江戸の町の都市プランには、徳川家康から信任され、幕府を取り仕切っていた本多正信《まさのぶ》・正純父子が「ある苦い体験」を基礎にして策定したと思われる。

徳川秀忠は、天下分け目の関ヶ原合戦にさいし、西軍に属した真田昌幸《まさゆき》の上田城を攻略できなかった。このとき、正信は、秀忠を補佐する立場にあり、上田城攻防戦の実態を十分に認識

城下町―上田　長野県上田市

上田城下での攻防戦をイメージしたCG。家康は、信濃を支配する拠点として上田城の築城工事の開始を命令。真田昌幸は、工事が開始されたころには、家康に服属していた。だが、沼田城の引き渡し交渉が決裂し、家康と絶縁すると、完成直前の上田城を攻め取ったともいう。ベースには、復元された一乗谷の町屋の写真を使用。バリケードには、長篠古戦場に復元された馬防柵をコピー＆ペースト。徳川軍の兵士は小田原城の堀にも登場した海外製の模型。数年前から、戦国城郭の現況写真に塀や櫓、幕末の台場の遺構に大砲を添付するなど、CGによる再現方法を模索中。

上田城大手門。二度に渡る上田合戦では、激しい攻防戦が繰り広げられた。城主の真田昌幸は敵をおびき寄せるため、城門から出撃したという。

町並み情報
北国街道の宿場町でもある上田の城下町。大河ドラマ「真田丸」の放送によって、真田人気は一気に加速。

お役立ちサイト
信州上田観光情報。上田城 城下町絵図アーカイブでは、精密な古地図や復元図など、多彩な情報を掲載。

関連施設
上田市立博物館・池波正太郎真田太平記館

していた。

天正13年閏《うるう》8月、慶長5（1600）年9月と、徳川勢は二度にわたり、上田城を攻撃しながらも、いずれも攻略できず、撤退を余儀なくされた。

二回の戦闘では、城内から出撃した真田勢を徳川勢が撃退。敗走する真田勢を追って城下町へ突入し、大手門周辺まで接近したところ、真田勢の猛反撃を受けて形勢は一気に逆転する。徳川勢は、迷路のような状態の城下町において、先鋒部隊が後退しようとしているのにもかかわらず、後続の部隊が城へと接近しようとしたことから、混乱状態に陥ってしまう。

しかも、城下町にはバリケードが配置され、伏兵が徳川方の視界を妨害するため、放火して煙を充満させると、混乱は加速された。そのため、徳川勢は統率がとれない状態での敗走を余儀なくされたのだ。

上田城攻めを前にして、まずは城下町を焼き払うという作戦も検討された。だが、徳川勢には「真田のような小勢力が立て籠もる城なら、一撃で攻略できる」という油断があり、焦土作戦は否定された。また、焼き払えば、復旧に時間と経費がかかることから、領民の生活の場であるとともに、経済的拠点である城下町を温存した上で城を攻略できれば、それがベストの選択肢だったのだ。

●「譜代複雑」「外様碁盤」の法則は当てはまるか？

父昌幸から真田家生き残りの使命を受け継いだ信之《のぶゆき》は、上田から松代《まつしろ》への転封を命じられると、過去の成功事例によって、松代の城下町の街路を複雑にした。

本多正信をはじめ、上田城攻防戦に参戦した徳川氏の家臣たちは、城下町の複雑な街路が籠城戦で有効であることを手痛い敗戦から認識。自分たちが城下町を築くときの都市プランに応用した。上田城攻防戦に参戦した徳川譜代の家臣では、本多氏の宇都宮城をはじめ、平岩氏の犬山城、榊原氏の館林城、牧野氏の長岡城の城下町が複雑な街路によって構成されていた。

また、譜代・親藩大名は、江戸の町が本多父子の都市計画で、複雑な街路によって形成されたことを認識すると、自分たちが城下町を建設するとき、江戸の町にならって複雑な街路を採用した。

その一方、織豊系《しょくほうけい》大名（外様大名）が城下町を創成するときは、碁盤の目状の町割りを採用する傾向が認められる。その典型例としては、豊臣秀長が創成した大和郡山の城下町があげられる。

秀長は、大和支配の拠点として郡山城を築くと、城下町の町割りは碁盤の目状とした。また、城下町は、惣構えによって防御されており、兄秀吉が造成した御土居をモデルにしたと想定で

城下町―大和郡山　奈良県大和郡山市

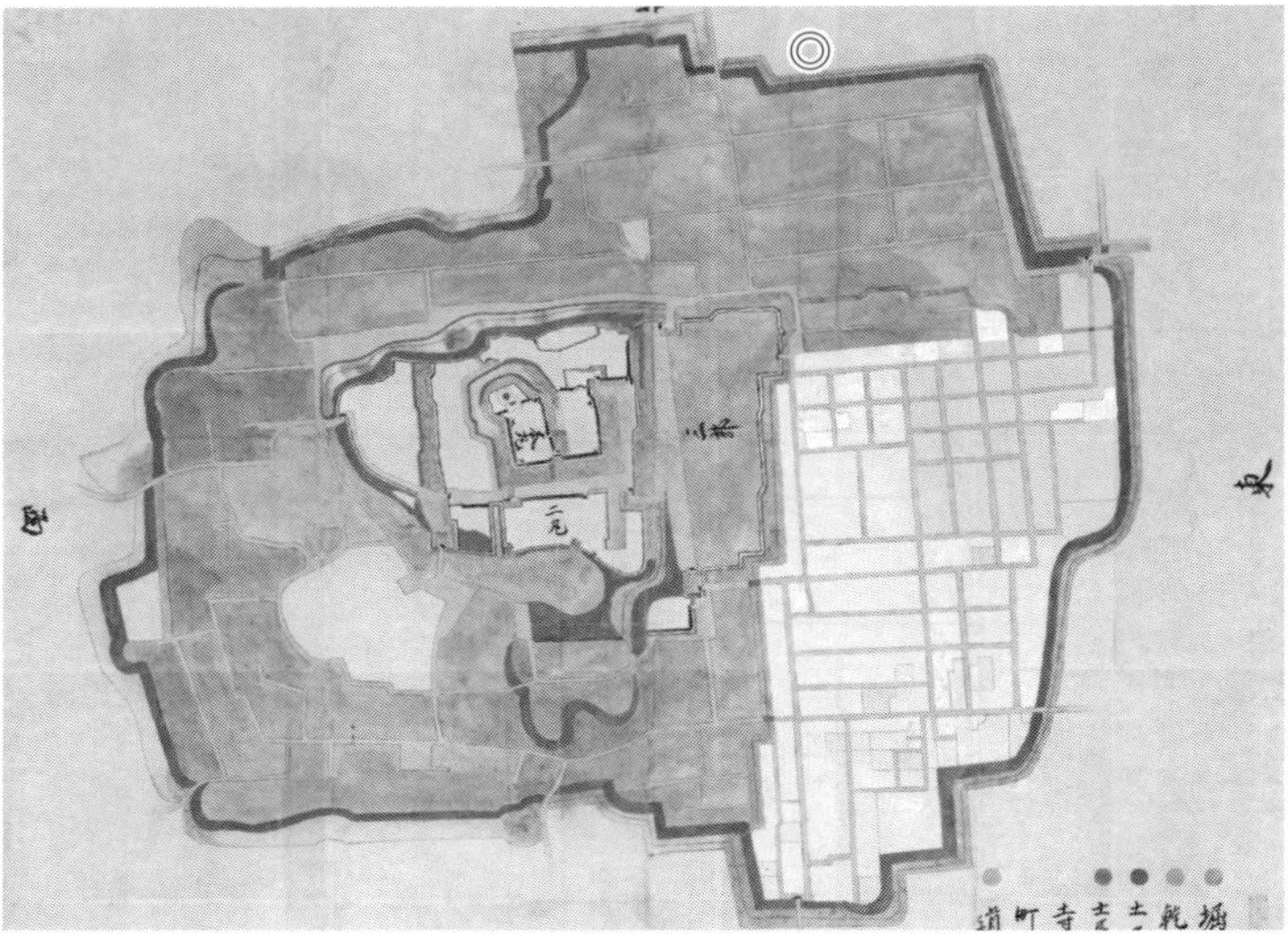

「和州郡山城図」（国立国会図書館蔵）大和郡山城は、惣構えによって城下町全体が防御されていたことを読み解くことができる。また町割りは、碁盤の目を基調にしていた。明治維新以後、惣構えを形成する外堀の大部分は埋め立てられた。◎印は、外堀の一部を復元した外堀緑地の位置を示す。

大和郡山城の外堀緑地。発掘調査が行われたのち、水堀の一部が再現され、緑地公園として利用されている。

町並み情報

城下町の一画にあたる紺屋町には、城の堀とつながる水路が伝えられ、往時の面影が残される。

お役立ちサイト

大和郡山の“みどころ・観光情報”。大和郡山市観光協会のサイトに収録される「郡山のおいたち」には城下町に関連する情報が掲載される。

関連施設

柳沢文庫

城下町—高松　香川県高松市

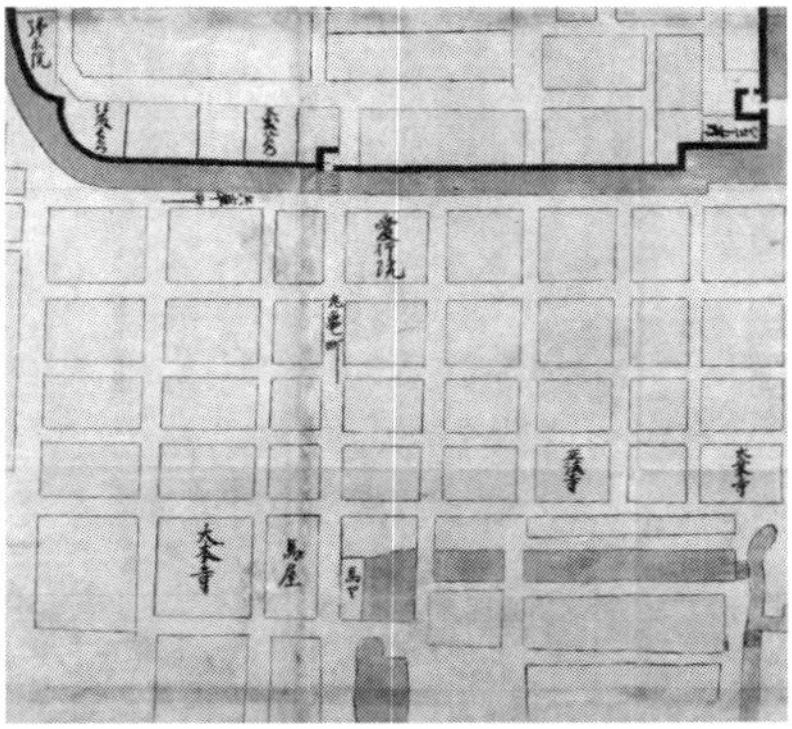

町並み情報
明治以後の都市開発と空襲により、城下町の古い建物は失われたが、碁盤の目状の町割りが伝えられる。

お役立ちサイト
高松旅ネット。高松市公式ホームページに収録される「文化財」のページには、城下町に関連する情報が掲載される。

関連施設
香川県立ミュージアム

「讃州高松城図」（国立国会図書館蔵）画面中央左には「丸亀町」と記される。現在の地図においても「丸亀町通り」が確認され、ランドマークとして活用できる。**香川県立ミュージアムの館蔵品データベース**には、城下町の姿を描いた「高松城下図屏風」や大正期の姿を記録した「高松市新地図」など、絵図や古地図などが収録される。

きる。

秀吉に軍師として仕えた黒田官兵衛は、自身の居城として中津城や、福岡城を築くとき、城下町を碁盤の目状の町割りとした。また官兵衛は、生駒氏が高松城を築くとき、縄張りを秀吉から命じられると、城下町を碁盤の目状に設計している。

官兵衛が設計した高松城の城下町は、武家の居住区は、いくつか折れや丁字路が認められる。その一方、町人の居住エリアは完全な碁盤の目状となっており、居住者優先の都市計画を読み解くことができる。

官兵衛は、秀吉の軍師として大坂城の縄張りを担当しており、城下町のプランニングにも関与したと思われる。官兵衛は、自身の城下町を築くときには、都市としての機能性を重視し、碁盤の目状としたと評価できる。

関ヶ原合戦後、織豊系大名は、徳川家との縁故が浅い「外様大名」と称され、関係が深い「譜代・親藩大名」とは区分された。

浅野長政の甲府城と和歌山城、細川藤孝《ふじたか》・忠興《ただおき》父子の田辺城（京都府舞鶴市）と小倉城などが、外様大名による碁盤の目状の城下町としてあげられる。ただし、外様大名である池田氏の岡山城は複雑、鳥取城は碁盤の目と一定していない。また、外様大名の丹羽氏が設計した棚倉城、白河城、二本松城のいずれもが複雑という例外もある。

城下町を3タイプに分類する

多くの城下町絵図を分析してみると、城に近い武家の居住区は複雑でも、町人の居住区は碁盤の目に近いというパターンが多い。

江戸時代の城下町は、「全体的に複雑な彦根城パターン」「全体的に碁盤の目状の名古屋城パターン」「武士の居住区が複雑で、町人の居住区が碁盤の目状の和歌山城パターン」の3タイプに分類できる。

和歌山城は、最終的には御三家の紀州徳川家の居城となるが、原型を豊臣秀長が築き、外様大名の浅野氏が拡張した。浅野氏が築いた甲府城の城下町もまた、和歌山城タイプに近く、外様大名の城下町の多くが和歌山城タイプに分類できる。

外様大名だけではなく、譜代・親藩大名の城下町にも和歌山城タイプが少なくない。その一例としては、譜代・親藩大名が城主を務めた鶴岡城があげられる。元和8年（1622）、譜代大名の酒井忠勝《ただかつ》は、本格的な築城工事とともに、城下町の造成にも着手した。城下町の造成を開始したのが大坂夏の陣後だったこともあり、防御性よりも経済効率が重視された。また、鶴岡よりも北には外様大名の津軽氏と佐竹氏がいるだけで、モデルケースとして誇示しようとする意識も低かったとも想定できる。

常識的に考えれば、武家の居住区では、町割りが複雑であっても、さほど日常生活に不便がなくとも、町人の居住区では経済活動に支障が生じるため、碁盤の目状にしたと想定できる。また、全体的に複雑なパターンの典型とした彦根城でも、町人の居住エリアには丁字路と十字路が併用されるなど、城下町によって程度は微妙に異なっている。

そのあたりの相違を見極めることも、城下町絵図を読み解く面白さといえる。

城下町―和歌山　和歌山県和歌山市

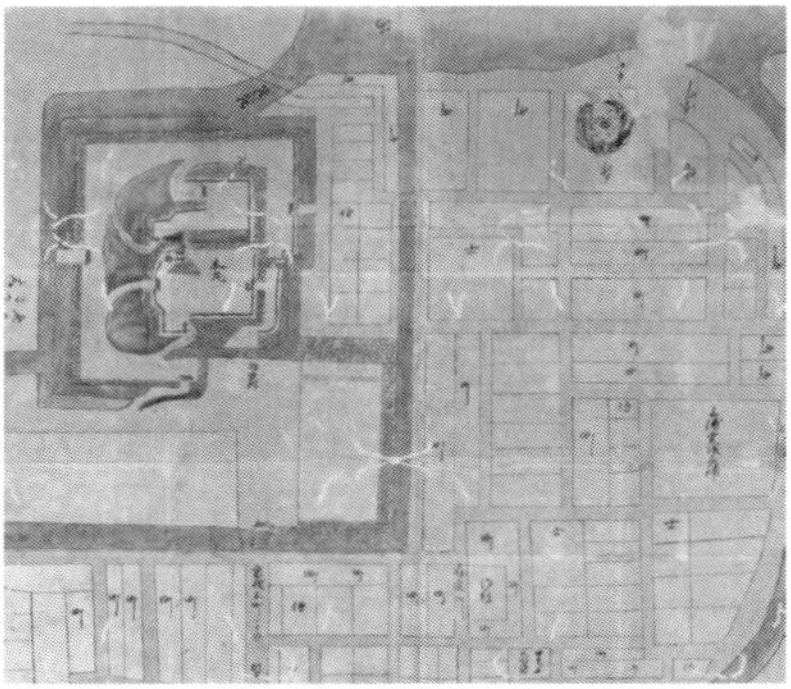

町並み情報

明治以後の都市開発と空襲により、古い建物は失われたが、江戸時代に創建された商家の三尾家住宅が伝えられる。

お役立ちサイト

和歌山市観光協会。**和歌山市の文化財**は、城下町に関連する多彩な情報を掲載。

関連施設

和歌山県立博物館・和歌山市立博物館

紀州和歌山城図（国立国会図書館蔵）画面右端の「町」と記されたエリアは碁盤の目状なのに対し、「士」と記されたエリアは複雑な街路となっている。
本図よりも城下町の姿が精密に描かれる「安政二年　和歌山城下町絵図」（和歌山市立博物館蔵）は、**文化遺産オンライン**に収録される。

城下町―鶴岡　山形県鶴岡市

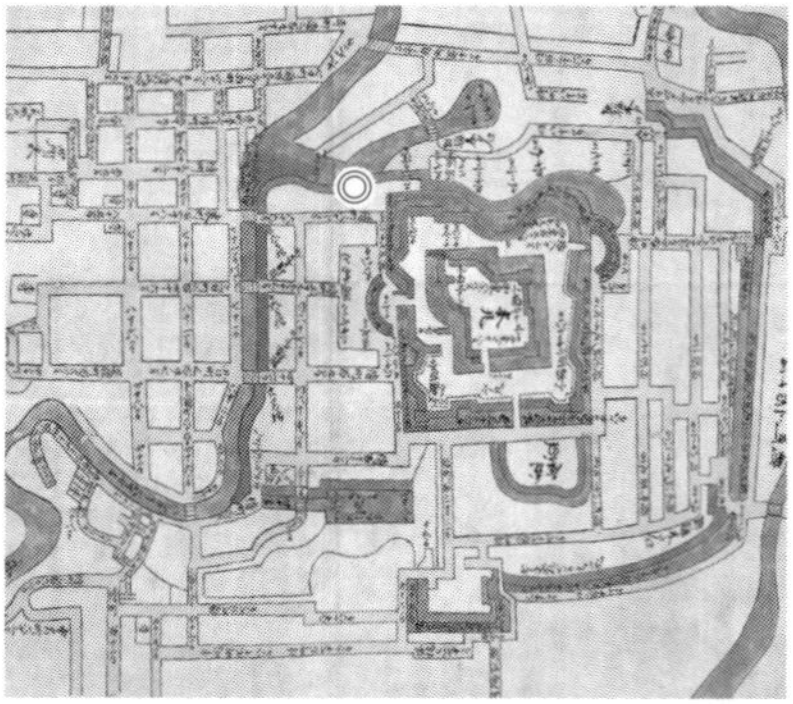

町並み情報

城下町の一画には、藩校致道館の建物が今日に伝えられる。

お役立ちサイト

山形県鶴岡市観光連盟作成の**城下町鶴岡**では、城下町の史跡についての歴史的経緯が丹念に解説され、多彩な情報を掲載。

関連施設

致道博物館　荘内神社宝物殿

羽州庄内鶴岡城図（国立国会図書館蔵）画面左手の町人の居住区は碁盤の目状となっており、和歌山城タイプに分類できる。◎印は、国指定史跡の致道館の位置を示す。
山形の宝 検索naviでは、致道館をはじめ、山形県内の国・山形県・県内市町村の指定史跡が網羅される。

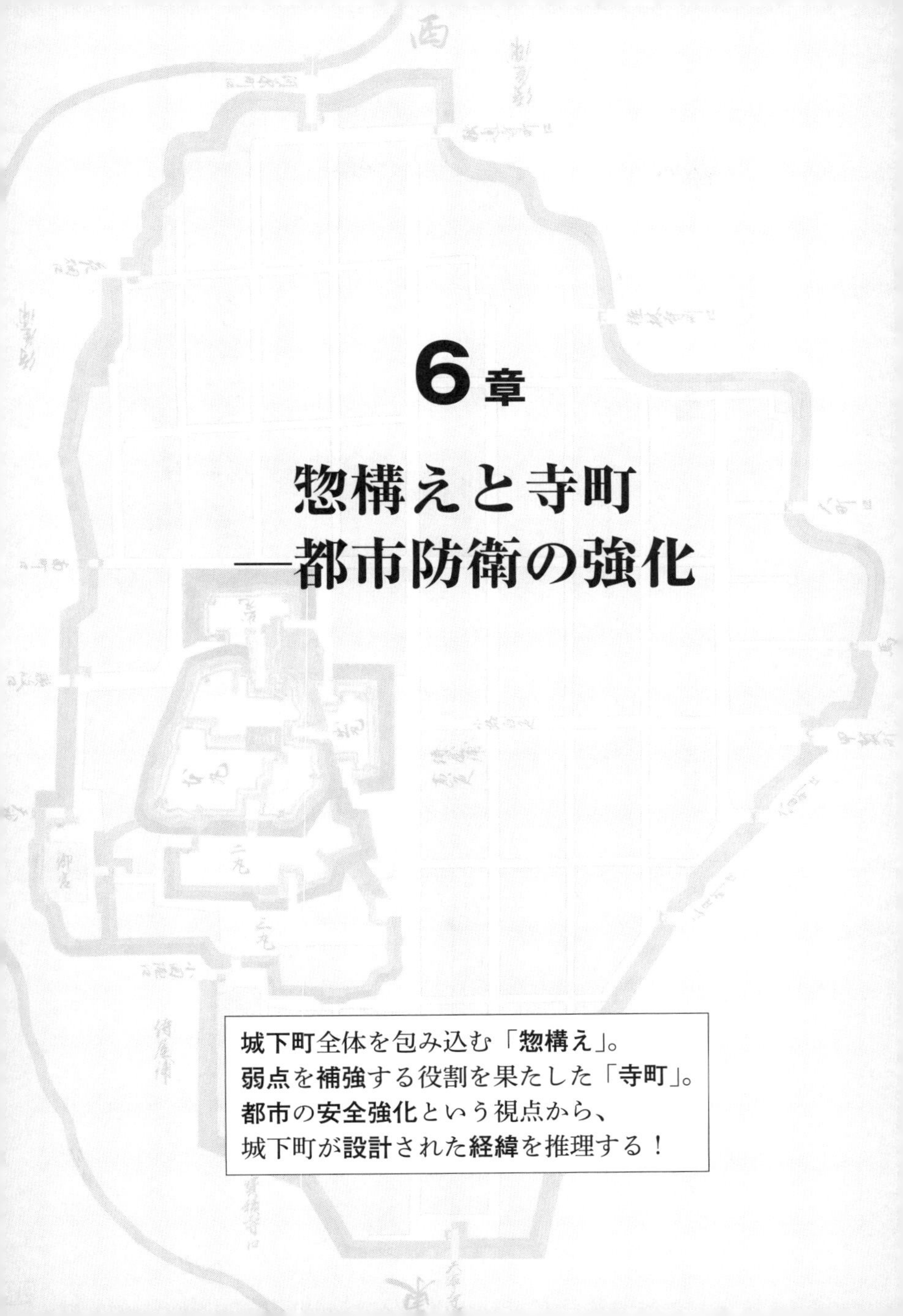

6章

惣構えと寺町
―都市防衛の強化

城下町全体を包み込む「**惣構え**」。
弱点を**補強**する役割を果たした「**寺町**」。
都市の**安全強化**という視点から、
城下町が**設計**された**経緯**を推理する！

城下町が平野へと進出するまでの苦難の道程

中世（鎌倉時代・室町時代）の日本の都市の多くは、海沿いの広大な平野部には存在しなかった。それは、平野では河川が氾濫を繰り返し、流路が一定していなかったことによる。

別の見方をすると、河川の流路を天然の堀とし、城や城下町の防御を固めることができた。だが、河川が氾濫して城や町に甚大な被害をもたらす危険にもさらされた。

戦国時代後半になると、平野部は河川の改修により、水田としては利用可能となりつつあった。

ただし、広大な平野部に都市を建設することは、やはり水害のリスクが高く、戦国大名の多くは、盆地または山地と平地の境目に本拠を定めている。

大規模な城下町を建設するためには、スペースに恵まれる平野部が望ましいことはいうまでもない。そのため、江戸時代になると、氾濫を続ける河川のコントロールを目的とする大規模な治水事業が実行に移されている。

なぜ、山内一豊は高知城を新築したのか？

関ヶ原合戦は、江戸幕府が成立する歴史的転機になるとともに、多くの城下町が日本各地に誕生する契機にもなっている。

関ヶ原合戦後の論功行賞では、敗北した西軍に属した大名の領地は没収され、勝利した東軍の大名に分け与えられた。山内一豊《やまうちかずとよ》は、その代表例であり、関ヶ原合戦で東軍の勝利に貢献した功績によって、掛川城6万石から浦戸城24万石へ加増の上、転封となった。

関ヶ原合戦後、一豊が遠江《とおとうみ》（静岡県西部）から土佐（高知県）への転封を命じられたように、日本各地では、転封という名の引っ越しが繰り広げられた。

引っ越し先では、「そのまま中古物件に入居する」「リフォームする」「新築する」以上の三つのパターンに分かれる。

たとえば、清須から広島への転封を命じられた福島正則《まさのり》は、毛利輝元《てるもと》が築いた広島城に対して大幅なリフォームを加え、本拠としている。

浦戸城主の長宗我部盛親《ちょうそかべもりちか》は西軍に属したため、土佐一国の領主の座を失った。一豊は、新しい領主として土佐に赴任すると、浦戸城を仮の本拠としながら、高知（大高坂山《おおたかさやま》）城を新規に築く決意を固めた。

盛親の父元親《もとちか》のころ、長宗我部氏は高知城の建設に着手するが、近くを流れる鏡川をコントロールできなかった。そのため、移転計画を変更し、海沿いの浦戸城に本拠を定めた。

一豊にとり、長宗我部氏が断念した鏡川の治水工事を成功させ、新しい城と城下町を創成することには、大きな意味があった。

関ヶ原合戦後、転封を命じられた大名にとって、新天地において城と城下町を建設することは、自身の統治者としての力を領民に示すためにも重要なプロセスでもあった。そのため、鏡川の治水工事は、山内家の命運を左右する一大プロジェクトだったと評価できる。

●百々越前―知られざる都市プランナー

一豊は、鏡川の治水工事と高知城の建設の総監督に百々越前《どどえちぜん》を抜擢した。

百々は一豊の家臣になってから日が浅く、関ヶ原合戦の時点では、岐阜城主の織田秀信《ひでのぶ》に仕えていた。信長の孫にあたる秀信は、百々の意見を聞かず、西軍に味方したことから、大名の座を失ってしまう。一豊は、主家の改易によってフリーになっていた百々の才覚を高く評価。6000石という破格の禄高で家臣としてスカウトした。

城下町―高知１　高知県高知市

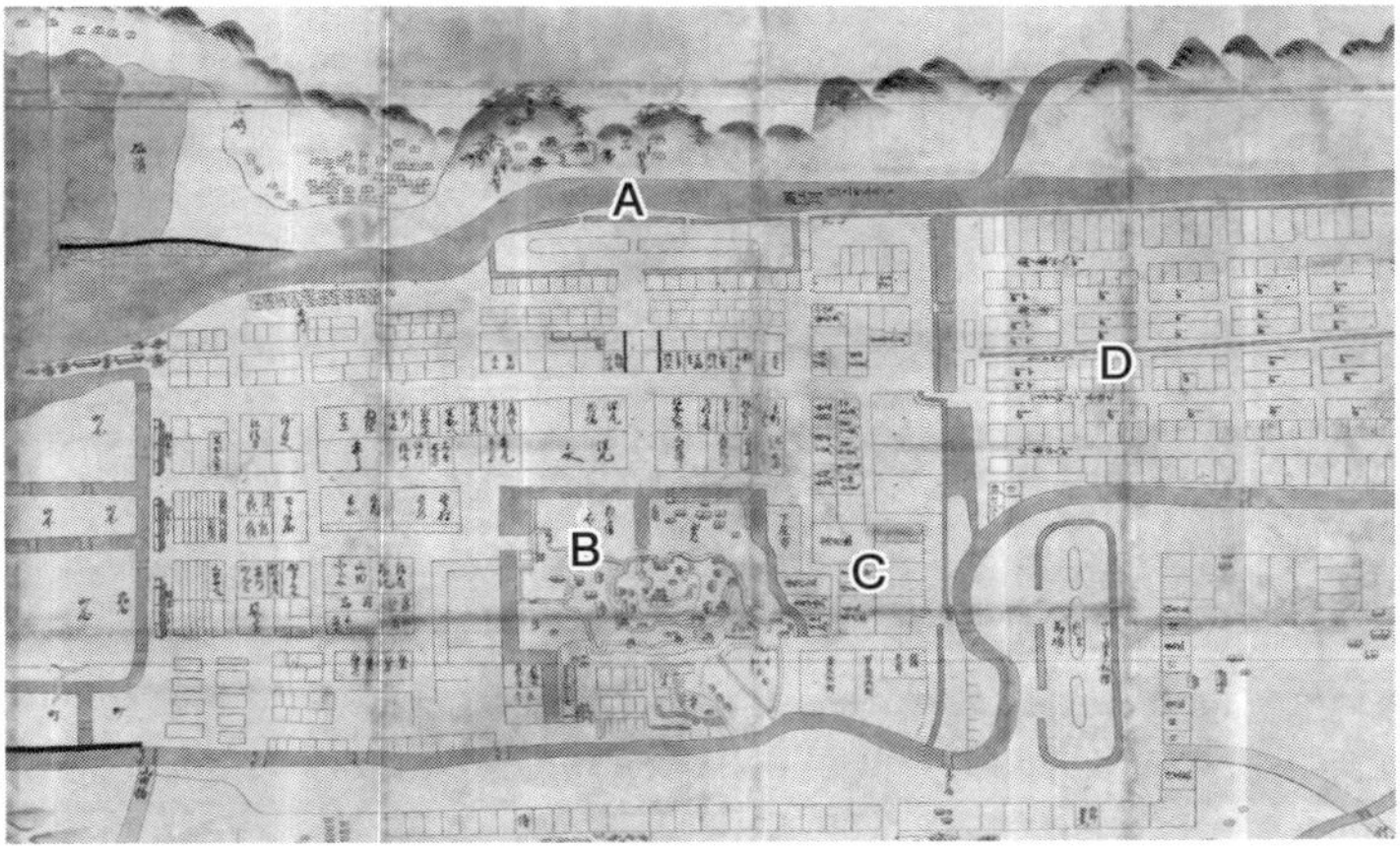

「土州高智城図」（国立国会図書館蔵）地点Ａを流れる鏡川は、氾濫を繰り返したが、蛇行していた水路を河川改修によって直線化することにより、氾濫を防止しつつ、城下町造成のスペースを確保。地点Ｂの河内城は、その後も鏡川の氾濫に悩まされたため、河の字が忌避され、高知城へ改称。地点Ｃの武士の居住区は、鍵の手となっており、複雑な町並みとなっている。地点Ｄの町人の居住区は、十字路が多用され、碁盤の目状の町並みとなっている。山内一豊は、織豊系大名に属し、和歌山城タイプの町作りを推進。

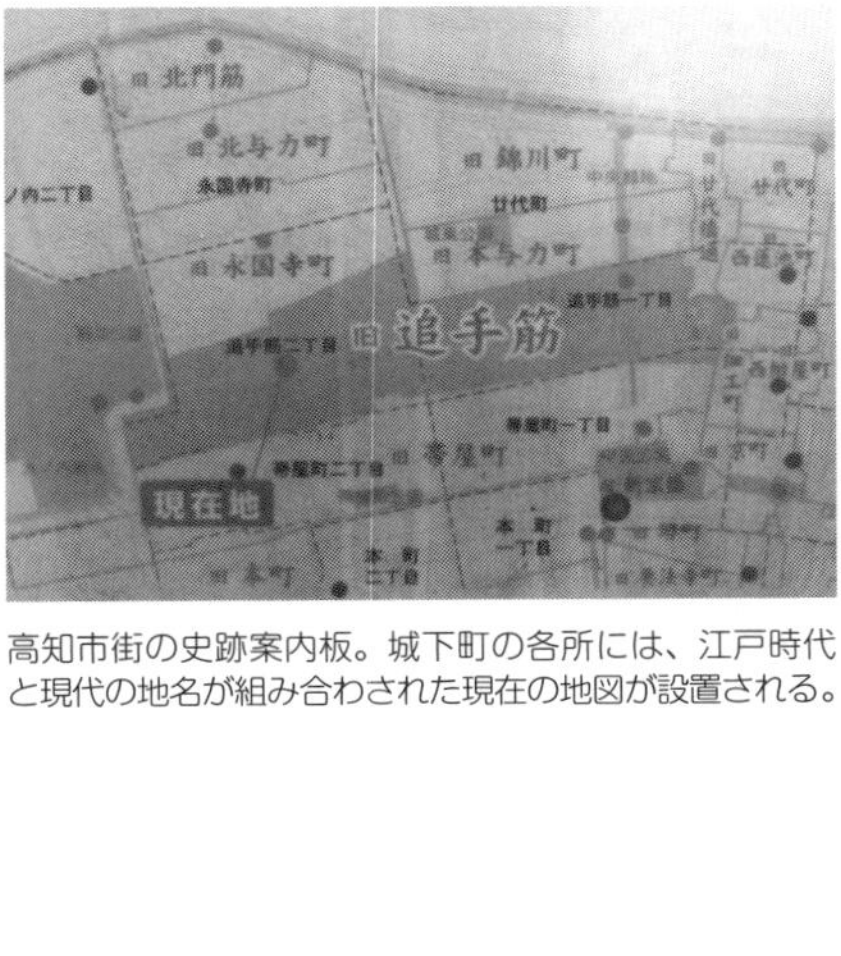

高知市街の史跡案内板。城下町の各所には、江戸時代と現代の地名が組み合わされた現在の地図が設置される。

町並み情報

明治維新後の都市開発や戦災の影響により、古い建築物は限定されている一方、町割りが往事のままのエリアも残される。

お役立ちサイト

高知市公式ホームページに収録される「歴史万華鏡」「高知市歴史散歩」には関連情報が掲載。

関連施設

龍馬の生まれたまち記念館・大川筋武家屋敷資料館

城下町—高知２

龍馬の生まれたまち記念館（左）高知城下町の点景（右）。高知城の追手門の向かいには、高知を代表する老舗の書店があり、裏手には、その書店を経営していた土佐藩重臣の屋敷があった。その建物は武家屋敷の面影が残された瀟洒（しょうしゃ）な構えだったが、書店はコンビニに姿を変え、屋敷は消滅したもよう。

百々は、土木建設工事のエキスパートとして知られた。このころ、建物や堤防の基礎には石垣が利用されるようになったが、百々は、堅固な石垣を築く秘伝をマスターしていた。のみならず、都市計画から施工管理まで実行できる優秀な技術官僚だった。

百々は、合戦においては卓越した統率力により、どんな困難な局面にも対処できる指揮官として知られた。その能力は、治水工事の現場で最大限に発揮され、「暴れ川」として名高い鏡川の流路を安定させ、城下町を水害の危険から守るという難事業を成功へと導いている。

山内一豊が入国するまでの土佐は、長宗我部氏の領国であり、新しい領主への領民の反発は根強かった。一豊は、相撲大会を開き、屈強な者たちを招き寄せて皆殺しにするという手荒い方法で反対勢力の根絶を策した。その一方では、新しい城と城下町を領民と一体になって創成することにより、領民との融和を目指した。

一豊は、高知城や城下町の建設を陣頭指揮したが、長宗我部氏旧臣による暗殺を恐れ、つねに同じ服装をした5人に囲まれていたという。この話は、一豊の注意深さを語るエピソードとして語られるものの、暗殺の危険を恐れず、新しい城下町を創成しようとした一豊の気概を評価すべきだと思う。

慶長16年（1611）、三の丸が完成し、高知城と城下町の基礎が整えられるとともに、山内氏の領内統治も軌道に乗り始めている。

百々は、幕府が全国の大名に「天下普請《てんかぶしん》」として下命した篠山《ささやま》城の造営のために出張した。だが、激務によって体調を悪化させ、慶長14年、療養先の京都で病没した。

百々の屋敷の周辺は、越前町と称され、現代の地名にも継承され、屋敷跡には石碑が建立されている。高知の町の基礎を固めたという意味では、幕末維新の志士たちよりも、はるかに大きな功績を残したにもかかわらず、現状では、残念ながら「知る人ぞ知る」レベルの人物となっている。

●高知の城下町に残された江戸時代の面影

高知の城下町は、坂本龍馬の故郷としてのイメージが強い。いま、本丁筋《ほんちょうすじ》（現在の上町）の生誕の地はホテルとなり、跡地には巨大な石碑が建てられる。その背後の裏通りには、「龍馬の生まれたまち記念館」が建設され、龍馬の生家をイメージした江戸時代の商家が復元される。武家屋敷としては、旧手嶋家住宅が今日に伝えられ、大川筋《だいかわすじ》武家屋敷資料館として保存される。また、幕末に建築された足軽長屋は、旧山内家下屋敷長屋展示館として保存され、内部には、往時の生活用具などが展示される。

高知の城下町は、明治維新後の時代の流れや、戦災の影響により、古い建築物は限定されている一方、町割りが往事のままのエリアが残される。また、城下町の各所には、案内板が設置され、城下町絵図と現在地との関係が示されており、城下町絵図と現在の地図を参照しながらの探査を楽しむことができる。

●領民と一体となって城と城下町を建設する意義

江戸時代の初期、日本各地では城と城下町の建設ラッシュ状態にあった。

領民は労働力として狩り出されたのだが、原則的には、労働の対価として食料や銭が給付さ

城下町―島原　長崎県島原市

町並み情報
島原の城下町は、「鯉の泳ぐまち」としても名高く、往時の面影を残す武家屋敷が今日に伝えられる。

お役立ちサイト
まるまる島原半島。島原市ホームページに収録される「歴史」は、城下町に関連する多彩な情報を掲載。

関連施設
島原城・しまばら湧水館

島原城の壮大な石垣。城郭ファンであれば、島原城の石垣には圧倒され、とても見応えがある。だが、城主の松倉氏は、身の丈にあわず、過分な城を築いた結果、破滅へと追い込まれた。松倉氏が改易となったのち、譜代・親藩大名が城主を歴任。結果として、幕府は、松倉氏と領民が築いた城を掌中に収めている。

れた。その給付額が本人と家族の生活を維持できる水準か否か、もしくは生活に余裕が生まれる水準なのかは、領主によって異なる。
島原城主の松倉氏と領民の関係は、最悪な事例といえる。
松倉氏は、大坂夏の陣の勝利に貢献した功績により、改易処分となった有馬氏の領地を与えられると、島原城を新たに築いた。松倉氏は、4万3000石の禄高にもかかわらず、10万石の大名にも匹敵する城を築くため、領民を土木作業に従事させ、正当な対価を支払わなかった。島原・天草の乱は、キリシタン弾圧への抵抗とイメージされるが、その原点は、領主による領民の酷使にあった。
統治者が壮大な城と、機能的な城下町をセットにして建設したいと思うのは当然のことといえる。ただし、領国全体の経済力や地域性などを総合的に把握した上で、身の丈にあった城と城下町を創成することが成功への第一歩だった。

やはり、伊達政宗の仙台や、徳川義直《よしなお》の名古屋など、今日も都市として発展を続ける城下町は、計画段階において整合性に優れ、合理的な施工管理のもと、建設が推進されたことから、都市としての強固な基盤が形成されたと評価できる。

江戸時代の初期の日本では、天下泰平と称される平和な時代が訪れ、それまで合戦に使用されていた資本、技術、労働力が都市の建設や、農地の拡大などの公共投資に転用された。そのため、日本史上もっとも都市が飛躍的に発展した時期だった。また、河川の改修工事により、農地が拡大するとともに、人口が増加を続けたことは、都市が発展する基盤となった。このころの日本は、活気にあふれ、世界で一番、安心して生活できる国だった。

城下町を取り囲む「惣構え」の長所と短所とは？

江戸時代初期、日本各地で城下町が建設されようとしたころ、城主や都市のプランナーたち

城下町—西尾　愛知県西尾市

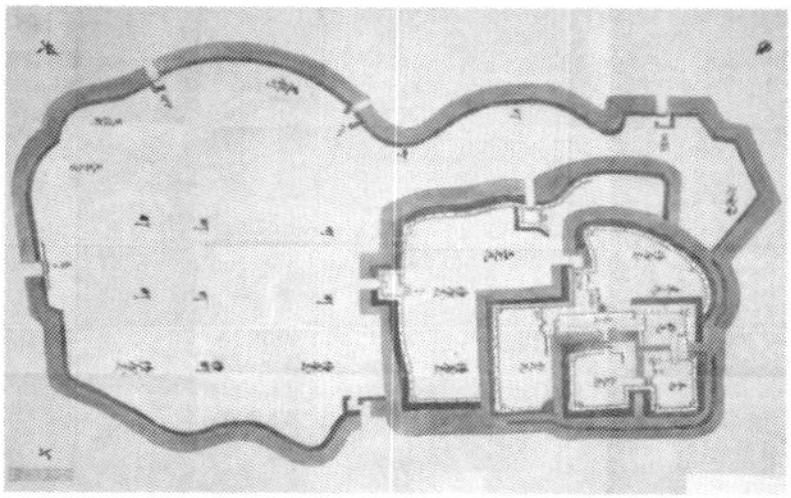

町並み情報
「歴史と文化　癒やしとおもてなしのまち」をキャッチフレーズとし、「6万石の城下町」の歴史を生かした町作りが推進される。

お役立ちサイト
西尾市観光協会公式ホームページ。西尾市の公式サイトに収録される「文化財・遺跡」は城下町関連の情報を掲載。

関連施設
西尾市資料館・西尾市岩瀬文庫

「三州西尾城図」（国立国会図書館蔵）惣構えを構成する土塁や水堀は埋め戻された。ただし、『愛知県中世城館跡調査報告Ⅱ』（愛知県教育委員会編）に掲載された図面を手にし、現地を探査してみると、わずかながら窪地や斜面が残されている。西尾の城下町については、彦根城のような古絵図と現在の地図を対照した地図をネット上で発見できなかった。

城下町—大垣　岐阜県大垣市

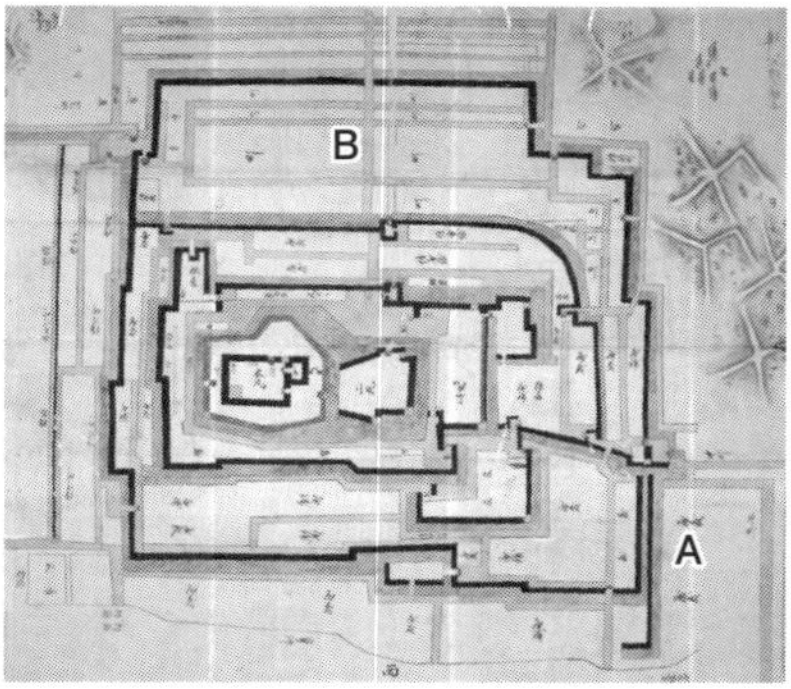

町並み情報
舟運の中継拠点として発展した大垣の城下町。
芭蕉終焉の地の周辺には、多くの川船で賑わった時代の面影が残される。

お役立ちサイト
大垣・西美濃観光ポータル「水都旅（すいとりっぷ）」

関連施設
大垣城・奥の細道むすびの地記念館・郷土館

「濃州大柿之城図」（国立国会図書館蔵）A＝「屋敷」と記された武士の居住区。B＝「町」と記された町人の居住区。「城内に町人が住み、城外に武士が住んだか」という疑問は『大垣第7巻「通史編　自然・原始〜近世」』をテキストにすれば解明されるだろうが、この件については将来への検討課題としたい。

は、御土居《おどい》のような惣構えを作るか否かで頭を悩ませた。

ざっくりした流れで城の歴史を説明すると、戦国時代には山城が主流だったのが、戦国時代末期から江戸時代初期にかけ、平山城から平城へと移った。城が平野部に移るとともに、城下町建設のスペースに恵まれる一方、城下町をどのように守るかが課題になったのだ。

惣構えを建設すれば、防御が固められ、住民が安心して生活ができ、領主への信頼が高まるという利点があった。

その一方で、土木工事としての作業量が多く、財政的負担となり、労働力として徴用される領民にも負担となった。また、御土居のように通行の障害になり、都市としての発展を阻害しかねないという欠点もあった。

惣構えによって区画されたエリアを広く設定すれば、都市の拡大に対応できる。だが、拡大するという保証もなく、広大な空き地が城下町に存在することは好ましくなかった。

西尾城（愛知県西尾市）は、武家の居住区と商人の居住区が惣構えのなかに収まっている。西尾城は、譜代大名が歴代城主を務め、所領は2万5000石から6万石という中小規模だったことから、城下町の規模も限定され、城下町全体を包み込む惣構えが建設できた。

譜代大名が歴代城主を務めた大垣城の場合、惣構えの内側には「町」と表記され、町人の居住エリアが設定されているのに対し、外側には、「町」だけではなく、武士の居住区である「屋

城下町―田中　静岡県藤枝市

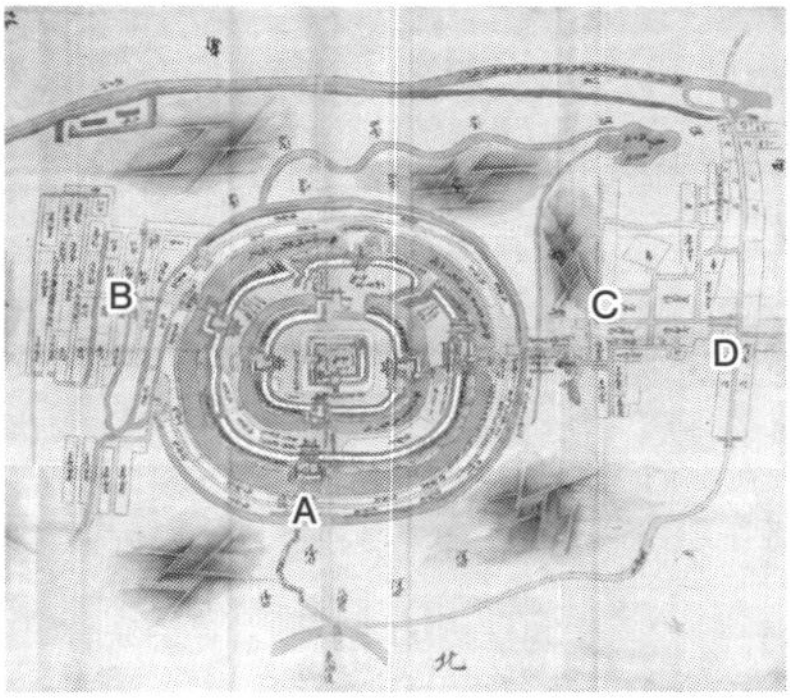

町並み情報
城下町を区画する円型の堀は失われたが、埋め戻された堀は円型の道路となり、城下町の町割りを読み解くことができる。

お役立ちサイト
藤枝市観光協会。藤枝市ホームページ

関連施設
田中城下屋敷は地点Bに位置し、田中城ゆかりの建物が移築され、庭園が復元される。

「駿州田中城図」（国立国会図書館蔵）ＡＢＣ＝武士の居住区　Ｄ＝町人の居住区「**藤枝市ホームページ**」に収録される「田中城跡 散策ガイド」には、田中城の歴史が紹介されるとともに、古絵図と現在の地図を対照した地図が掲載される。本丸の遺構は、西益津中学校の建設によって消滅した。

敷」や下級武士の居住区を意味する「足軽屋敷」「徒士《かち》町」「持筒《もちつつ》（鉄砲足軽）」などの文字が散見される。城下町における原則としては、武士が惣構えの内部の安全なエリアに住む優先順位を与えられているべきところ、大垣の城下町では、この原則が部分的に適用されていないことが絵図から読み解ける。

武田氏が戦国時代に築造した田中城（静岡県藤枝市）は、円郭式という風変わりな形状で名高く、江戸時代には譜代大名が歴代の城主を務めた。一番外側の三の丸まで、武家の居住区とされた（地点A）が、それだけでは収容しきれず、東側（地点B）と西側（地点C）にも「侍屋敷」と表記された居住区を増設した。さらに武家の居住区の西側（地点D）には「町や（町屋）」と表記された町民の居住区を南北に細長く設定した。

この絵図を眺めていると、三の丸よりも外側に同心円状に拡大することにより、城下町全体を包み込む惣構えを形成できたという都市計画も仮想できる。だが、平和な時代が到来すれば、その必要はなく、戦国時代よりも増加した人口の居住区は、城外に配置することで対処している。

●惣構えの有無で読み解く城下町の立地環境

城下町のなかには、地形的条件により、惣構えを建設する必要のないパターンもあった。高知の城下町を建設するには、鏡川の流れを抑制することが前提条件となった。別の見方をすると、河川が周囲に流れていれば、天然の堀として活用することにより、惣構えを省略することができたのだ。

城主や都市のプランナーたちは、城と城下町を建設しようとするとき、領内の候補地のなかから、本拠としての防御の強さにとどまらず、城下町が発展する要素を総合的に分析しつつ、候補地を絞り込んだ。城下町が描かれた絵図を見ながら、惣構えの有無や規模を考察すると、どのような地理環境に城と城下町が存在したかを読み解くことができる。

京都の御土居が都市開発の流れで消滅したように、各地の惣構えもまた、その大部分が地上から消滅した。中心部から離れた惣構えは城の遺構という意識が低く、なんの躊躇《ちゅうちょ》もなく、元の姿に戻される傾向が強かった。

ただし、館林城などでは、惣構えの土塁の一部が残される。また、姫路城では、惣構えの堀が規模を縮小されながらも残されており、古地図と現在の地図を比較すると、わずかながらも惣構えの遺構が今日に伝えられていることが読み解ける。

蒲生氏郷――織田信長の都市政策の継承者

蒲生氏郷《うじさと》は、豊臣秀吉から伊勢松坂から陸奥黒川への転封を命じられると、黒川の地名を若松へと改めた。そして、会津若松城と城下町の造営に着手すると、惣構えを建設して城下町の安全の強化を策した。

氏郷は、会津への転封の際、生まれ故郷の日野（滋賀県蒲生郡日野町）の地から商人を同行させ、城下町の一角に居住させて、そのエリアを日野町と名付けた。なお、日野町は、蒲生氏が改易になったのち、加藤氏が会津若松城主になると、「日野」の「ひ」の字が「火」をイメージさせて縁起が悪いという理由により、甲賀町に改名されている。

氏郷は、会津への転封には、商人だけではなく、職人も引き連れた。会津地方は、漆器《しっき》の生産地として名高いが、氏郷が近江から引き連れた職人によって発展の基礎が築かれた。

氏郷は、卓越した経営戦略により、若松の城下町を東日本有数の城下町へと育成した。それまでの奥羽には、戦国大名の本拠の周辺に集落が存在した程度であり、都市らしい都市は存在しなかった。

少年時代の氏郷は、織田信長から将来性を高く評価され、その娘を妻に迎えている。氏郷は、信長が安土城を築く過程を研究し、そのエッセンスを若松の城下町建設に生かした。

戦国時代末期から江戸時代初期にかけ、日本各地に城下町が誕生した背景には、安土城、大坂城、江戸城など、成功経験の応用や模倣があったと評価できる。

また、氏郷が近江や伊勢から会津へ商人や職人を引き連れて転封したことは、都市の発展に必要な要素を移植したともいえ、成功へのバックボーンとなっている。

氏郷は、すべての日野商人を会津へ引き連れたのではなく、日野や松坂に残した。また、日野商人は、江戸や京都や大坂などの大都市にも支店を設置。日野商人は、薄利多売方式の独特な商法と、たくましい商魂を糧にした行商により、全国に商圏を拡大させた。

蒲生家は、氏郷の子の代に宇都宮へ転封され、いったん若松に戻ったのち、孫の代には、伊

城下町―会津若松　福島県会津若松市

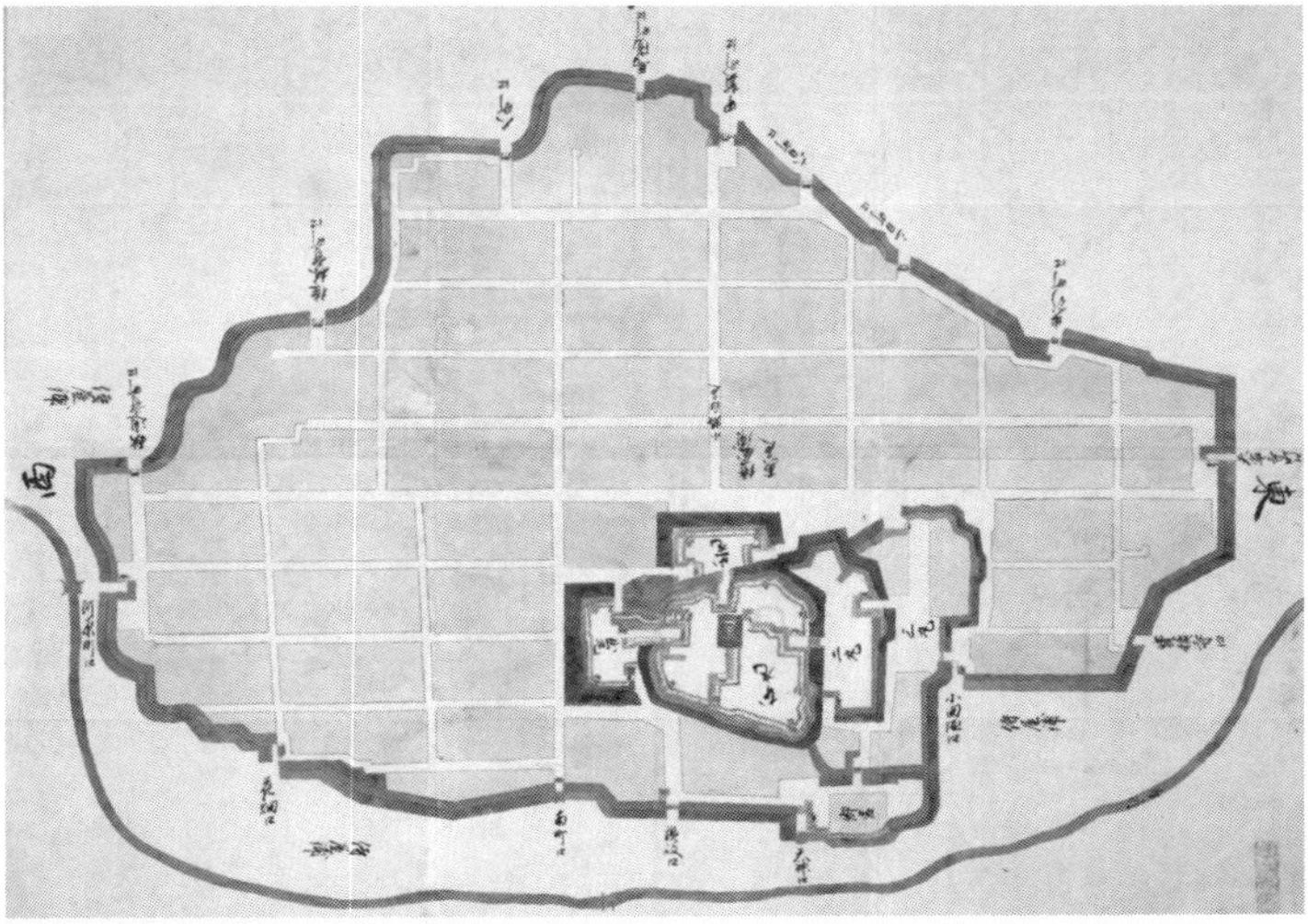

「奥州会津城図」（国立国会図書館蔵）豊臣秀長が築いた大和郡山城と同じように、蒲生氏郷の会津若松城は、惣構えによって城下町を防御し、碁盤の目状の町割りだったことを読み解くことができる。『会津若松市史 4 歴史編 4 近世 1 城下町の誕生』は、氏郷が城下町を創生する過程が多彩な図版とともに紹介されており、利用価値が高い。

天寧寺町土塁。会津若松城を取り囲む惣構えの土塁の一部は、国指定史跡として保存される。

町並み情報
七日町通りには、明治創建の蔵造りの商家が残され、城下町時代の面影が伝えられる。

お役立ちサイト
会津若松観光ナビは、城下町に関連する多彩な情報が掲載され、観光サイトとしての充実度は日本屈指。

関連施設
鶴ヶ城・福島県立博物館

予松山へ転封されている。蒲生家は、幕府によって領地を没収されたのだが、日野商人は、蒲生家と共倒れせず、関東や四国にまで商圏を拡大させた。

時は移り、明治4年（1871）、会津若松城の惣構えとして利用されていた地所が民間へ払い下げられると、積み上げられた土塁は、窪地である堀へと崩されることによって、築城以前の状態に戻された。ただし、惣構えの一部である甲賀口門は、城門の基部の石垣や土塁の一部が国指定史跡として保存され、かつての姿が偲ばれる。

寺町 ——惣構えよりも手軽な防衛ライン

城下町のなかで、寺院が集中して配置されたエリアを寺町という。寺町は、城下町のエリアを示す一般名詞であるとともに、特定の地名を表す固有名詞としても使用される。

城下町の外縁部は、町人の居住エリアとされることが多く、そのままの状態だと、敵の侵攻を防げないため、惣構えが建設されることがあった。だが、惣構えの設置には、一長一短があるため、城下町の守りを固める代用策として寺町が造営された。その一方、惣構えと比較すると、基礎となる堀や土塁は築かれなかったため、防御ラインとしての有効性は低かった。

豊臣秀吉が京都に寺町を創成して以来、日本全国の城下町で寺町が作られるようになった。寺町についても、防御性よりも流行に便乗したという一面があった。また、城下町の外縁部に城のような寺院を集中させ、城主の権威を視覚的効果で演出した一面も指摘できる。

大名が領内に点在していた寺院を寺町に集めたのは、寺院を一元的に管理するという宗教政策ともリンクする。

城下町に住む武士や町民は、寺町にある各宗派の寺院の檀家《だんか》（信徒）となり、現代の戸籍に該当する宗門人別帳《しゅうもんにんべつちょう》に記載されることが義務づけられた。つまり、江戸時代の寺院は、行政組織の末端としての役割も果たしていた。

寺院のなかには、戦国大名の支配から自立しようとする動きもあったが、江戸時代になると、幕府や大名の統制下に組み込まれた。寺町は、江戸時代の宗教政策を象徴する存在でもあったのだ。

●出城並みから申し訳程度の寺町まで

弘前城下の南側の西茂森《にししげもり》には、合計33の寺院が集中する寺町が存在する。その中心には、弘前城主津軽家の菩提寺である曹洞宗の長勝寺《ちょうしょうじ》が位置し、ほかの寺院よりも超越した存在であ

城下町─弘前　　青森県弘前市

町並み情報
城下町弘前には、とんがり屋根の洋館や、煉瓦造りの教会などが点在し、和洋折衷の都市景観が残される。

お役立ちサイト
公益社団法人 弘前観光コンベンション協会。**弘前市のホームページ**に掲載される「弘前の文化財」には城下町関連の情報を掲載。

関連施設
弘前市立博物館

長勝寺山門。城下町の一画に造成された寺町のなかでは、長勝寺を中核とする弘前の寺町は、全国屈指の規模を誇る。**国立公文書館デジタルアーカイブ**に収録される「津軽弘前城之絵図」を閲覧すると、「長勝寺」を中心とした寺町が弘前城を守る出城としての役割を果たしていたことを読み解くことができる。

ることを示している。

長勝寺周辺を巡り歩いてみると、河川に挟まれた丘に位置し、ほかの城下町の寺町よりも寺院の密集度が高く、弘前城の南に位置する出城《でじろ》としての性格が強いことがわかる。

津軽氏は、戦国時代末期に南部氏から独立して以来、南部氏とは犬猿の仲にあった。そのため、南部氏の侵攻に備え、出城のような寺町を必要とした。幕府が定めた武家諸法度では、許可なく居城を増築する、もしくは出城を築くことが禁じられていた。だが、寺町を築くのであれば許可は必要なく、南部氏への対抗手段として、出城のような寺町を造成したのだ。

出城のような寺町も造成された一方で、申し訳程度の寺町も存在した。

城下町—田原　愛知県田原市

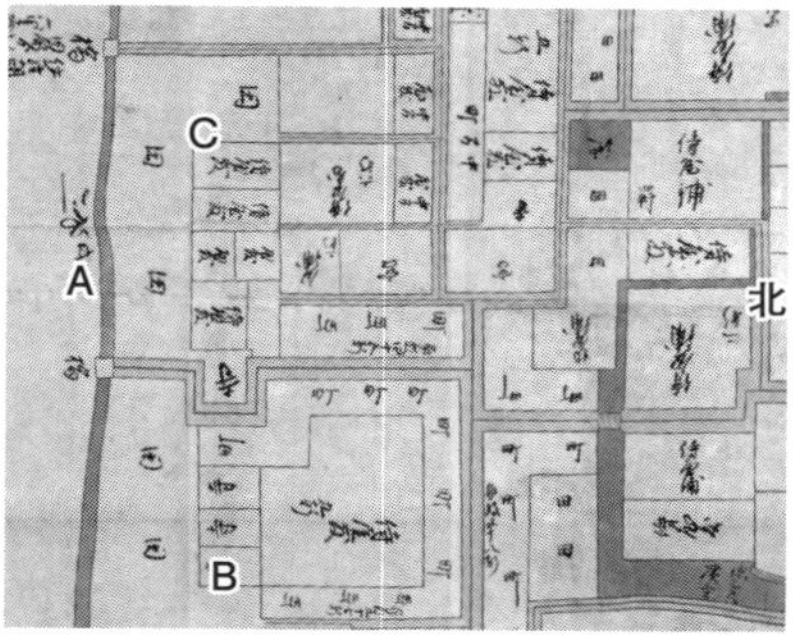

「三州田原城図」（国立国会図書館蔵）A＝清谷川　B＝城宝寺　C＝侍屋敷。寺町を基準にして古地図と現在の地図を比較すると、田原の城下町は、部分的には江戸時代の町割りが残されているものの、田原街道（県道28号線）が東西を貫くことにより、都市としての基本軸が変化したことを読み解くことができる。

町並み情報
田原城下の寺町の一画に位置する城宝寺。その境内には、蘭学者の渡辺崋山が葬られる。

お役立ちサイト
渥美半島観光ビューロー。田原市博物館の公式サイトには城下町田原に関係する情報が集約される。

関連施設
田原市博物館・田原市民俗資料館

田原《たはら》城は、譜代大名が城主を務めたが、その禄高は1万石から1万2000石であり、ぎりぎり大名に格付けされていた。田原城主よりも禄高の多い2万石の領地でありながら、陣屋を居館とする「無城《むじょう》」の大名も存在したことから、「城持《しろもち》」と「無城」との格式の相違は禄高でなかったことがわかる。

田原城の南側の守りは、地点Aの清谷《せいや》川を天然の堀としているが、その川幅は10メートル程度に過ぎなかった。清谷川から北側へ70メートルほど、「田」と表記された農地が広がり、その背後には、4つの「寺」という文字が表記され、寺町が形成されていたことが読み解ける。現在の地図と比較すると、4つの寺院は、東から地点Bの城宝《じょうほう》寺、慶雲《けいうん》寺、龍泉《りゅうせん》寺、龍門《りゅうもん》寺であることがわかる。

龍門寺の西には地点Cの侍屋敷を配置。侍屋敷の南側は、城下町と城外との境界に位置したことから、通常よりも、堅固な塀が建築されたと想定される。それでも、城下町の守りを固める防衛ラインとしては貧弱だった。せめて、地点Cに4軒前後の寺院を追加すれば、見栄《みば》えもよかったと思われる。だが、1万石前後の城下町であれば、この程度で十分だった。

弘前や田原の寺町以外にも、日本各地には、寺町の町割りが現在に伝えられている事例が多い。寺院は、武家屋敷や商家などより、江戸時代から土地の権利関係に大きな変化がなく、同一地点にあることが一つのパターンといえる。そのため、古地図と現在の地図を比較するとき、寺院を基準にして江戸時代の町割りが残されているか否かを判断することができる。

城下町は、「身分制度の縮図」とも称され、将軍や大名が頂点に君臨しつつ、領民を統治するための巨大な装置として役割を果たした。

城下町の絵図を見ると、城主や都市計画の責任者たちが身分制度の縮図とするため、武家屋敷や町屋の位置を決めつつ、惣構えや、寺町の配置を苦心しながら決定したプロセスを読み解くことができる。

7章

「古地図で歩けるまち」角館を歩く

みちのくの**小京都**として知られる**角館**。
デジタルアーカイブに収録された**古地図**と、
現在の地図を丹念に**比較**することにより、
いまも残る**歴史的景観**を見つけ出す！

角館が小京都と呼ばれた歴史的経緯

角館《かくのだて》は、みちのくの小京都と称され、城下町の名残が色濃く伝えられる。その一角に位置する青柳《あおやぎ》家は、武家屋敷が良好な状態で保存され、門前の枝垂《しだ》れ桜は角館の城下町を象徴する光景として親しまれる。

角館の歴史的町並みは、城下町に分類される。だが、通常の城下町の中心には、大名の居城があるべきところ、角館には佐竹北家《ほっけ》の居館（陣屋）があるに過ぎない。それは、次のような事情による。

戦国時代の角館は、戸沢氏の本拠であり、角館城の城下町だった。慶長7年（1602）、戸沢氏が常陸へ転封となり、入れ替わるような形で、常陸から佐竹義宣《よしのぶ》が出羽へ転封され、久保田城を本拠とすると、弟の蘆名義広《あしなよしひろ》に1万6000石の領地を与え、角館城主とした。だが、元和《げんな》一国一城令により、角館城は廃棄されたことから、義広は山麓に居館を造成した。そのため、城下町角館は、城のない城下町となったのだ。

義広は、会津地方を勢力圏とする戦国大名の蘆名氏へ養子として送り込まれながらも、伊達政宗との奥羽の覇権を賭けた戦いに敗れ、蘆名氏は滅亡。義広は兄義宣の元へ逃れ、その後は実家の佐竹氏の庇護を受けて過ごすという波瀾の生涯を送り、角館城下の天寧寺《てんねい》に葬られた。

蘆名氏は、義広の孫の代に血統が途絶えて断絶したことから、佐竹北家の義隣《よしちか》が角館の領主として配置されたのだ。なお、佐竹氏には東家、西家、南家、北家という四つの分家があり、一族衆として本家を支えた。

義隣は、公家の高倉家に生まれ、佐竹家に養子に迎えられた。また、義隣の嫡男の義明《よしあき》は、公家の三条西家《さんじょうにし》の娘を妻に迎えた。そのため、角館は東北の山間の盆地でありながら、京都風の文化が根付いたとされる。

角館の歴史的町並みの春を彩る枝垂れ桜は、三条西家の姫君が角館に嫁ぐとき、京の都を偲ぶため、苗木を移植したことに起源すると伝えられる。

義隣は、息子の嫁とともに、生まれ育った故郷を懐かしみ、同じ盆地である角館を京都になぞらえ、東の山を東山、西の山を小倉山《おぐらやま》、城下を流れる小さな川を鴨川と名付けた。また、角館の町割りを碁盤の目状にすることにより、京都の町に見たてたという。

●絵図から読み解く城下町の姿

角館の歴史的町並みは、いまでも江戸時代に作成された地図で散策が可能なほど、往事の町割りが今日に伝えられている。

「仙北郡《せんぼくぐん》角館絵図」は、享保《きょうほう》13年（1728）、久保田藩が領内の調査のために作成した絵図であり、秋田県公文書館に所蔵され、秋田県公文書館デジタルアーカイブで閲覧できる。

久保田藩内には、角館や久保田以外にも、大館城と横手城が一国一城令の例外として存続を認められたため、城下町が存在した。秋田県公文書館デジタルアーカイブでは、「秋田城絵図」「大館絵図」「横手絵図」など、城下町の姿を描いた絵図面を閲覧できる。

秋田県公文書館では、所蔵する資料のデジタル化を推進するとともに、ネットで公開するシステムを構築しつつある。その成果を存分に活用することは、デジタルアーカイブのシステムが全国に拡散することへの第一歩となるのだと思う。

「仙北郡角館絵図」では、左端中央に「北」と記されており、現在の地図のように北が上ではない。地点Aは、戦国時代には戸沢氏の角館城が築かれ、廃城後は古城山と称された。蘆名義広は、角館城から山麓の地点Bへ居館を移し、その南側に城下町を造成した。

地点CからEのエリアが内町と称される武家の居住地であり、FからIのエリアが外町と称される町人の居住地だった。原図はカラーページで掲載したように彩色され、侍屋敷は緑、寺屋敷は白、足軽・中間《ちゅうげん》屋敷は灰色、町屋敷・百姓屋敷は桃色で示され、図の右上に凡例として示される。

城下町―角館　秋田県仙北市

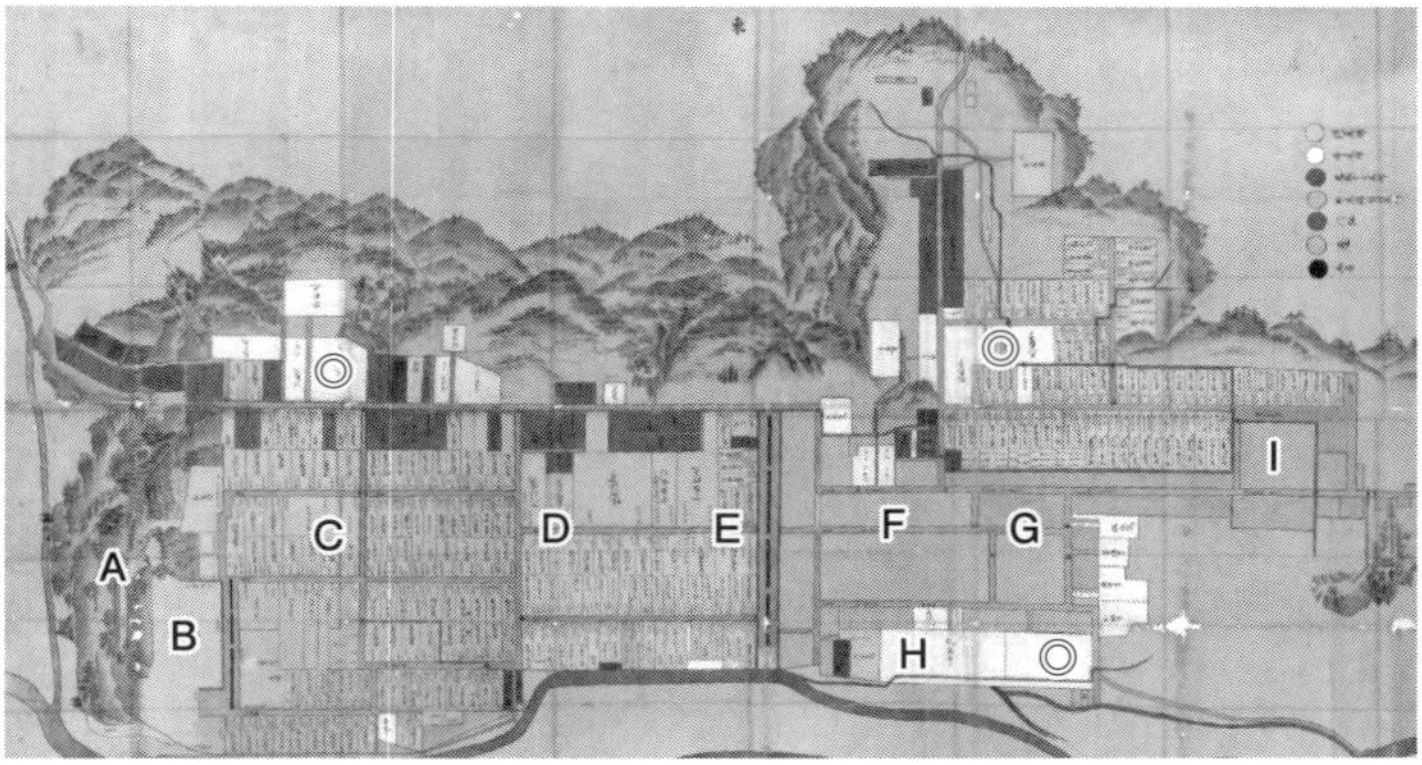

「仙北郡角館絵図」（秋田県公文書館蔵）Ａ＝角館城　Ｂ＝居館　ＣＤＥ＝武士の居住区　ＦＧＨＩ＝町人の居住区　◎＝寺町

角館へは３度ほど訪れたことがある。城下町絵図と現在の地図とを比較していると、再訪したい気持ちが高まった。自宅で地図を見ているうち、現地へ行きたくなるのも、歴史的町並みの魅力の一つだと思う。

この数年、「大人の旅」または「大人旅」というフレーズが旅行業界における集客のキーワードとして使用されている。かつては、中高年向けの商品には、シルバー、フルムーン、熟年といったフレーズが使用されていた。「大人」という世代の幅を持たせる言葉使いにより、年齢を重ねたことへの劣等感を和らげている。

「大人の旅」だけではなく、「大人への旅」もまた、旅の形態として大切なのだと思う。いわゆる大人世代だけではなく、若い世代にも歴史的町並みに関心を抱き、巡り歩くことを期待したい。

青柳家屋敷門。城下町角館を代表する武家屋敷。邸内は資料館として利用され、青柳家伝来の武具や調度品を展示。

町並み情報
小京都の名に恥じない町並みが保存され、後世に伝えられる。

お役立ちサイト
かくのだて観光Naviは、城下町の基本情報を紹介。

関連施設
佐竹歴史文化博物館・仙北市立樺細工伝承館

地点Bには、佐竹北家の屋敷が存在し、京都にたとえれば、御所の位置にあたる。ただし、現在は私有地となり、往時の姿とは変化している。

地点Cの周辺は、青柳家をはじめ、武家屋敷が今日に伝えられるエリアであり、多くの観光客が集う。C周辺の街路は十字路となっており、角館の町が京都をモデルにし、碁盤の目状の町割りとしたことの裏付けとして取り上げられる。だが、地点Dについては、東西ともに丁字路《ていじろ》になっており、城下町全体の町割りが碁盤の目状とはいいがたい。地点EとFの間には、武家の居住区と町人の居住区の境界が設定され、火災が発生したときに延焼しないように、火除地《ひよけち》と称される空き地と、土塁が築かれていた。この火除地を挟んで南北に城下町を貫く通りは一直線ではあるが、地点FとIは丁字路、Gは喰《く》い違《ちが》いとなっており、城下町全体が碁盤の目状の町割りだったとはいいがたい。

義隣は、京都の町をモデルにした町割りに改造したかった。だが、すでに蘆名氏の時代に城下町の大部分は形成されていた。そこで、地点C周辺については、東西に10メートルほど道路を移動することにより、城下町特有の丁字路から十字路へと変更したと思われる。もしも、城下町全体の町割りを計画段階から決めるのであれば、地点Gは喰い違いにせず、十字路にできるはずだった。だが、蘆名氏時代の町割りを全面的に改変するには、経費や労力が必要であることから、碁盤目状の町割りは居館に近い北側の武家屋敷に限定したと想定できる。

●古地図を手に角館城下町を歩く

秋田県公文書館デジタルアーカイブを利用し、久保田藩内の城下町を比較してみると、まず、本拠の久保田の城下町は、武家屋敷も町人の居住区も、碁盤の目状の町割りが採用された名古屋城タイプとなっている。反対に、横手の城下町では、丁字路や鍵の手が多用される彦根城タイプに分類できる。その中間が大館の城下町であり、角館と町割りが類似しており、十字路と丁字路が併用されている。

本拠の久保田城にならい、領内の城下町が碁盤の目状になっていれば、都市計画の統一ということで理解がしやすい。だが、現実的には、まったく違う都市計画により、領内の城下町は形成された。

横手城については、佐竹領になる以前から、小野寺氏の居城として存在していたため、城下町の構造は、小野寺氏時代の町割りが継承されたとも推定できる。大館と角館の城下町については、規模が小さいことから、取り立てて特徴のない町割りになった。角館の町割りを絵図面から検討してみると、小京都の代表例として知られる山口ほど碁盤の目状ではなく、ほかの同規模の城下町と変化がない標準的な町割りと評価できる。

角館の寺院が集中する寺町は、165ページに◎のマークで示した。地点Hには、報身寺《ほうしん》、源太《げんた》

城下町―山口　山口県山口市

町並み情報
戦国時代には、京都に匹敵するほどの繁栄を謳歌した山口。城下町には、過去の栄華を偲ぶ歴史遺産が点在。

お役立ちサイト
山口市観光情報サイト「西の京 やまぐち」。山口県の旅行・観光情報 おいでませ山口へ

関連施設
山口県政資料館・山口市歴史民俗資料館

大内氏館の西門。大内氏館では、発掘調査が進行するとともに、整備事業も進行する。**山口市観光情報サイト「西の京 やまぐち」**に収録される「大内文化が香る町」には、「西の京」とも異称された山口の町が大内氏の本拠として繁栄した歴史が紹介される。風景写真とともに、年表や関係地図が掲載され、一般的な観光案内よりも有益な情報が入手可能。

寺、本明《ほんみょう》寺、西覚《さいかく》寺、学法《がくほう》寺、往生院《おうじょういん》が絵図には示される。ただし、現在の地図と比較すると、源太寺の境内のエリアは民有地となり、学法寺と往生院は隣接していたのが、その間を道路が南北に走るなどの相違も認められる。

「仙北郡角館絵図」は、江戸時代に制作された地図のなかでは、精彩な部類に属し、秋田公文書館アーカイブに収録された画像からは、町名、通りの名称、屋敷の所有者、寺院の名称などを記した文字まで解読することができる。そのため、絵図と現在の地図を比較していると、角館の城下町が過ごした時の流れを知ることができる。

武家屋敷は、家主の私的財産ではなかった

城下町では、「屋敷替《やしきがえ》」と称される引っ越しが大名から家臣へ命じられることもあった。そもそも、武家屋敷の敷地と建物は、名目的には大名の所有物であり、あくまでも貸与され、家臣が親から子へ受け継ぐ資産ではなかった。そのため、家臣が家臣としての立場を失ったとき、屋敷を返上するのが大原則だった。

歴史的経緯をたどると、それぞれの領地に住んでいた家臣たちを大名が城下町に居住させるために建設されたのが武家屋敷だった。つまり、武家屋敷は家臣たちを城下町に集めるための手段であり、領主が家臣に提供しながらも、所有権を保持し続けた。そのため、災害によって屋敷が破損した場合、修復費は、個人の負担ではなく、公金によって支払われた。

ちなみに、大名の居城もまた、大名自身の所有物ではなく、名目的には将軍家からの貸借物であり、大名の座を失えば返上するのが大原則だった。

大名の家臣たちは、功績によって出世して禄高を加増されれば、城に近くて広い屋敷を与えられ、逆に何かしでかせば、城から遠い狭い屋敷への引っ越しを命じられた。

屋敷替のとき、藩から貸与された槍や弓などの武器は、次の持ち主へと引き渡されたが、家具や調度品などについては、大名家によって規定が異なっていた。屋敷替は、大名家内部の政治抗争ともリンクしていることもあり、さまざまな悲喜劇が繰り返されている。

●地名から読み解く城下町の構造

城下町のなかには、禄高を示した町名が存在する。たとえば、百石の禄高の武士が集められたエリアは百石町と称され、弘前市と高知市には現在も行政地名として残される。

百石の禄高は、家臣団のなかでも中堅クラスであり、戦時には馬に乗り、2名の家臣を従えて出陣する「馬廻り」という役職につくことが平均的だった。百石クラスなら、同じサイズの敷地が機械的に割りふられ、同格の武士たちが町内に居住した。このクラスであれば、城へは徒歩10分程度の通勤圏内だった。

城下町に住む武士は、侍と足軽に二分される。侍は馬に乗って自分の家臣を従えるのに対し、足軽は家臣を従えず、侍身分の組頭《くみがしら》に従属した。

鉄砲町は、鉄砲足軽の居住区を示し、仙台市や松山市などには、現在の行政地名として残される。

侍の屋敷には、塀、門、庭、母屋があったのに対し、足軽の住居には、門がなく、隣家とは

城下町―松山　愛媛県松山市

町並み情報
城下町の歴史を継承しながら、変化に適応した町作りが試行される。

お役立ちサイト
松山観光コンベンション協会。松山市ホームページの「指定文化財」に収録される「足立重信（しげのぶ）の墓」の項目には、足立の履歴が紹介される。

関連施設
松山城・松山市立子規記念博物館

松山城の壮大な石垣。名築城家の加藤嘉明の命によって築かれた伊予松山城。工事現場を指揮し、伊予松山城を西国屈指の堅城に築き上げたのは、重臣の足立重信だった。足立は、伊予松山の城下町を創成した都市プランナーであるとともに、農業生産の規模拡大に貢献。その指揮によって改修された河川は、重信川と命名され、偉業は後世へ語り継がれた。

壁で仕切られる長屋が一般的であり、居住環境に差がつけられていた。

足軽の居住地区は、町人の居住区との境目に設定されたが、城門の警備にあたる足軽は、勤務地近くの足軽長屋に住むこともあった。そのため、門の位置によっては、中級武士よりも城に近いこともあれば、町人の居住区よりも遠いこともあった。

10万石の大名であれば、約8000名もの武士と家族が居住する。城主は、家臣たちを格付けしながら、その住居である屋敷を配置した。だが、町割りに失敗すれば、都市としての発展が阻害され、家臣や領民が不信を募らせかねない。そうなると、江戸や彦根など、成功事例を徹底的に模倣するのが早道だった。

そのため、城下町の構造は「彦根城タイプ」「名古屋城タイプ」「和歌山城タイプ」に分類したように、パターン化されたとも評価できる。

実態に合わない城下町の町名

城下町の武士の居住区には、居住する武士の身分や職種を町名とする事例が全国的に分布する。

江戸時代初期から明治維新まで、同じ大名が城主として君臨し続ければ、問題は生じない。だが、転封により、武家屋敷の住民のすべてが入れ替わったとき、大名は家臣たちの屋敷を割り振る必要が生じる。そのとき、百石町、与力町、御徒《おかち》町、中間《ちゅうげん》町、同心町など、身分を示す町名であれば、同じような身分の家臣に屋敷を割り振ることにより、そのまま地名を生かすことができる。

だが、転封以前の大名とは、禄高や家臣団構成が異なる場合、足軽クラスの同心が住む同心町に、同心よりも格が高い与力が居住するなどの混乱が生じた。このような場合、転封ととももに町名を変更することもあれば、そのままにすることもあった。また、転封がなくても、時代の変遷により、家臣団の構成が変化し、町名と居住者の身分や職種が異なる事例もあった。

商人や職人の居住区でも、同様の傾向が見受けられた。都市計画の段階では、商人の居住区として、魚屋町、材木町、紙屋町、米屋町、塩屋町、呉服町など、取り扱う商品別に定められた。また、職人の居住区としては、大工町、鍛冶町、瓦町、桶屋町、紺屋町など、業種別に定められた。だが、居住者にしてみれば、分散されていたほうが便利な場合もあり、塩屋町で米が売られることもありえた。

●鷹匠が住まなくなった鷹匠町

鷹匠《たかじょう》町には、その名の通り、鷹狩りを取り仕切る鷹匠が居住した。その身分は、職人のようにイメージされがちだが、中級クラスの武士だった。北は久保田（秋田）から南は鹿児島まで30以上の城下町に鷹匠町、及び同類の町名が存在した。

徳川家康は、スポーツとしての鷹狩りを好み、また、領内の実態を見聞するにも最適なイベントとして推奨した。

そのため、江戸時代初期には、徳川将軍家への追従《ついしょう》もあり、大名は鷹狩りに興じた。だが、徳川綱吉の生類憐みの令が転機になり、鷹狩りは下火になった。また、時代の経緯とともに諸藩の財政が逼迫するようになると、莫大な費用がかかることから、鷹狩りの回数は減少傾向にあった。そうなると、鷹匠が人員整理の対象となるのは、避けられなかった。

盛岡、名古屋、彦根など、転封がなかった城下町の鷹匠町では、江戸時代には、その名の通り、鷹匠の居住区として存続した。だが、白河、上田、明石など、転封が繰り返された城下町では、鷹匠町に鷹匠が住まないこともありえた。

姫路城下の鷹匠町は、行政地名として現在にも残る。姫路城の西側にあたり、姫路城下では数少ない武家屋敷が現在に伝えられる。だが、姫路藩では、転封が繰り返されたこともあり、江戸時代後期になると、鷹匠町に鷹匠は住むことなく、足軽の居住エリアになっていた。

なお、館林の「鷹匠町武家屋敷武鷹館《ぶようかん》」には、江戸時代創建の表門が修復を加えた上で保存され、公開される。

転封——城下町を舞台にした大引っ越し騒動

江戸時代の大名は、家臣や領民とともに、住みよい城下町を作るために励んだ。だが、幕府の定めた武家諸法度《ぶけしょはっと》に背けば、領地を没収され、城下町の統治者としての地位を失った。また、禄高を加増されての栄転であっても、転封により、住み慣れた町から離れることもあった。

幕府は、外様大名に対しては取り潰しの機会を狙い続けるとともに、譜代・親藩大名に対しては、地域との密着を防ぐため、何度も転封を下命する傾向が強かった。

大名が転封を命じられると、城下町では大規模な引っ越し作業が開始される。城と城内に保管された武器は、新しい領主へ引き渡された。また、武家屋敷の建物も、新しい領主によって家臣たちに割り振られることになるため、整理整頓した状態で引き渡すことが礼儀とされた。

一方、城下町の住民のなかで、商人や職人は、転封先への同行が禁じられた。ただし、大名との結び付きの強い特権商人は、十分に取り立てることにより、同行させるという抜け道もあった。

転封先へ移る前には、領民との間で交わした貸借関係は清算するのが原則だった。だが、夜逃げのように去っていく大名も存在した。また、えげつない経済政策により、悪名高い大名が新しい領主になれば、城下町に住む人々にとり、それは、逃れようのない災難だった。

5万石の大名の城下町であれば、4000名もの家臣とその家族が転封先へと移る一方、別の大名の家臣とその家族も移動した。参勤交代では200名が標準の供の人数だが、転封となると、その20倍に及び、しかも参勤交代には加わらない女性、子ども、老人も含まれていた。

そんな現代では考えられない大規模な引っ越し騒動が、江戸時代の日本各地で繰り広げられていたのだ。

視点を変えて分析すると、日本各地の城下町は、金太郎飴のように画一的に整備されていたからこそ、ごっそりと住民が入れ代わっても、大きな支障が生じなかったと評価できる。

●前橋—姫路間600キロの引っ越し経費は自前?

寛延《かんえん》2年（1749）、前橋城主の酒井家と姫路城主の松平家は、幕府より転封を命じられた。この転封について、『前橋市史』と『姫路市史』における記述を参考にしながら、転封という引っ越し騒動が城下町に及ぼした影響を考察したい。

前橋城は、利根川を天然の堀としていたが、かえって氾濫に悩まされ、本丸を放棄して建物を三の丸へ移転せざるをえない状況に追い込まれていた。そこで、酒井家は、水害に悩まされていることに加え、10万石クラスとしては貧弱な前橋城から、もっと格上の城への転封を画策。藩主の忠恭《ただずみ》が老中の座にあるという特権を最大限に駆使し、西国一の堅城として名高い姫路城への転封に成功したのだ。

寛延2年正月、幕府から転封の命令が下されると、家臣や領民たちに通達された。すると、前橋城下の商人の代表が江戸へ行き、藩当局に対して転封の中止を訴えた。表面上は、これか

城下町―前橋　群馬県前橋市

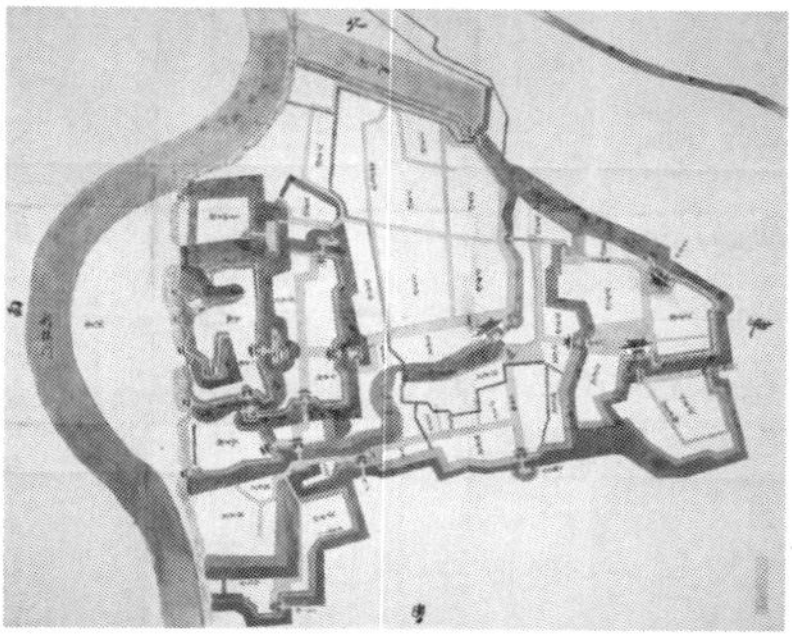

町並み情報
城下町の風情を歴史的資産として活用した町作りが試行される。

お役立ちサイト
前橋まるごとガイド。前橋市役所公式ホームページに収録される「歴史・文化財」は城下町の情報を掲載。

関連施設
群馬県庁の32階展望ホールからは、前橋城や城下町を一望できる。

「上州前橋城図」（国立国会図書館蔵）前橋城は、西を流れる利根川を天然の堀としていた。だが、増水時には水流が蛇行せず、城に押し寄せたことが、この絵図から読み解くことができる。また、城門の周辺には石垣が利用されているものの、ほとんどの防衛ラインが土塁によって形作られており、姫路城と比較すると、貧弱な城だったこともわかる。

らも領主と領民としての良好な関係を維持したいと訴えながらも、その背景には、新しく領主となる松平家への危惧があった。

姫路城主の松平家は、家康の次男にあたる結城《ゆうき》秀康《ひでやす》の五男直基《なおもと》を藩祖とする。前橋に転封されるまで、北は山形、南は日田まで13度の転封を繰り返していた。前橋に転封したのち、明治維新まで、前橋城と川越城を往復することにより、15度に増やしており、大名のなかでも最多転封記録を誇る。

松平氏の財政は、転封が繰り返されるたび、破綻状態へと陥り、大坂の商人からの多額の借金で凌いだ。領民への年貢の取り立ても厳しく、姫路藩領では百姓一揆が多発していた。前橋城下の人々にとり、新しい領主は疫病神同然であり、転封に反対の意思を表明したものの、命令が覆されることはなかった。江戸時代中期になると、商品経済の発展にともなって情報網も充実し、前橋城下の有力商人が姫路藩松平家の内情を知ることは可能だった。

酒井氏は、転封を家臣たちに発表するとともに、屋敷の建具や畳は整頓し、庶民と不当な値段で物品を売買してはならないと命じた。別の見方をすると、転封を命じられると、屋敷の整理をまともにせず、商人と不当な価格で売買をしようとする武士が多かったことが読み解ける。

酒井氏は、城主が老中に在任中だったため、財政に余裕があり、200石の武士には60両の割合で準備金が支払われた。準備金は、単純計算すると4カ月分の給与に該当する。一方の松平氏は、準備金は出さず、自費での移動を家臣に命じ、前橋への道中では格式通りでなく、見苦しいことがあってもかまわないという通告が出された。つまり、本来であれば、禄高に応じて供を連れ、駕籠や馬に乗り、相応の宿に泊まるべきところ、家族だけ連れて徒歩で安宿に泊まることが許可されたのだ。

松平氏は、7年前、白河から姫路へ転封されたとき、白河から荷物運びのため連れてきた農民に対し帰りの交通費を渡さなかった。農民たちは、国元からの送金を受け、ようやく帰郷することができた。松平氏は、転封を繰り返しながら、「立つ鳥跡を汚す」的な行為を繰り返したともいえる。

5月上旬には、前橋と姫路から、ともに総計8000名にも及ぶと想定される武士と家族た

城下町—姫路　兵庫県姫路市

町並み情報
姫路の城下町では、空襲の被害の少なかった姫路城よりも北から西にかけてのエリアを中心に蔵造りの商家や、往時の町割りが残される。

お役立ちサイト
姫路観光ナビ ひめのみち。姫路市公式ホームページの文化財課のツリーは城下町関連の情報を掲載。

関連施設
姫路城・兵庫県立歴史博物館

姫路城下町の点景。『姫路市史　第15巻下　別編　文化財編２』には、鷹匠町の武家屋敷の歴史的経緯が記載されるものの、一般住宅として使用されているため、観光ガイドの類には、紹介されることはない。撮影したのは平成14年（2002）だったが、グーグルアースを利用したところ、現存を確認できた。

ちが出発。5月下旬には、前橋城は松平氏へ、姫路城は酒井氏へ無事に受け渡された。約600キロにも及ぶ移動を終えた武士と家族たちは、屋敷を割り振られ、新天地での生活をスタートさせている。翌年の正月を迎えたころには、前橋の城下町と、姫路の城下町は、ともに落ち着きを取り戻したという。

8代将軍の徳川吉宗の時代以後、転封政策は、徐々に修正を加えられ、このような大引っ越しは減少している。城下町の発展のためには、住民の約半数を占める武士たちがごっそりと入れ代わるという現象は、少ないほうが好ましい。

だが、江戸時代後期になると、天候不順や経済的格差の増大などにより、日本全体が低迷したため、大半の城下町からは、江戸時代前期のような活気は失われていた。

岸和田の初秋を彩る「だんじり祭」発祥の由来

岸和田の城下町のうち、旧紀州街道の本町周辺には、歴史的町並みが今日に伝えられている。本町の町並みは、だんじり祭の地車《だし》の通過するコースとしても知られる。

地車がしめやかに町を巡行する京都の祇園祭《ぎおんまつり》と、勇壮なだんじり祭を比較すると、祭のコンセプトとしては真逆ともいえる。だが、だんじり祭が行われる岸城《きしき》神社は、祇園社の末社《まっしゃ》として創建され、祇園祭とだんじりは、邪気を消し去り、豊作を祈る祭礼ということでも一致する。

延享《えんきょう》2年（1745）、岸城神社の祭礼で多くの提灯を立てることにより、例年よりも盛大さが演出された。すると、岸和田の城下町の人々は、祭というイベントが盛り上がれば、地域が活性化されるという特性に気づいた。翌年には、小型の地車が使用されるようになり、岸和田のだんじり祭の原型が創生された。以後、地車は大型化して台数も増加するとともに、絢爛豪華さが競われた。

延享4年には、地車が城内に入ることを許され、その順番は町方、浜方、村方と定められた。ところが、寛延《かんえん》元年（1748）、譜代大名の岸和田藩岡部氏は、城内に入る順番を籤で決めるように命じた。町人たちが前例を守るように懇願すると、藩は不服があるなら祭は中止すると通達。結果的には、祭の当日になると、前例通りに町方が一番に城内に入ることが許された。

その後、町方と浜方が交替で一番に入ることが定められてはいるものの、天候不順による凶作をはじめ、疫病の流行、自然災害、藩主の病気や死により、祭が中止になると、再開された年には、どちらが一番になるのかで対立が生じた。

浜方とは、漁業に従事する漁師たちの集団を意味し、町人によって構成される町方や、農民たちによる村方と比較すると、気性は一本気で激しいとされる。町人たちとは、収穫した魚介類を取引する関係にあったが、つねに良好な関係を維持していたとはいえなかった。とくに、岸和田周辺の大坂湾は鰯の漁場として知られ、食用だけではなく、加工された干鰯《ほしか》は、肥料として流通していた。そのため、浜方は干鰯を安値で買い付けようとする町方に対し、潜在的な敵対心を抱いていたと思われる。そして、日頃の鬱憤《うっぷん》を祭の場で晴らそうと、自分たちが一番になるように藩へ働きかけたため、町方との間で対立の図式が生じたのだ。

岸和田藩は、行政として町方と浜方の対立を、公正な立場から仲裁すべきところ、対立をあ

城下町—岸和田１　大阪府岸和田市

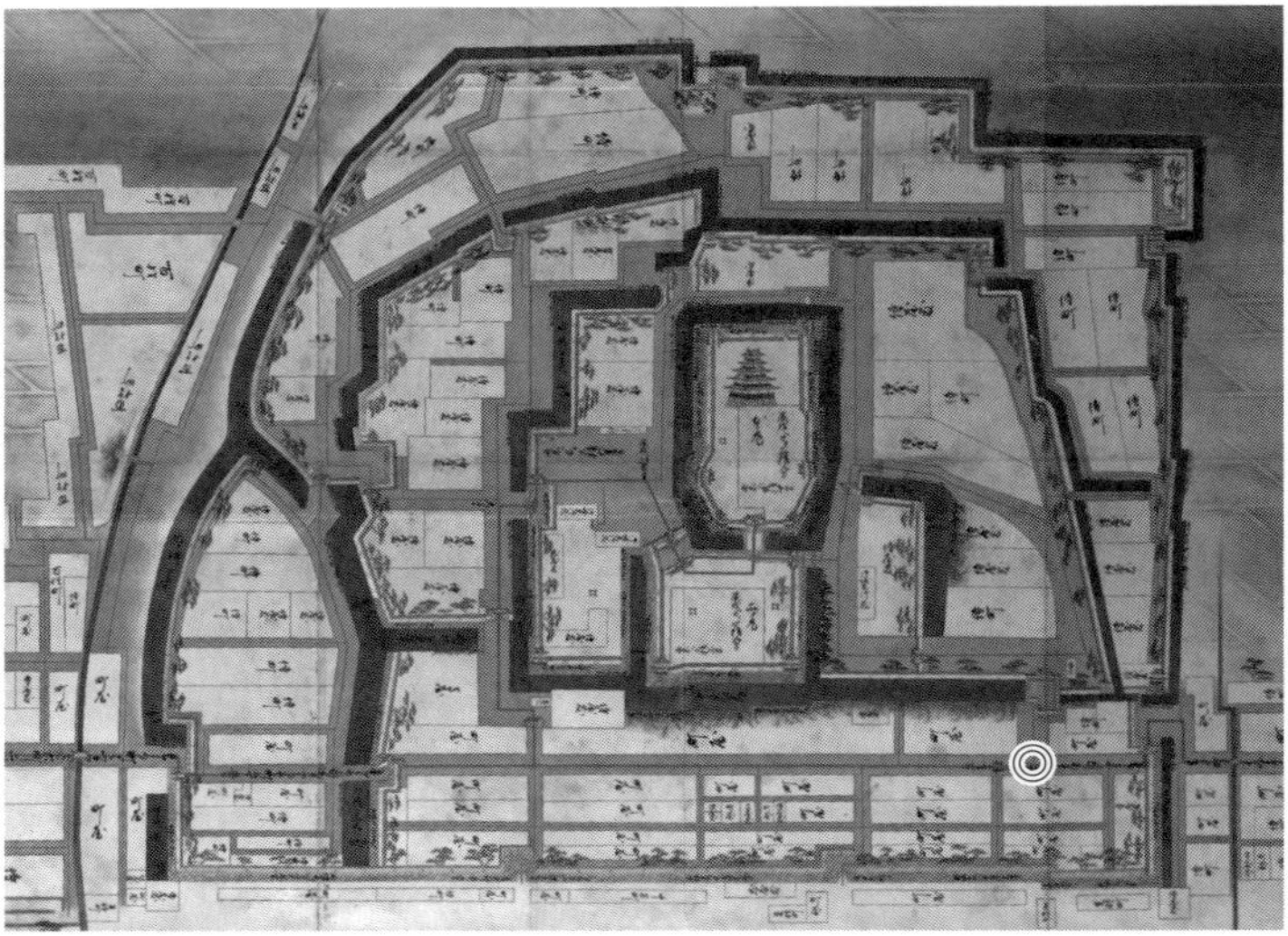

「和泉国岸和田城絵図」（国立公文書館蔵）◎＝紀州街道。岸和田城と海岸線との間には、紀州街道が南北に貫き、街道に沿って本町の町並みが連なる。
城下町では、歴史的町並みとしての景観が取り戻されつつある。だんじり祭がテレビ放映されるとき、地車の背景として写り込む情景を注意深く観察すると、地域の人々の努力の跡が感じ取れるに違いない。

岸和田本町の町並み。往時の風情を演出するため、軒下に木製の柵を設置し、トタン板が木目調に塗り直された。

町並み情報
だんじり祭のメイン会場ともいえる旧紀州街道の本町では、「まちづくりの館」を中心にして、歴史的景観を取り戻すための地道な活動が続けられる。

お役立ちサイト
岸ぶら　岸和田市観光振興協会

関連施設
岸和田城・岸和田だんじり会館・まちづくりの館

おって助長する傾向が強かった。岸和田藩に限らず、幕府や諸藩は、民衆が一致団結することを恐れ、集団間の対立感情をあおり、亀裂を生じさせて個々を統率下に従えるという分割統治策を好んだ。城下町においては、商人と職人とを対立させ、商人の間でも別業種の米問屋と両替商を競合させるなど、民間が結束して「お上《かみ》」に反抗しないようにし向けた。

岸和田藩では、町方と浜方が対立したが、日本のほかのエリアでは、町方と村方が農産物をはじめ、地域ごとの特産物の取引を通じ、対立する傾向が強かった。とくに、幕末を迎え、開港して輸出品として生糸の生産が拡大されると、城下町の商人が莫大な利益を上げた。その一方、生糸を生産する農家は商人への服従を強いられ、経済的格差から、町方と村方との対立の図式は深まった。

別の角度から考えると、岸和田藩では、民衆間の対立感情が祭によって発散されたとも評価できなくもない。岸和田藩に限らず、城下町での祭は、年に一度のレクリエーションであるとともに、日常の不満を発散するイベントだった。そのため、幕府や諸藩は、祭の開催によって、不満が発散するように仕向け、自分たちに不満の矛先が向かないように努めている。

●だんじりの地車が城下町を疾駆する経緯

岸和田藩は、「お上」に従わなければ、中止することを前提にだんじり祭の施行規則を定めた。

「祭礼は、普段着で行い、絹製の贅沢な服を新調してはならない」という規定は、自身の存在を際だたせるため、豪華絢爛な衣装を着用した者が後を絶たなかったことを示している。

天保《てんぽう》3年（1832）には「だんじりは、おだやかに引き、すれ違う時には役人の指示に従うこと。規定の経路を通行し、定められた時刻になったら、出発地点に戻ること。喧嘩はしてはならない。祭中に飲酒をしてはならない。祭礼のため強引に集金をしてはならない」と定められた。

裏読みをすれば、江戸時代後期になると、だんじりは、おだやかに引かれることなく、地車との間では喧嘩が絶えなかったことが読み解ける。つまり、だんじり祭が勇壮な祭礼となったのは、浜方と町方との対立関係に起因した意地の張り合いだった。

岸和田藩は、だんじり祭りを監視する役人を定めた。町方、浜方、村方は、祭における便宜をはかるため、役人を接待した。役人には臨時収入となり、藩の定めた施行規則の違反も見逃されたともいう。

●多くの危機を乗り越えて守られた伝統文化

慶応2年（1866）には、洪水が起きたことから、だんじり祭は中止され、幕末維新の混乱期には、中止もしくは、規模が縮小されて開催された。明治4年（1871）と翌5年は、

20台の地車が出て賑わいを取り戻した。だが、明治6年、岸和田地方を管轄する堺県に開催を願い出ると、「だんじりは損あって益なし。今後、曳き出してはならない」という通達を受けた。にもかかわらず、翌年になると、許可が下され、だんじり祭は開催された。

その後、疫病の流行、凶作、そして日清・日露戦争によって中止された年もあったものの、だんじり祭は、岸和田を代表する一大イベントとして知名度は高まった。結果として容認された背景には、行政や警察の指導のもと、だんじり祭が開催されることが条件にあったと想定される。

明治17年から18年にかけては、大工町、大北町、浜町の地車が激突して数十名の負傷者が出て、扇動者が逮捕されて獄死するという事件が勃発。以後、町方や浜方間の因縁の構図が生まれたことから、対立する町が接近しないようにコース取りが定められるなどの配慮が加えられた。

明治の文明開化の時代を迎えると、岸和田は紡績業の生産と流通の拠点として繁栄したことから、その経済力を背景にして、だんじり祭もまた、年中行事として盛大となり、定着する方向にあった。

昭和初期になると、紀州街道沿いの町並みでは提灯《ちょうちん》を立て見物し、曲がり角の家では地車がぶつかっても大丈夫なように補強するという現在と同じような光景が生まれている。

城下町―岸和田２

成協信用組合岸和田支店（左）城下町の点景（右）。写真左は、旧四十三銀行岸和田支店として築かれた大正期のレトロ建築。岸和田城下には、明治から昭和初期にかけての近代建築も散見される。写真右は、隣の建物が消滅することにより、棟続きだったと思われる部分にトタン板が張られた住宅。このような処置は、歴史的町並みでは多用される。

昭和12年（１９３７）、日中戦争が勃発してから、戦時中と戦後の混乱期を経て、昭和24年まで、だんじり祭は中断された。ただし、戦時下の昭和17年だけは、警察から許可され、戦時意識の高揚を目的として開催された。戦前から戦後にかけての中断時期にも、警察の監視を逃れながら、地車が曳かれるほど、岸和田の人々にとり、だんじり祭は欠かせない存在だった。

昭和25年、復活してからは現在に至るまで、だんじり祭は、かつてと比較すれば、町方と浜方との対立や、過去の衝突事件の因縁が消え、おだやかに挙行され伝統文化として未来へ引き継がれようとしている。

8章

宿場町の作り方

江戸の名残が今日に伝えられる**宿場町**。
名作「**東海道五拾三次**」をはじめ、
古地図、**古絵図**、**古写真**などを活用し、
宿場町の**歴史的景観**を復元する。

馬籠宿と妻籠宿
——観光地として再生された宿場町

明治維新以後、文明開化の時代を迎え、西洋式の建築や都市構造が導入されると、日本の都市は変革期を迎えた。そのころ、江戸時代の名残を濃厚に残す町並みは、観光の対象というよりも、前代の恥ずべき遺物として扱われた。明治期の平均的な日本人には、江戸の昔を懐かしむよりも、前近代的な閉鎖された時代という認識が強く、歴史的町並みの価値を認めようという意識は低かった。武家屋敷や蔵造りの商家は、築数十年前後の現役の建物として利用されており、明治から大正を経て昭和初期まで、取り壊すことへの躊躇《ちゅうちょ》は少なかった。

古い町並みに対して、保存の必要が認識され、観光の対象となるのは、第二次世界大戦後のことだった。

戦後の復興期から高度経済成長期を迎え、国内観光が活発になると、歴史的町並みの一部は、観光地として再生された。ある意味、さまざまな事情により、時流から取り残されたからこそ、古い町並みは現代へ引き継がれた。そして、過ぎ去った昔を感じさせる町並みが貴重な存在であるという意識が生まれることにより、価値が認められて観光の対象になった。

宿場町—馬籠宿・妻籠宿

岐阜県中津川市
長野県木曽郡南木曽町

町並み情報
妻籠宿には、宿場町時代の建物が残されるのに対し、馬籠宿では明治期と大正期の火災によって壊滅的被害を受けた。だが、中山道の旧街道を基軸にした歴史的景観の復元が進行。

お役立ちサイト
中山道木曽路馬籠宿

関連施設
藤村記念館・清水屋資料館

妻籠宿点景（左）馬籠宿点景（右）。過去の記念写真が町の旧態を知るデータともなる一例として掲載。昭和52年（1977） 8月21日撮影。馬籠宿の歴史的景観が維持される経緯については、**中山道木曽路馬籠宿**に収録される「歴史」のページにおいて、誕生から現代に至るまでの歴史とともに紹介される。

中山道《なかせんどう》の馬籠《まごめ》宿と妻籠《つまご》宿は、江戸時代の名残が今日に伝えられる宿場町として多くの観光客を集める。だが、明治維新後、江戸時代以来の交通制度が改変され、国道や鉄道の開通によって交通網が整備されると、時流に取り残され、活気が失われた時期もあった。その一方、文明開化の時代を迎えると、多くの宿場町が新しい交通の拠点として再生されるため、歴史的町並みとしての景観を失うのは当然の流れだった。

戦後の高度経済成長期を迎え、国内観光が活発になると、時流から取り残されていたからこそ、二つの宿場町は脚光を集めるようになり、観光地として再生された。

馬籠宿は、島崎藤村《とうそん》の『夜明け前』の舞台としても集客力が高かったため、町外の業者により、現代風の飲食店や土産物屋が建設され、本来の面影が失われる危機に直面した時期もあった。だが、自治体や住民の粘り強い努力により、歴史的町並みとしての景観が取り戻された。

妻籠宿では、「売らない・貸さない・壊さない」という三大原則を掲げ、歴史的町並みを生活の場としながら、後世へと伝えようとする努力が今日に至るまで継続されている。

歴史的町並みのなかでも、妻籠宿のように、江戸時代に創建された建物が数多く伝わり、かつての姿を思い起こさせる事例については、保存への取り組みが継続されるとともに、観光ルートに組み込まれた。

多くの人々が城下町の萩、宿場町の妻籠のような歴史的町並みを訪れることにより、江戸時代の町並みとは、どのようなスタイルだったかイメージされ、観光地として定着したと評価できる。

●宿場町──幕府の経済政策とリンクした交通拠点

宿場町は、江戸幕府の交通政策の基礎を支える拠点として、江戸時代初期に創生された。そのため、宿場町は、自然発生の要素が極めて低い人工的都市だった。

徳川家康は、慶長5年（1600）、関ヶ原合戦に勝利すると、翌年には東海道の整備を下命した。慶長8年、家康は征夷大将軍に任じられるのだが、幕府開設以前の段階において、関東と上方《かみがた》とを結ぶ幹線ルートの建設を強力に推進した。

江戸の日本橋を起点とし、京都の三条大橋を終点とする東海道には、中継拠点となる53の宿場町が設定された。

それ以前においても、織田信長や豊臣秀吉が天下統一を進める課程のなかで、交通網の整備は推進されていた。家康は、過去の交通政策を踏襲しながらも、さらに交通網を拡大することにより、政権としての基盤を確立させようとしたのだ。

参勤交代の制度が確立されたのは、3代将軍の徳川家光の時代だった。ただし、関ヶ原合戦後、大名のなかには、家康への忠誠を示すため、国元と江戸の間を往来する者も多かった。参勤交代を定着させ、円滑に実行するためにも、街道網の整備は不可欠だった。

大久保長安《ながやす》、彦坂元正《もとまさ》、伊奈忠次《いなただつぐ》は、幕府直轄地の支配や、商業の活性化など、幕府の統治の仕組みが築かれる上で、大きな役割を果たした。

また、天正18年（1590）、家康が秀吉の命によって関東に入封して以来、それまで小規模だった江戸の城下町を拡張するのにも尽力。彼らは、城下町を創成した都市プランナーとして評価できる。

彼らは、東海道五十三次をはじめ、幕府が直轄する五街道の宿場町へ配下を派遣し、それぞれの宿場町の町割りを決めた。そして、建設作業員や資材の確保などの施工管理にあたり、ハードとしての宿場町を建設した。また、本陣や問屋場《といやば》を運営する地元有力者を選定し、運営や経営方法を定めるなど、宿場町の経営が成立するためのソフト面での初期設定も、建設作業とともに推進している。

だが、慶長11年、彦坂元正が不正を問われて改易処分となったのをはじめ、慶長18年には、長安の死後、大久保氏も政争に巻き込まれて取り潰され、伊奈忠次も孫の代に無嗣断絶処分となり、彼らの功績が正当に評価されることはなかった。

●金太郎飴のように類似した宿場町の都市構造

江戸時代初期、交通網整備の主軸として創生された宿場町は、金太郎飴のような同一パターンによって構成されていた。

宿場町の中心には、大名の宿泊する本陣が設置された。城にたとえれば、本丸にあたり、本陣に隣接して建設された脇本陣が二の丸に相当しよう。

城下町では、本丸により近くに住む者が上位とされ、江戸時代の身分制度の縮図とされる。宿場町にも同じ傾向があり、本陣から離れたエリアに庶民の宿泊地が設定され、身分制度の縮図としての傾向が認められる。

宿場町—二川宿　愛知県豊橋市

二川宿本陣。明治維新以後に改修や解体された部分を戻して江戸時代の姿を復元。

町並み情報
二川宿本陣には、旅籠屋「清明屋」、問屋場を務めた商家「駒屋」が隣接。復元工事によって江戸時代の姿を取り戻し、宿場町の景観を再現。

お役立ちサイト
ええじゃないか豊橋。二川宿本陣資料館のサイトは、宿場町に関連する多彩な情報を掲載。

関連施設
二川宿本陣資料館

宿場町は、街道に沿って町割りが細長く定められ、東海道の宿場であれば、幅が50メートル前後なのに対し、長さの平均は1キロに及んだ。幕府は、街道については松並木を植林することにより、風雨除けとしたのだが、家屋が街道の両脇に沿って鰻の寝床状態に建ち並べば、松並木以上の効果があった。

宿場町の両端には、見付《みつけ》が設置され、旅人は石垣で囲まれた四角い枡形《ますがた》という空間を通過した。見付は、その名の通り、通行人を監視する関所の役割も果たした。また、徳川家に敵対する勢力が江戸へ攻めようとしたときには、進撃を防ぐ拠点としての役割もあり、城にたとえれば、城門の役割を果たしていた。旅人は、見付を通過することにより、街道や宿場は、幕府の管轄下にあることを実感させられた。

●問屋場──宿場町に設置された「江戸の郵便局」

見付を過ぎると、問屋場や旅籠《はたご》が建ち並んだ。問屋場は、現在の宅配便の配送センターや郵便局にたとえると役割が理解しやすいかもしれない。

江戸時代の輸送手段は、人間と馬が主力だったことから、問屋場では、人足と称された輸送要員の確保と管理、駄馬の飼育と管理にあたった。また、飛脚《ひきゃく》や駕籠《かご》かきなど、交通に関連する人員の管理にもあたった。

問屋場は、行政の認可を受けていたが民間の町人によって運営されていた。その点では郵便局よりも宅配便の配送センターのイメージに近い。一方では、問屋場では為替《かわせ》（小切手）の換金などの両替商（銀行）の業務を兼務しており、そういう意味では郵便局との類似性を指摘できよう。郵政民営化以前の特定郵便局は、地元の名士や地主が局長を務めるという点でも両者は似ている。

中山道の醒ヶ井《さめがい》宿には、江戸時代中期創建の問屋場の建物が残され、醒ヶ井宿資料館として再利用され、内部が公開される。そのほかには、問屋場の建物の保存例としては、甲州街道の府中宿、中山道の奈良井《ならい》宿などがあげられる。

旅籠
——宿場町の経営を支えた本陣から木賃宿まで

旅籠は、宿場町の最大の要素であり、東海道で最大の規模を誇る小田原宿では約１００軒の旅籠が建ち並んだ。旅籠のなかでも、自炊形式の宿泊施設は木賃宿《きちんやど》と称され、安価な宿泊費が設定されたように、さまざまな価格帯の施設が混在した。

武士と庶民との旅籠は、原則として区別されていたが、時間の経緯とともに、身分よりも経済原則が優先され、金持ちの商人が貧乏な武士よりも上級の旅籠に宿泊するという現象が黙認された。また、旅籠では武士と町人の相部屋が日常化している。

宿場町の中心に位置する本陣は、城下町における上級武士の屋敷に相当する規模を誇った。本陣に宿泊できるのは、大名、旗本、公家に限られ、庶民は宿泊できなかった。ただし、江戸時代後期になり、経営が苦しくなると、宿場によっては閑散期に庶民を受け入れることもあった。

本陣は、問屋場と同じように、民間によって運営された。本陣の主人は、農村の庄屋や名主《なぬし》を兼務し、問屋場も経営する地元の名士だった。そのため、名字帯刀《みょうじたいとう》を許され、武士に準じ

宿場町─追分宿　長野県北佐久郡軽井沢町

町並み情報

中山道と北国街道の分岐宿として栄えた追分の宿場町。
往時の姿を今日に伝える茶屋が残される。

お役立ちサイト

軽井沢観光情報。長野県軽井沢町公式ホームページには、「追分宿の分去れ（わかされ。街道の分岐点）」など町指定文化財の情報を掲載。

関連施設

追分宿郷土館

昭和期に撮影された追分宿。『日本都市風景』（国立国会図書館蔵）に収録された古写真。解説文には「かつて、中山道の宿場町として繁栄し、遊女屋が軒を連ねていだが、今では数件の旅籠が営業を続ける」と、記述される。都市の風景として物悲しさが強調されるだけで、昭和初期の段階では宿場町を歴史的町並みとして保存する意図がなかったことを読み解ける。

る待遇を受けた。

本陣では宿泊費が定められず、宿泊者は礼金を支払った。参勤交代が開始されたころは、諸藩の財政に余裕があり、対価以上の礼金が支払われた。だが、財政が悪化すると、対価以下の礼金が増加し、経営破綻により、本陣の経営者が変更となることもあった。

奥州街道の有壁《ありかべ》宿、北国《ほっこく》街道の小諸宿、東海道の二川《ふたがわ》宿、中山道の草津宿、山陽道の矢《や》掛《かげ》宿などには本陣の建物が残される。

本陣の建物が存在しなくとも、宿場町の一角には、本陣の跡地を示す案内板や石碑が設置される事例が多い。

宿場町では、見付を通過し、問屋場や旅籠が建ち並ぶエリアを経て、町の中心にある本陣へ至り、ふたたび、問屋場や旅籠が建ち並ぶエリアを経て見付を通過すれば、町並みは途切れ、旅人は次の宿場を目指した。

幕府は、このような基本構造の宿場町を東海道に建設した。東海道は、日本一の幹線ルートであるため、通行した大名は、その形状を調査し、自身の領内に宿場町を建設するときのテキストにした。このような過程により、同一の形状の宿場町が全国に拡散している。

歴史的町並みが今日に伝えられ、伝建の指定を受けている宿場町としては、会津街道の大内宿、若狭《わかさ》街道の熊川宿、北国街道の海野《うんの》宿、中山道の妻籠宿と奈良井宿、東海道の関宿があげられる。

●「東海道分間絵図」を読み解く

慶安4年（1651）、幕府は、全国の街道の実測調査を命令。平面図として記録を残すとともに、浮世絵師の菱川師宣《ひしかわもろのぶ》に対して俯瞰図の作成を依頼。庶民にも理解しやすいイラストマップとして「東海道分間《ぶんけん》絵図」を公刊した。「東海道分間絵図」では、江戸日本橋から京都三条大橋まで、基本情報として宿場間の距離が示される。また、街道の松並木や宿場町の家並み、周辺の名所旧跡も描かれる。街道を行き交う旅人、飛脚、輸送業者の姿も描かれるものの、縮尺的にはデフォルメが加えられている。

江戸時代には、地図作成をする技法が確立されるとともに、地図を見やすくするためのイラスト化された俯瞰図も作成されて普及した。また、江戸時代中期以降になると、街道だけではなく、寺社仏閣を中心とする観光地の様子が絵図に描かれるようになった。「国立国会図書館デジタルコレクション」では、「東海道分間絵図」のほかにも、「東海道絵図」なども収録され、江戸時代の宿場町の様子を知ることができる。

参勤交代で国元から江戸を往復する武士たちは、このような絵図により、往復の行程を視覚的に理解した。また、庶民であれば、一生に一度、行けるか否かの伊勢参りの旅を夢見ながら、絵図を眺めていたのだ。

●名作『東海道五拾三次』に描かれた宿場町の姿

歌川広重の「東海道五拾三次」には、宿場町の様子が描かれる。浮世絵の名作であるとともに、江戸時代の宿場町の様子を記録する歴史資料としても高く評価される。

「東海道五拾三次」の御油《ごゆ》宿では、路上で客引きをする女性や、土間《どま》で草鞋《わらじ》を脱いで足を洗う旅人の姿が描かれる。強引な客引きによるトラブルは、いまも昔も変わらない。旅籠の選択は、頭を悩ませながらも、旅の楽しみの要素でもあった。「東海道分間絵図」では、宿場町を歩く旅人の姿が描かれているのだが、平屋の旅籠よりも身長が高く、デフォルメされた技法により独特な情感が演出されている。

宿場町―御油宿・赤坂宿　愛知県豊川市

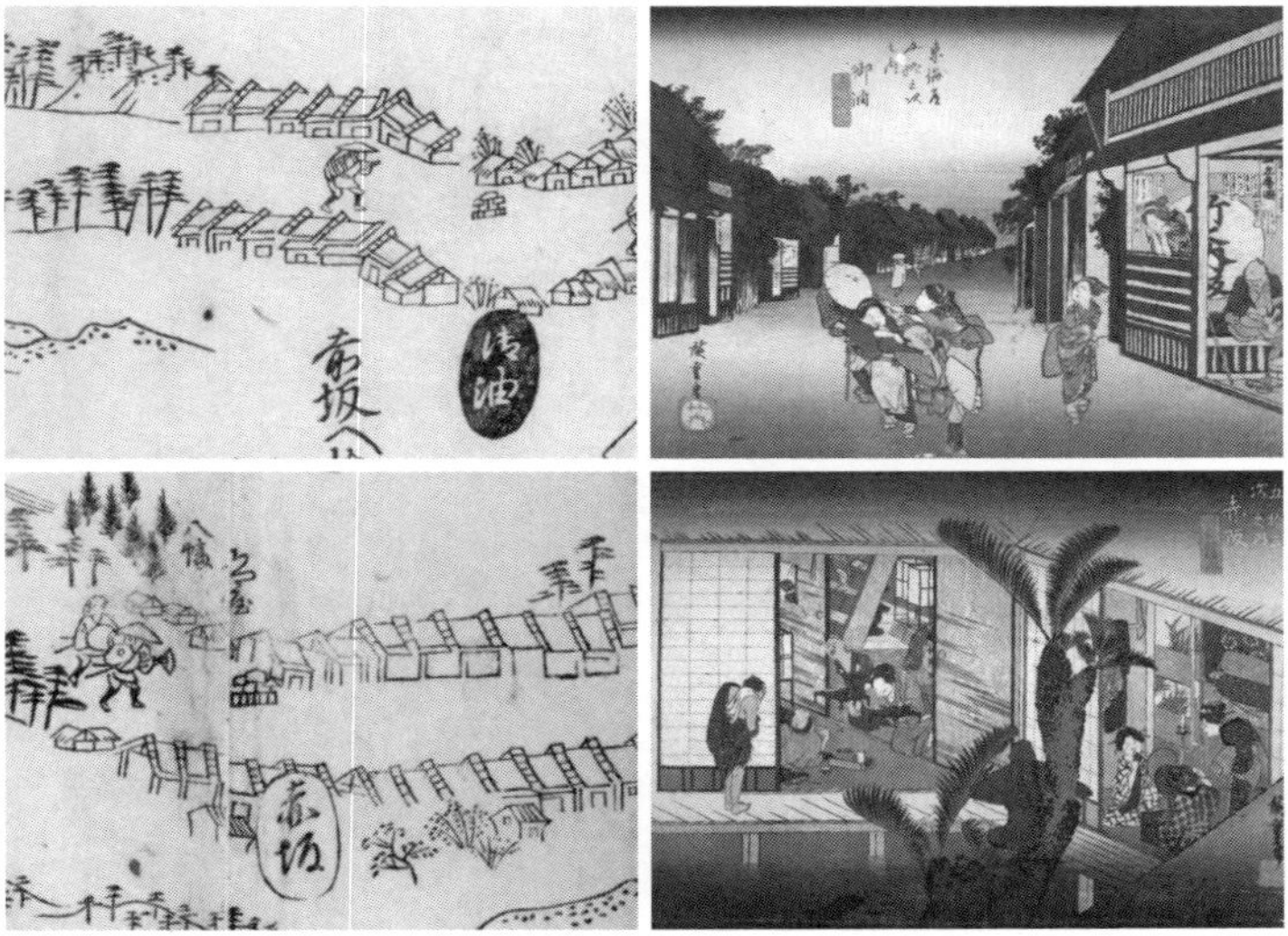

「東海道分間絵図」（左上・左下）「東海道五拾三次　御油・旅人留女」（右上）からは江戸時代の旅籠の一般的な建築様式は平屋の茅葺であり、入口には土間があることなどを読み解くことができる。「東海道五拾三次　赤坂・旅舎招婦ノ図」（右下）には、風呂上がりや、煙管（きせる）で一服するなど、くつろぐ旅人の姿が描かれる（すべて国立国会図書館蔵）。

『東海道：広重画五拾三次現状写真対照』（国立国会図書館蔵）。錦絵に描かれた大橋屋を大正期に撮影した古写真。

町並み情報

赤坂宿の大橋屋をはじめ、御油の松並木など、宿場町の面影が今日に伝えられる。

お役立ちサイト

愛知県観光ガイドに収録される東海道キャンペーン in あいち2015は、愛知県内の東海道の宿場町の情報を掲載。

関連施設

赤坂宿場資料室・御油の松並木資料館

「東海道五拾三次」の赤坂宿では、旅籠において旅人たちが相部屋をする様子が描かれる。中庭に蘇鉄《そてつ》が描かれることから、旅籠の大橋屋と推定される。現在、大橋屋は営業を終え、改装された後に一般公開されている。

東海道五十三次で描かれた光景を広重と同じアングルで望み、カメラで撮影するという旅の楽しみ方は、今日では定着している。丸子《まりこ》宿は、とろろ汁で名高い丁字屋《ちょうじや》が描かれ、現在も営業を続けているため、位置関係を掌握しやすい。一方、四日市宿のように、街道の光景が描かれるだけだと、現在地の特定には困難がともなう。

大正時代に公刊された『東海道：広重画五拾三次現状写真対照』という写真集でも、同一アングルから撮影された。大正のころと比較すると、東海道沿線の風景は、さらに変化しており、宿場町がたどった歴史的経緯を知るための資料として、活用することができる。

島田宿
——大井川とともに発展した宿場町

東海道五十三次の23番目の宿場町である島田宿は、箱根の峠道以上の難所として知られる「越すに越されぬ大井川」とともに、発展を続けた。

大井川は、普段は水位が低く、船での渡河ができなかった。そのため、旅人は川越人足《かわごしにんそく》に対し、公定の料金を支払い、駕籠に乗る、肩車される、もしくは先導され、大井川を渡ることが定められた。川越人足に料金を支払わず、大井川を越える行為は、幕府が定めた掟《おきて》への違反とされ、厳しく罰せられた。

降雨により、大井川の水位が上昇した場合、「川留《かわど》め」と称された通行禁止命令が下され、旅人は江戸側の島田宿か、京都側の金谷《かなや》宿での滞在を余儀なくされた。

大井川独特な川越制度は、旅人にとっては迷惑な存在だった。だが、島田宿や金谷宿にとっては、川越人足と称された労働者の雇用が確保され、また、川留めされれば、旅人の長期滞在によって多大な利益が期待できたことから、川越制度は、宿場町としての繁栄の基盤となっている。

大井川の川幅が広く橋の建設が難しくとも、舟橋と称される簡易式の橋であれば、多少の増水でも渡河ができ、大雨の時には事前に撤収することで損失を回避できた。

だが、五街道を管轄する道中《どうちゅう》奉行は、幕府が崩壊するまで、東照大権現《とうしょうだいごんげん》様（徳川家康）がお定めになったこととして、舟橋の建設を認めなかった。家康は、西国から敵が迫ったときに備え、東海道の天竜川、大井川、安倍川に橋を架けることを禁じたとされる。江戸時代においては、東照大権現様が定めたことは絶対的真理とされたことから、大井川の川越制度は維持されたのだ。

常設の橋があっても、戦時には撤去すればよく、軍事優先の論理により、橋が建設されないというのは不合理ともいえる。つまり、たとえ不合理であっても、それを押しつけることにより、街道は幕府の管轄下にあることをイメージづけようとしたと評価できる。

また、島田宿と金井宿の繁栄を維持するためにも、大井川の川越制度は継続する必要があった。東海道は江戸と上方を結ぶ大動脈だったことから、商人からは川越制度を見直す陳情が繰り返し提出されたが、幕府は「東照大権現様の定めた掟」を楯にして認めなかった。

その背景には、このような要素もあげられる。幕府には、島田宿と金谷宿から冥加金《みょうがきん》と称される税収が期待され、また、管轄する役人たちには、合法もしくは非合法の収入があったことから、川越制度は必要悪として維持されたのだ。

●切り捨てられた川越制度という「必要悪」

慶応4年（1868）正月、明治新政府は、鳥羽伏見の戦いに勝利すると、江戸城を攻撃するため、征討軍に対して東海道を進撃するように下命した。金谷宿の川庄屋《かわしょうや》（川越人足を管轄する代表者）に対して舟橋の建設を命じると、「東照大権現様の掟」を楯にして拒否しようとした。だが、明治新政府に受け入れられるはずもなく、以来、大井川では舟橋による通行が開始された。

舟橋の使用開始により、川越人足の大半は職を失った。島田宿の人口は約6000人で、そのうちの5分の1が川越人足と、その家族だった。大量の失職者を出さないために、川越制度が維持されていた面もあったのだが、新政府は、躊躇《ちゅうちょ》なく必要悪を切り捨てたのだ。

明治3年（1870）、失業対策として、牧之原《まきのはら》台地での茶園の開墾事業が開始された。同じころ、旧幕臣たちも開墾に着手しており、静岡を茶の名産地とする基礎を築いている。

明治11年、舟橋ではない木造の橋の建設が開始され、明治16年に完成。だが、明治22年の東海道線の開設により、橋の通行者は激減。橋は通行料によって維持されていたため、撤去されてしまう。

鉄道の開通により、物流のシステムが激変し、島田の宿場町は、岐路に立たされた。だが、大井川上流で伐採される木材の集積拠点へ転換することにより、時代の変化に適応している。

●「東海道絵図」から読み解く島田宿のありし日の姿

江戸時代における島田の宿場町の姿は、「東海道絵図」や「東海道分間絵図」により、読み解くことができる。「東海道絵図」は、江戸時代後期に作成された絵巻物であり、江戸から京都までの東海道の形状が収録される。

地点Aは島田宿の江戸よりの見付にあたる。旅人は宿場町を進むと、一里塚と高札場の前を通過。Bは島田宿の中心に位置し、本陣が設置された。Cの川会所で通行料を支払い、番宿《ばんやど》で待機する川越人足が担ぐ籠に乗る、または担がれ、または先導されながら自分の足でDの大井川を渡った。

一つ江戸よりの藤枝宿から、島田宿の東端までは、道と松並木が描かれることにより、街道であることが表現される。

また、「東海道絵図」では、東海道のすべての一里塚が江戸と京都からの距離とともに表記される。東海道の一里塚の大多数は消滅しても、設置された場所は特定されていることから、「東海道絵図」に描かれた一里塚の現在地がどこであるかを知ることができる。

宿場町は、平屋の建物によって表現されているが、「東海道絵図」では、本陣も小規模な旅籠も同一の形状によって表現されているため、宿場町内部の詳細な様子を読み解くことができない。ただし、宿場町が街道沿いに細長く造成されたことを理解できる。

江戸時代後期の島田宿の旅籠の総数は51軒であり、東海道全体の平均よりも、少し多い程度に過ぎない。大井川の川留めを想定し、宿場町の規模を拡大することも検討された。だが、川留めは、梅雨時に多く、冬には少ない傾向があり、通行可能な時期には回転率が悪くなり、経

宿場町—島田宿 1　静岡県島田市

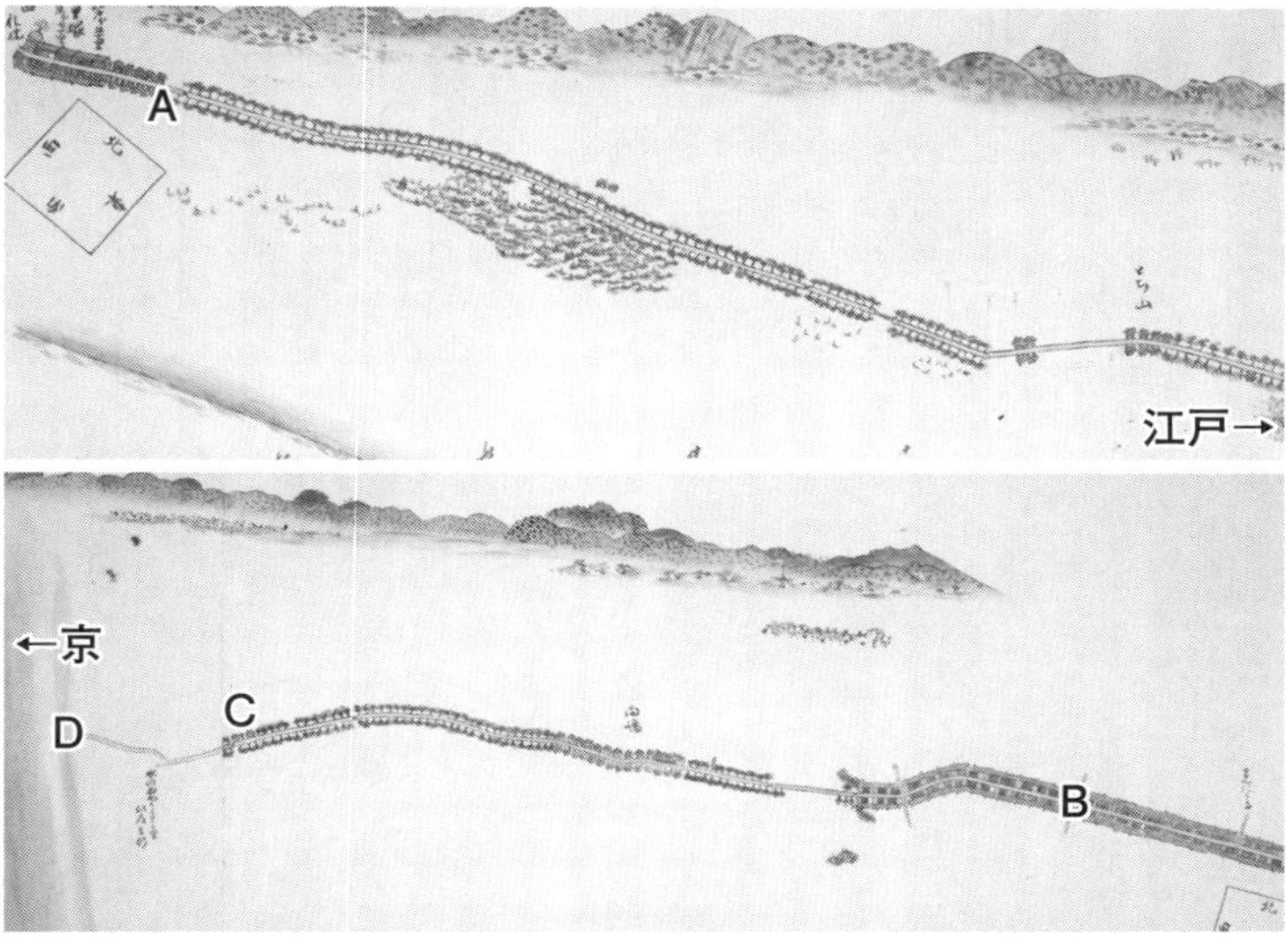

「東海道絵図　江尻ヨリ金屋マデ」（国立国会図書館蔵）地点Aは島田宿の江戸よりの見付にあたる。旅人は宿場町を進むと、一里塚と高札場の前を通過。Bは島田宿の中心に位置し、本陣が設置された。Cの川会所で通行料を支払い、番宿で待機する川越人足が担ぐ籠に乗る、または担がれ、または先導されながら自分の足でDの大井川を渡った。
名古屋市内で開催される節分の豆まきのイベントに参加したくなり、その途中、島田宿を二十数年ぶりに再訪。平日の午前中のため、観光客の姿はなく、物悲しい風情に満たされていた。

島田宿大井川川越遺跡周辺の点景。電線の地中化が推進され、すっきりとした景観が演出される。

町並み情報
島田宿大井川川越遺跡では、川越人足の待機場である番屋が復元され、歴史的町並みの光景が再現される。

お役立ちサイト
島田市観光協会。島田市博物館のサイトに収録される「博物館収蔵品」は、宿場町に関連する資料を掲載。

関連施設
島田市博物館

宿場町―島田宿２

「東海道五拾三次　金谷・大井川遠岸」（左）「東海道分間絵図」（右。ともに国立国会図書館蔵）
大井川の川越の様子が克明に描かれる。人足が裸体なのに対し、旅人は侍と庶民が服装によって相違が表現される。
また、駕籠や馬に加え、徒歩（かち）渡りと称された自力での川越にチャレンジしようとする旅人も散見される。

『東海道：広重画五拾三次現状写真対照』（左。国立国会図書館蔵）。同一アングルから撮影した大井川（右）。左は、左上の錦絵と同一アングルから大正期に撮影された古写真。建物は存在せず、大井川の背後に映る山並みがアングル決定の決め手となった。大正期の写真に写る渡し舟は、右の写真に写る鉄橋が昭和３年に完成するとともに廃止された。

営悪化が予想されるため、島田宿や金谷宿の旅籠は増加されなかった。

川留めが発令されると、江戸よりの藤枝宿から東へ伝達され、川留めが解除されるまで、旅人は、藤枝宿より東側の宿場で滞在することにより、島田宿での旅籠不足に対処した。

島田宿の西端は、島田宿大井川川越遺跡として国指定史跡として保存される。長さ約500メートルに及び、安政3年（1856）創建の川会所の建物をはじめ、歴史的町並みが今日に伝えられる。また、遺跡内に建設された島田市博物館には、島田宿関係の資料が展示され、誕生から今日に至るまでの歴史を知ることができる。

小田原——城下町でもある宿場町

小田原は、城下町であるとともに、東海道の9番目の宿場町でもあった。

城下町には、城への攻撃を防ぐ閉鎖的なエリアとしての役割も期待されたことから、人や物資が往来する街道が通過することは、二律背反的側面もあった。小田原では、城下の南端に街道を通過させる形状によって対処している。

宿場町—小田原２

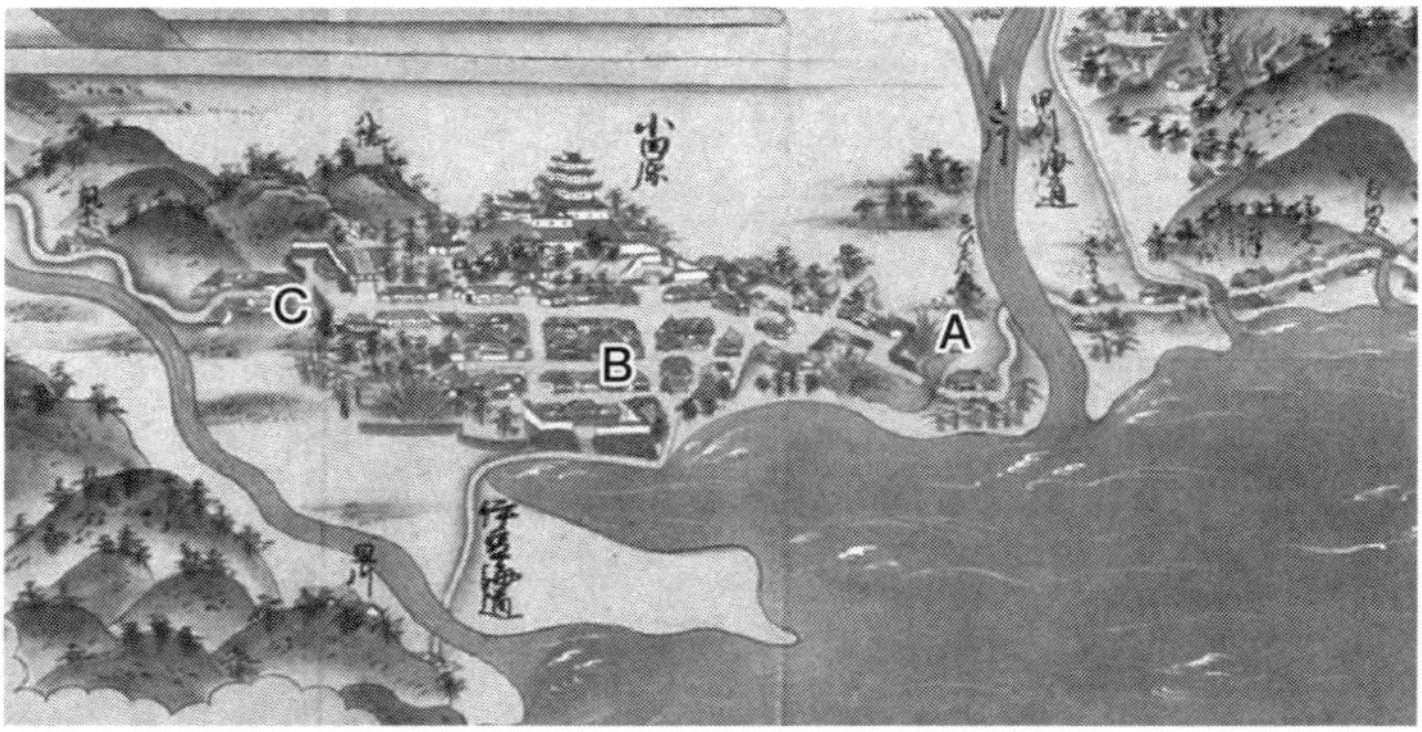

「従江戸伏見迄木曽路中山道東海道絵図」（国立国会図書館蔵）Ａ＝江戸見附　Ｂ＝本陣　Ｃ＝上方見附　城下町と宿場町を兼ねる小田原の町並みが俯瞰的角度から描かれる。

東海道では、小田原以外にも、沼津、府中（静岡）、掛川、浜松、吉田、岡崎、桑名、亀山、水《みな》口《くち》が城下町でもある宿場町としてあげられる。「従江戸伏見迄《えどよりふしみまで》木曽路中山道東海道絵図」では、小田原城を中心にして、城下町と宿場町が俯瞰的に描かれる。地点Ａと地点Ｃは、宿場町の入口の見付にあたり、小田原では地点Ａを江戸見附、地点Ｃを上方見附と称した。地点Ｂは、小田原宿の本陣にあたり、建物は消滅したものの、案内板が設置されている。

現在、旧東海道は国道1号線となり、車線は拡幅されて往事の面影は残されていない。その様子は、毎年正月、放送される大学駅伝のコースとして確認できる。

9章

門前町の聖と俗

聖域と俗界が一体化した異空間。
江戸時代には歓楽街として繁栄した
門前町も少なくなかった。
発生から今日へ至る歴史的経緯を追う！

成田
——再生された歴史的町並みの景観

成田山新勝寺《しんしょうじ》と共存共栄の関係にあり、繁栄を続ける門前町成田。

門前町に限らず、歴史的町並みのなかでも、屈指の集客力を誇る。新東京国際空港に到着した外国人観光客の多くが日本的情緒を求めて第一の目的地として選択する流れから、門前町や新勝寺には、日本人よりも外国人のほうが多いと思わせる時間帯さえある。

外国人観光客は、成田の門前町を訪れ、日本風な商店が軒を連ねる光景を望むことにより、日本的情緒をイメージするのだと思う。

門前町の商店をおおまかに分類すると、次の3種類に分けられる。

A　高度経済成長期までに建設された和式建築の商店

B　高度経済成長期以後に建設された現代建築の商店

C　平成期に入ってから建設、もしくは改装され、現代建築でありながらも、和風の外観が演出された商店

成田の門前町では、パターンCが多数を占めることにより、歴史的町並みとしての光景が演

門前町—成田　千葉県成田市

「諸国名所百景　下総成田山境内」（国立国会図書館蔵）歌川広重が錦絵として描いた表参道の風景。下の現状写真は、錦絵と同一のアングルを想定して撮影。江戸時代は石畳だったが、今日は坂道に改められる。下の現状写真の中央には、新勝寺の山門や堂塔が写されるが、錦絵ではデフォルメされ、大きく表現されていることがわかる。

門前町成田の表参道の現状。門前町特有の景観が保存されながら、復元が試行される。

町並み情報

新勝寺へ向かう表参道は、土産物屋や飲食店が軒を連ね、門前町特有の景観が伝わる。

お役立ちサイト

成田市観光ガイド。**大本山成田山新勝寺の公式サイト**は、歴史や境内の案内など、多彩な情報を掲載。

関連施設

成田山書道美術館

出されている。

成田の門前町の商店を撮影しながら新勝寺へ向かっていると、次のような文字が刻まれた石碑を発見することにより、なぜ、パターンCが多いのかを読み解くことができた。

「上町表参道景観統一事業　街づくり発祥の地　平成8年8月8日」

この石碑の背後に建つ商店は、パターンCの典型例であり、現代建築でありながら、外装は和式を思わせ、江戸時代から伝わる看板を再利用することにより、歴史的町並みとしての景観が演出されている。

成田の門前町では、ほかの都市に見られる明治から昭和初期にかけて建設された煉瓦建築やコンクリート建築は少なく、高度経済成長期以降に建築された現代建築が散見される。高度経済成長期に建設されたと思われる、3階建てのビルは、歴史的景観の障害ともなっている。ただし、このビルの1階部分には、瓦屋根が廂として増設されることにより、無機質な外観が多少は緩和されている。

かつて、門前町の成田では、歴史的景観を後世に伝えようとする意識が低く、高度経済成長期以降、無機質な現代的商店と、和式建築が併存する雑然とした景観が生み出されていた。だが、平成8年を境にして、「景観統一事業」により、歴史的町並みとしての景観を復元しようとする努力が開始された。そして、和式建築は「保存する」、もしくは「建物を取り壊して再建する時には現代建築であっても外観を和装にする」ことにより、歴史的景観を維持しながら、復元することが目指されたのだ。

平成28年（2016）現在、門前町の人々の努力は実を結びつつあり、日本情緒をイメージさせる景観は復元されつつあると評価できる。

●指定文化財と登録文化財の相違とは？

門前町のなかでも、新勝寺の門前に近い大野屋旅館と一粒丸三橋《いちりゅうがんみつはし》薬局は、国の登録有形文化財に「登録」される。

大野屋旅館は、昭和10年に建設され、木造3階建の上部には望楼が付され、基本的には和風でありながらも、和洋折衷様式をイメージさせる。旅館としての営業は休止されたが、食堂として賑わいを見せる。

一粒丸三橋薬局の店舗は、明治前期に建築された土蔵造りの商家。「はらのくすり成田山一粒丸」をはじめ、漢方の製材薬局として営業を続ける。店舗背後の土蔵は、江戸時代末期の建築とされ、成田の門前町では、もっとも古い創建年代を誇る。

この2軒へ至る表参道の下り坂は、歌川広重が「諸国名所百景　下総《しもふさ》成田山境内」として描いた風景と想定され、現在でも歴史的町並みらしい姿が維持されている。

表参道の終着点に位置する新勝寺。その境内には、江戸時代に創建された光明《こうみょう》堂・釈迦《しゃか》堂・三重塔・仁王門・額堂が伝えられ、国の重要文化財に「指定」される。

文化庁作成の「国指定文化財等データベース」では、大野屋旅館のような国の登録有形文化財や、新勝寺の堂塔のような国指定重要文化財をはじめ、国指定の文化財のすべてがデータ化され、建物の概要や歴史が紹介されている。

「国指定文化財等データベース」には、30年ほど前であれば百科事典サイズで何冊も必要とする大量のデータが収録されており、しかも年代、種別、都道府県別に検索ができ、歴史的町並みを巡る上で利用価値が高い。

指定文化財と登録文化財は、歴史的町並みの建物を後世に伝えようという方向性は同一であっても、制度上の形態や運用については相違点も見られる。

平成8年、文化財保護法の改訂により、登録文化財の制度が発祥した背景には、国の重要文化財に「指定」されるまでの基準を緩和することにより、歴史遺産として認められず、取り壊される運命にあった建物を後世に伝えようという意図があった。

国の重要文化財に指定されるには、現状や歴史的経緯が審理された。また、指定を受ければ、維持費や改修費の補助が国庫から受けられる一方、自分の持ち家であっても、文化庁の許可を得なければ、空調器具の新設さえできないなどの規制が加えられる。そのため、補助はつかない代わり、規制が抑えられるとともに審理も簡略化され、行政が「指定」するのではなく、所有者の申請を「登録」する、登録文化財の制度が発足したのだ。

「この建物は、国の登録文化財に登録された」というように表記すると、登録という言葉が重なるため、「国の登録文化財に指定された」と、書き直したくなる。だが、文化財の世界においては、「登録」と「指定」という用語は厳密に区分されており、後者の表現は誤用とされる。

文化財に「指定」された建物のランクは、国、都道府県、市町村の3ランクに分類される。地域によっての相違はあるが、ざっくりと区別すると、国指定は、取り壊しは不可能、都道府県指定は、申請をして許可されれば可能、市町村指定は届け出れば取り壊しは可能となる。

都道府県別の指定文化財については、それぞれの公式サイトにおいてデータが掲載される。市町村の指定文化財についても、公式サイトにデータが掲載されるものの、その情報量の相違は、まさに「月とスッポン」状態にある。

門前町であれば、寺院の本殿などが江戸中期以前なら国重要文化財、江戸後期なら都道府県重要文化財、山門は江戸時代の創建なら市町村指定となる流れだが、門前町エリアの建物は明治以降の創建が多く、市町村指定、もしくは登録文化財というパターンとなる。

城下町であれば、天守、櫓、城門が現存していれば国重要文化財、城下町エリアの武家屋敷なら都道府県重要文化財、商家は市区町村指定が多数を占め、保存状況がよければ国重要文化財というパターンとなる。

宿場町であれば、本陣の建物が現存していれば、都道府県重要文化財に指定される。宿場町のうち、歴史的景観が濃厚に伝えられる事例は、伝建の指定を受け、エリアとして保護されることから、それぞれの建物が個別に文化財として指定、もしくは登録されない傾向が認められる。

門前町
——一定の自治が認められた異空間

城下町や宿場町より、都市としての長い伝統を誇るのが門前町である。

かつて、奈良は、平城京《へいじょうきょう》として建設されたが、長岡京遷都により、日本の首都としての座を失った。人口の流出により、都市としての存続が危ぶまれた一方、東大寺や興福寺などの寺院の門前町として再生され、奈良町と呼称された。

平安時代以後も、東大寺、興福寺をはじめ、寺院や神社は、人々から信仰の対象として尊崇を集めた。また、広大な荘園を経済的基盤として支配することを許され、現実の社会において

門前町―坂本　滋賀県大津市

町並み情報
江戸時代初期に再建された滋賀院門跡（もんぜき）をはじめ、延暦寺の里坊が軒を連ね、独特な景観が今日に伝えられる。

お役立ちサイト
比叡山坂本サンポは、「里坊のある門前町」「穴太衆積みのまち」など、区分されたテーマごとに多彩な情報を掲載。

関連施設
大津市歴史博物館

門前町坂本の点景。延暦寺や園城寺の門前町として繁栄しながらも、信長の焼き討ちを受けて壊滅した門前町。坂本の一画に位置する穴太（あのう）は、壮大な石垣を積む技術を誇る職人集団「穴太衆」の発祥の地として知られる。そのため、坂本の町には、城と見違えるばかりの堅牢な石垣が随所に残され、壊滅から復興への過程が偲ばれる。

も権益を保持していた。

戦国時代になると、寺院や神社は、戦国大名によって領地を奪われながらも、朝廷や戦国大名から自治権を認められ、周辺の領域を支配していた。

だが、織田信長は、戦国大名としての権限を強化するため、寺院や神社の自治権を認めず、自身に逆らった比叡山延暦寺《ひえいざんえんりゃくじ》を焼き討ちにした。

比叡山では、数多くの僧侶が日々の修行に励んでいたのだが、時代が経過するに従い、山上の根本中堂《こんぽんちゅうどう》を離れ、山麓の坂本で生活する僧侶が増加した。また、延暦寺には、僧兵と称される武装兵を自衛及び権益を誇示するための戦力として保持していた。坂本には僧兵集団が存在したため、その需要に応えるため、商人や職人が集まり、門前町が形成された。

くわえて、山麓の園城寺《おんじょうじ》や日吉大社《ひえたいしゃ》には、京都からの参詣者も多く、焼き討ちを受けるまで、坂本の門前町は、物見遊山《ものみゆさん》のための観光地としても繁栄していた。

門前町というと、参詣客のための旅籠や土産物屋を中心に発展したというイメージが強い。だが、延暦寺に限らず、大規模な寺院や神社の境内には、僧侶や神主の住居が設定され、その周辺には彼らに奉仕する人々の居住区が拡大することにより、門前町の中核部分が形成された。寺院の僧侶や、神社の神官には、俗人である家来《けらい》、もしくは家人《けにん》と称される集団が奉仕していた。彼らは、商人や職人を呼び寄せ、門前町の育成のために尽力するとともに、住民たちを支配下に従えていた。

戦国時代後期まで、寺院や神社による一定の自治権は守られていた。だが、信長や豊臣秀吉による天下統一が進行する過程のなかで、自治権が行使される範囲は大幅に縮小された。寺院や神社は、比叡山延暦寺のように焼き討ちされることを恐れ、現世における支配者に従うことにより、存続する道を選んだのだ。

なお、比叡山の門前町だった坂本は、焼き討ちに参戦した明智光秀によって復興され、現在、伝建として指定される町並みの原型が形成された。

江戸の町では、寺院や神社の境内が町奉行所の管轄にはならず、寺社奉行の支配下に置かれ、賭博や売春行為への規制が厳格に執行されない傾向も強かった。そのため、一定の自治権が認められ、歓楽街として発展する傾向もあった。また、江戸以外の門前町も同じような傾向が認められることから、城下町や宿場町とは違う発展への経路をたどった。江戸時代の門前町のイメージは、現代の歓楽的要素の強い温泉街に近いのかもしれない。

長野
——善光寺とともに苦楽を共にした門前町

長野市は、善光寺の門前町が母体となって発展した。明治維新以後、都市の名称としての長野は定着したが、江戸時代には、門前町のエリアは善光寺町と通称されていた。

室町時代の善光寺町には、僧侶をはじめ、寺院の支配下に置かれた仏師《ぶっし》（仏像や仏具を製作する職人）や刀鍛冶などの職人、商人たちが居住していた。また、旅籠《はたご》や遊女屋も存在し、歓楽街としての役割も果たしていた。

善光寺においては、門前町や寺領を支配する役職として別当《べっとう》が設置され、栗田氏が別当に任じられた。善光寺には、本尊の阿弥陀如来《あみだにょらい》の御利益《ごりやく》を願って多くの参詣客が集ったことから、栗田氏は、参詣客が門前町に落とす利益を善光寺に上納しながら、戦国大名にも匹敵する経済力を誇った。

戦国時代になると、善光寺周辺では、越後の上杉謙信と甲斐の武田信玄が激しい攻防戦を繰り広げた。栗田氏は、はじめ上杉方に属したものの、武田方が優勢になると、信玄に服属を誓った。

信玄は、謙信と川中島で死闘を繰り広げ、善光寺周辺を勢力圏に組み込むと、弘治《こうじ》3年（1557）、本国甲斐に創建した善光寺へ本尊の阿弥陀仏を持ち去った。本尊は、武田氏が滅亡したのち、織田信長や豊臣秀吉の管理下に置かれた。慶長3年（1598）、秀吉は自身の体調が思わしくないのは善光寺の本尊の祟りと信じ、ようやく善光寺へ返還した。

約40年もの間、本尊を失った善光寺の門前町は、参詣客が皆無に等しくなったため、衰退の一途をたどった。だが、本尊が帰還するとともに、2年後には関ヶ原合戦の決着がつき、平和な時代が訪れると、善光寺の門前町は復興への道を歩んだ。

●農村からの人口流入によって拡張された都市基盤

江戸幕府が全国の街道網の拡充を推進する過程において、中山道の追分《おいわけ》（長野県軽井沢町）から北陸道の直江津《なおえつ》（新潟県上越市）までの北国《ほっこく》街道が整備されると、善光寺町は、北国街道の宿場町としての役割も果たした。北国街道は善光寺街道とも通称され、街道網の拡充は、参詣客数が上昇する絶好の機会となっている。

一つの町が生まれる、または生まれ変わろうとするとき、周辺の農村から人が流入することが多い。善光寺町では、貞享《じょうきょう》4年（1687）作成の人口統計が残される。そのデータを分析すると、半径12キロ以内の農村からの流入者が72パーセントを占めた。そのなかには、かつて善光寺町に住んでいながら、衰退とともに周辺の農村に移住して帰還した住民も含まれると推定できる。

約1100名の人口のうち、旧来の町民は7パーセントに過ぎず、本尊が存在しなかった時代の善光寺町が衰退していた様子を知ることができる。他国出身者は10パーセントほどで、残りは信濃国内からの移住者だった。つまり、長野に限ることなく、一つの都市が誕生する、もしくは規模が拡大されるときには、周辺の農村から人口が流入したことが読み解ける。

●善光寺地震―御開帳さなかの悲劇

弘化4年（1847）3月24日、善光寺地震が発生したとき、善光寺では6年に一度の御開《ごかい》帳《ちょう》のさなかであり、地震が発生したのが夜中であるにもかかわらず、多くの参詣客でにぎわっていた。4日前あたりから、本震の予兆である揺れがあっても、善光寺詣での熱は冷めることはなかった。

善光寺の門前町では、地震によって多くの建物が崩壊するとともに、火災が発生。崩壊した建物に取り残された人を助けようとしても、火災の拡大によって逃げざるをえないという悲劇が繰り返された。この地震と火事により、善光寺町の95パーセントが失われ、約1400の町人と寺院関係者が死亡し、旅人の死者も1000人以上に及んだ。

本堂では、数百人が夜通しで参詣していたのだが、一人の死者も出さずにすんだ。これは、町からの火の手が本堂に延焼しないよう、参詣客が屋根に登って火の粉を振り払ったことによる。また、御本尊の阿弥陀如来の御加護《ごかご》と信じられ、善光寺への信仰心を高める要素ともなった。

●地図から読み解く門前町の姿

現在の長野市は、県庁所在地として地域の中核を担うとともに、善光寺の門前町という観光都市としての要素も兼ね備えている。とくに、善光寺の御開帳の年には多くの参詣客でにぎわう。

明治39年(1906)作成の「最新詳密　長野市地図」の地点Eには「縣廳(県庁)」と記される。現在の地図と比較すると、長野県庁は、同一地点に位置するものの、周辺に記された

門前町―長野　長野県長野市

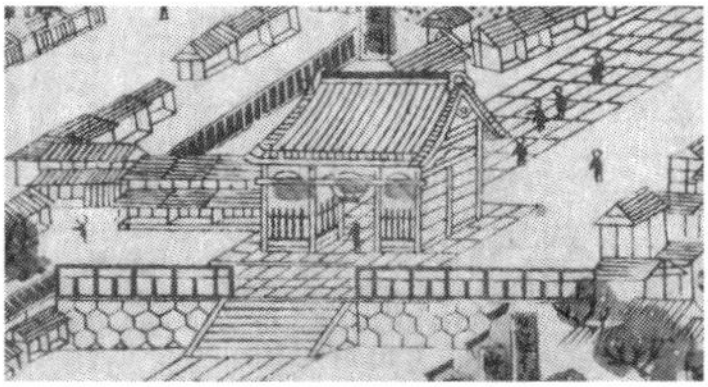
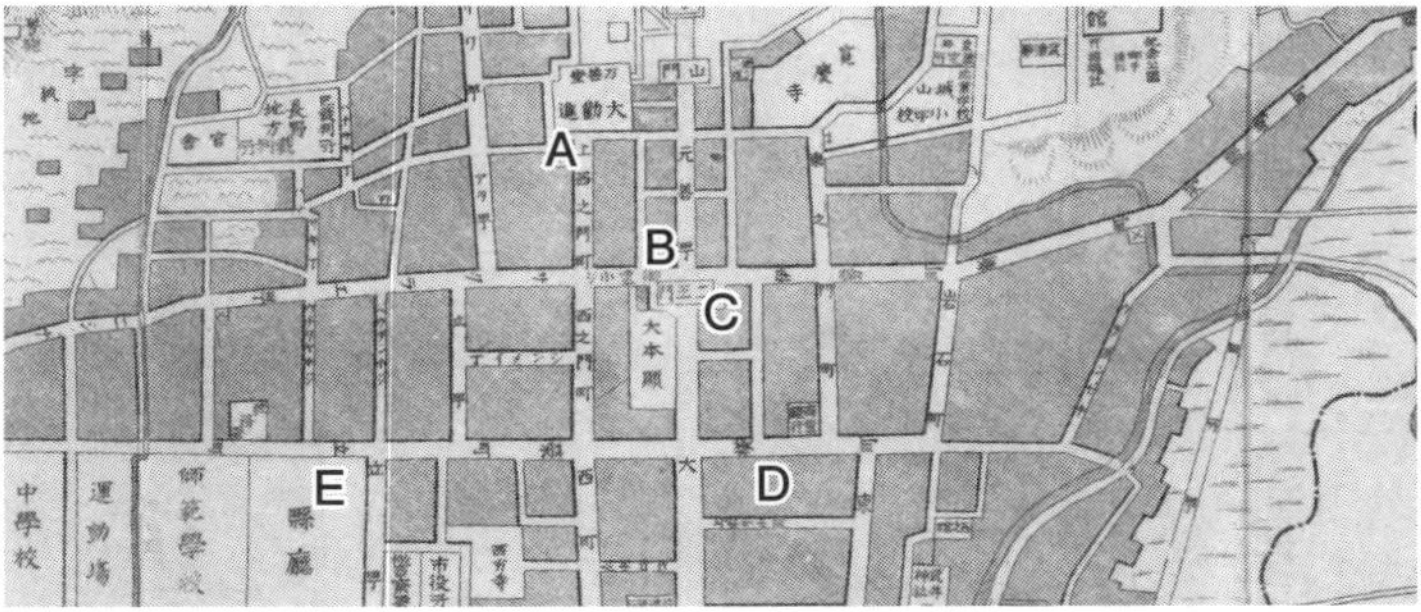

「信濃国善光寺略絵図」（左上）「信濃国善光寺境内略絵図」（右上）「最新詳密　長野市地図」（下。3点とも信州デジ蔵蔵）A＝常徳院　B＝仁王門　C＝藤屋　D＝三河屋　E＝長野県庁
善光寺地震では、画面中央の仁王門も被害を受け、再建された。上図左は再建前、右の図は再建後の姿を描く。

門前町長野の点景。町並みの風景に溶け込むように昔ながらの銭湯が存続。詳細は**長野県公衆浴場組合のホームページ**を参照。

町並み情報
門前町では、酒屋、家具屋、写真店などの老舗が「まちかどミニ博物館」と称し、調度品、骨董品、調度品などを店内に展示して無料公開。

お役立ちサイト
長野市文化財データベース。信州善光寺公式ホームページ。ながの観光net

関連施設
善光寺史料館・門前商家 ちょっ蔵おいらい館

「師範学校」「中学校」は移転し、県庁の敷地が拡大したことが読み解ける。

門前町に限らず、江戸時代における歴史的町並みの姿を知るには、古地図や絵図が役に立つ。また、「最新詳密　長野市地図」のような明治から大正を経て昭和に至るまでの地図を参考にすると、歴史的町並みが移り変わる途中経過も知ることができる。

歴史資料のデジタルアーカイブ化が推進される地域では、江戸時代から明治までの地図が公開され、閲覧することができる。そうでない地域の場合は、そのエリアの図書館で閲覧してコピーという流れとなる。

国土地理院では、明治中期以来の「旧版地図」をデジタル化しているが、ネットでは公開されず、謄本または抄本が所定の手続きで入手できる（詳細は国土地理院のホームページを参照）。

●門前町に残された明治・大正・昭和の面影

江戸時代中期に建立された善光寺の本堂は国宝に指定されるほか、山門や経蔵《きょうぞう》が重要文化財に指定される。江戸時代の善光寺の姿は、「信濃国善光寺略絵図」（223ページ）で知ることができる。本堂、山門、経蔵の配置は、境内の案内図と比較すると、変化がないことを理解できる。

「最新詳密　長野市地図」の地点Dには、善光寺地震後に再建された旧三河屋商店の建物が今日に伝えられる。明治24年の大火では、善光寺地震後に再建された建物の多くが失われたため、門前町の情景がしのばれる貴重な歴史遺産として国の登録有形文化財に登録される。なお、「長野市文化財データベース」は、旧三河屋商店をはじめ、門前町長野や城下町松代に伝えられた建築物が紹介され、自治体指定の文化財関連のサイトとしては全国屈指の充実度を誇る。

江戸時代後期に作成された「信濃国善光寺略絵図」（223ページ左上）や、明治初期に作成された「信濃国善光寺境内略絵図」（223ページ右上）には、院防と称される小規模な寺院が描かれる。地点Aの常徳院は、明治24年の大火により、多くの院防が壊滅的被害を受けたなか、被害を免れ、江戸時代から明治前期の姿を今日に伝えている。

善光寺地震では、地点Bの仁王門も被害を受け、元治元年（１８６４）に再建された。左の図は再建前、右の図は再建後の姿を描く。なお、仁王門は、明治の大火によって失われ、大正期に再建され、今日に至る。

地点Cの藤屋は、江戸時代には善光寺宿の本陣だった老舗《しにせ》であり、大正年間に建設された建物が今日に伝えられ、現在はレストランと結婚式場として営業を継続する。建物は、外装は鉄筋コンクリートでありながら、内装は木造調のデザインが採用され、大正期特有の様式美が演出される。長野市内では初の国登録有形文化財に登録され、近代における門前町長野の景観を思い起こさせる建物として高く評価される。そのほかにも、門前町には、明治末期に建設された煉瓦造りの運送会社の社屋、大正年間に建設された時計店などが点在する。

善光寺の大門へと続く仲見世通りには、土産物屋、飲食店、旅館が軒を連ね、門前町特有の景観が演出される。江戸時代の仲見世エリアは、見せ物小屋や仮設の露天が中心だったが、明治維新以後、常設の店舗が建設されるようになった。そして、明治21年には長野駅が開業するとともに、駅と善光寺とを結ぶ参詣路ともなったため、商店街として発展した。

明治以後に発展した商店街まで、歴史的町並みの範囲に組み込むかは、賛否が分かれるかもしれない。ただし、日本の風土に根ざした町並みであることには違いない。また、仲見世には、文化財としては登録されていない昭和初期以前の建物も混在しており、門前町特有の景観が現代的なアレンジが加えられながらも、維持されることが望まれる。

琴平
——金毘羅詣で賑わった門前町

琴平《ことひら》の町は、多くの人々から尊崇を集める金比羅宮《こんぴらぐう》の門前町として繁栄した。琴平と金比羅の言葉の相違は諸説分かれるが、本書では、門前町の名称を琴平、神社の名称を金比羅宮と統一して表記する。

金比羅宮への参詣は、室町時代から行われていたが、江戸時代を迎え、戦乱の時代が終焉を迎えると、大坂や京都を中心にして、日本各地から多くの参詣者を集めた。

「金毘羅船々《ふねふね》」の民謡で知られるように、金比羅宮は、海難の守護神として船乗りや漁師だけでなく、開運の神として庶民に親しまれた。そして、大坂から海路で4泊して丸亀から琴平へというコースは定番化された。

また、琴平では旅籠が中心になって「講」という全国的な組織が作られ、金比羅宮への参詣客の増加と確保を計った。講では、会員が毎年一定額を積み立てることにより、代表者が金比羅宮へ参詣できるシステムになっていた。

日本各地から琴平の門前町に到着した参詣者は、講ごとに定められた旅籠に宿泊。旅籠では、一般客では入れない金比羅宮の内陣と称される聖域へと導き、特別な祈祷が行われるように手配した。

これらの旅籠では、金比羅宮から下賜された「金看板」を軒下に掲げることにより、その御《ご》用達《ようたし》であることを誇示した。この金看板は、琴平の門前町と金比羅宮が共存共栄の関係にあることを象徴している。

●大名並の権威を誇った門前町の統治者

金比羅宮は、神社でありながら、金光院《こんこういん》という寺院の管轄下にあった。明治元年（1868）、神仏分離令が布告されるまで、日本古来の宗教である神道と、インドから中国を経由して渡来した仏教が渾然一体となり、信仰されていた。金比羅宮は、その典型であり、仏像と御神体が共にまつられていた。

金光院住職の宥盛《ゆうせい》は、江戸時代の初期において、金比羅宮が人々の尊崇の対象となるように努力するとともに、高松城主の生駒家や松平家との提携強化や、門前町の育成に尽力。金比羅宮が繁栄する基礎を築いた。以後、金光院の歴代住職は、僧侶として畏敬されただけではなく、大名に匹敵する権勢を誇った。

慶安元年（1648）、高松藩主の松平頼重《よりしげ》（徳川光圀《みつくに》の兄）の協力を得て、三代将軍の徳川家光から、330石の寺領の保有を承認する朱印状《しゅいんじょう》を下賜された。将軍から朱印状を下賜されることは最上の栄誉であるとともに、寺領や門前町において一定の自治権が認められたことを意味していた。

享保6年（1721）の人口調査では、琴平の門前町、金光院の境内、寺領の農村に住む人口は、2465名に達した。2000人台の人口は、3万石前後の大名の城下町に匹敵する。

門前町―琴平1　香川県仲多度郡琴平町

「日本名勝旧蹟産業写真集．中国・四国・九州地方之部」（国立国会図書館蔵）大正年間に発刊された写真集に掲載された琴平の門前町の古写真。写真中央の大門のまさに門前に門前町が形成された様子が読み解ける。写真解説には、「参詣客の多さは、伊勢神宮に次ぐという」と、繁栄の様子が記される。

そのうち、僧侶が29名であるのに対し、375人の「家来《けらい》」と称される僧侶ではない人々が住職に奉仕していた。家来のうち、男性は195人と記録されるが、この数字は老人や子供も含まれるため、住職は、少なく見積もっても100人近くの家来を従えており、その権勢は大名に匹敵したといえよう。また、金光院の境内の一画において、家来たちの住居が軒を連ねる姿は、城下町の武家屋敷を思わせる。

家来は、上輩《じょうはい》・中通《ちゅうどおり》・下分《げぶん》の三階層に区分され、上輩のなかから、家格や能力により、用人、側用人、代官、町奉行、山奉行、勘定奉行などに選任され、金比羅宮の維持管理や経営にあたるとともに、門前町や寺領を統治した。

琴平の門前町に住む町人にとり、正月をはじめ、行事において金光院の住職に挨拶することは、最上の栄誉とされ、挨拶における席次は、門前町での序列を示した。門前町での総責任者は、町年寄と称され、町年寄がそれぞれの町の代表である組頭を支配する組織が形作られた。

江戸時代初期、金光院住職の宥眼《ゆうげん》は、才覚が見込まれる農民を商人としてスカウトし、琴平の門前町の育成に従事させた。琴平の門前町では、金光院と関係の深い商人が町年寄として君臨するとともに、実力によって成長した商人も、献金によって家格が上昇するシステムになっていた。

江戸時代の琴平の門前町は、一定の自治権を認められながらも、高松藩松平家の支配下にあった。松平家にとり、琴平の門前町は貴重な税源だったことから、家臣のなかでも辣腕の重役が統括する役に任じられた。金光院の歴代の住職は、家来や町人の代表者たちとともに、高松藩との折衝を通じ、門前町が繁栄への道筋をたどるように努力したと評価できる。

●芝居興行と富籤を客寄せに活用した門前町の経営形態

旧金毘羅大芝居「金丸座」の建物は、琴平の門前町が芝居をはじめ、さまざまな娯楽を参詣客に提供することにより繁栄したことを象徴し、国の重要文化財に指定される。

江戸時代初期、琴平の門前町では、相撲の興行が参詣客増加の手段として利用されていた。

だが、取組の因縁を巡る殺人事件を契機にして相撲人気は低下し、芝居興行が金比羅参詣の名物となった。

江戸時代前期までは、西日本で芝居の興行が盛んな都市は大坂と京都に限られていたため、琴平の門前町での芝居の興業は、有名な役者たちにとっても、飛躍への「晴れ舞台」とみなされていた。

だが、江戸時代中期になり、西日本各地でも芝居興行がさかんになると、相対的に琴平での興行の価値は低下し、有名な役者を招聘するには、高額な祝儀の提供を余儀なくされた。ただし、興行自体が赤字になっても、参詣客の増加により、旅籠、飲食店、土産物屋、そして「富籤」の利益が期待され、大坂や京都から有名な役者を呼び寄せていた。

芝居では、有力町人が興行主となりながらも、金光院からの融資により、大坂や京都の芝居小屋との契約金を支払うことができ、芝居興行についても、金光院が果たした役割の大きさを読み解くことができる。

有名な役者を呼び寄せ、定番の演台を興行しても、まったく客が集まらないこともあれば、その反対もあるという悲喜こもごもは、古今東西共通しており、琴平の門前町でも一喜一憂を続けた。

天保6年（1835）、大坂道頓堀の芝居小屋をモデルにした「金毘羅大芝居」が完成した。

それまで、琴平の門前町には、仮設の小屋しかなかったのだが、高松藩の重役と金光院が折衝を続けた結果、瓦葺きの常設の芝居小屋の建設が計画され、落成の日を迎えたのだ。

以後、金毘羅大芝居は、琴平の門前町の繁栄に貢献しながらも、第二次世界大戦後には、老朽化によって閉館となり、取り壊しの危機に直面した時期もあったという。

昭和45年（1970）、国重要文化財に指定され、移転とともに解体復元作業が開始され、6年後に完成。昭和60年には、「四国こんぴら大歌舞伎」が毎春興行されるようになり、今日に至る。

金毘羅大芝居の建物は、富籤という江戸時代の宝くじの興行を行う舞台としての役割も兼ねていた。富籤は、興行元が確実に利益を得られるギャンブルともいえ、幕府や藩の許可を得て開催された。

琴平の宿場町の富籤は、金光院と関係の深い公家の九条家が興行に参加したことから、九条富とも称され、参詣客の増加に寄与した。富籤と芝居は、セットになって開催されることが多く、富籤は芝居が赤字になっても損失を補塡する役割も果たしていたのだ。

宮島は、琴平と同じように厳島神社の門前町として繁栄し、富籤の興行が集客の一翼を担っていた。だが、富籤はギャンブルの一種ともいえることから、社会の健全な発展に悪影響を与え、住民の気風の悪さが社会問題化した。

●結果的には公認された門前町の遊女

江戸時代前期の琴平の門前町では、酌取女《しゃくとりおんな》、飯盛女《めしもりおんな》とも称された遊女を旅籠で雇用することが禁止された。門前町を支配する金光院の住職は、仏に仕える身である以上は、遊女の存在を公認することができなかった。ただし、門前町の繁栄を考えれば、厳しく取り締まることもできなかった。

現実的な解決策として、旅籠での遊女の雇用を禁止し、茶屋（遊廓）において遊女を雇用することを許可した。あくまでも、遊女の接客相手は参詣客に限定し、門前町の町人に対しては茶屋の利用は禁じられたが、金光院の家来までが遊女との享楽に興じる風潮もあったらしい。明治33年（1900）、町内に散財していた遊郭は栄町に移転され、昭和33年、売春防止法の施行により、遊郭は廃止された。

●絵図から読み解く江戸時代の門前町の姿

カラーページでも紹介した「象頭山金毘羅大権現全圖《ぞうとうさんこんぴらだいごんげんぜんず》」では、明治時代前期の金比羅宮と門前町琴平の様子が俯瞰的に描かれる。

地点Dの建物は、本殿ではなく、「本社」と記されることから、神仏分離令以後の時代に描

門前町—琴平２

「象頭山金毘羅大権現全圖」（香川県立図書館蔵）全体はカラーページを参照。A＝高灯籠
B＝本坊・御守所　C＝芝居小屋　D＝本社

高灯籠。灯籠としては、日本一の高さを誇る。創建は幕末。国の重要有形民俗文化財に指定。

町並み情報

旧金毘羅大芝居をはじめ、門前町特有の景観が伝えられる。

お役立ちサイト

琴平町観光協会。こんぴら歌舞伎オフィシャルサイトは、芝居小屋の創建から平成の大改修に至るまで経緯を掲載。

関連施設

海の科学館・琴平町立歴史民俗資料館

かれたことがわかる。地点Bの「本坊」「御守所」と記されたエリアには、金光院の奥書院や表書院が伝えられ、神仏習合の時代の名残が感じられる。地点Cには、「芝居」と記され、旧金毘羅大芝居「金丸座」が描かれるとともに、周囲には門前町の姿が精彩なタッチで表現される。

地点Aには、国の重要有形民俗文化財に指定される高灯籠が描かれる。現在の地図と比較すると、高灯籠よりも画面外の下方にJRの琴平駅が位置する。

「象頭山金毘羅大権現全圖」のほかには、東京都立中央図書館の「江戸東京デジタルミュージアム」に掲載される「東都名所　上野東叡山《とうえいざん》全図」、京都国立博物館の「館収蔵品データベース」に掲載される「賀茂御祖《おや》神社絵図」、島根県立図書館の「島根デジタル百科」に掲載される「出雲大社造営沿革社図」などにより、江戸時代の門前町や神社仏閣の姿を読み解くことができる。江戸時代から昭和初期にかけて製作された絵図面は、現在の観光マップと同じ役割を果たし、ありし日の姿を知るための絵画資料として活用できる。

琴平の門前町では、金比羅宮へと続く参道に位置する坂町周辺に歴史的町並みが伝えられる。明治から昭和初期にかけて建築、または改築された建物が中心であり、かつては歴史的遺産として評価されなかったが、今日では後世へ伝えようとする方向性が示されている。

琴平の門前町もまた、外国人観光客が増加傾向にある。

外国人は日本的情緒を求め、目的地を選定すると想定されるため、その増加に応じて景観が損なわれるというような時代錯誤は、ありえないことだろう。また、かつてはマナーの悪さが指摘された旅行客も、平成26年あたりから改善傾向にある。とはいえ、筆者は外国人観光客の増加を地域経済活性化の核にするようことに対し、違和感を抱いている。

外国人を「おもてなし」するとともに、日本人が門前町などの歴史的景観が残される町並みを訪れ、地域経済の活性化のために尽くすことも大切なことだと思う。

鎌倉——武家の都から門前町への変貌

鎌倉は、源頼朝が本拠として以来、京都を凌ぐほどの武家の都として発展を続けた。足利尊氏が京都で幕府を開いても、鎌倉には東国を統括する鎌倉府が設置され、地方の中核都市としての役割を担った。

鎌倉府のトップである歴代の鎌倉公方は、京都の将軍や、補佐役であるはずの関東管領の上杉氏との対立抗争を繰り返した。そのため、鎌倉は繰り返し戦乱の舞台になった。ついには、

門前町―奈良　奈良県奈良市

町並み情報
東大寺の門前町として発展した「古都」奈良。
元興寺周辺には、往時の面影を残す歴史的町並みが今日に伝えられる。

お役立ちサイト
奈良市観光協会公式ホームページに収録される「ようこそならまちへ」は、門前町奈良の多彩な情報を掲載。

関連施設
奈良町資料館

ＪＲ奈良駅駅舎。同じようなタイプの長野駅の駅舎は、新幹線開業とともに消滅したが、奈良駅は「曳家」によって移動され、観光案内所として再生された。

享徳《きょうとく》３年（１４５４）12月、享徳の乱が勃発すると、鎌倉公方の足利成氏《しげうじ》が下総《しもふさ》に本拠を移し、古河《こが》公方と称されるようになると、鎌倉は東国の政治的中心地としての役割を失った。

明応７年（１４９８）８月25日に発生した明応地震では、遠州灘で発生した津波によって大きな被害を受けた。このとき、大仏殿が失われて以来、鎌倉大仏は露座《ろざ》の状態が続いている。

江戸時代になると、鶴岡八幡宮や鎌倉五山（建長寺・円覚寺・寿福寺・浄智寺・浄妙寺）は、徳川将軍家の保護を受け、戦国時代の荒廃した姿から立ち直ることができた。以後、鎌倉の町は、江戸から二泊三日程度の行程で物見遊山《ものみゆさん》ができる門前町へと変貌を遂げている。

徳川光圀は、鎌倉滞在中の取材を元にし、貞《じょう》享《きょう》２年（１６８５）「新編鎌倉志」という地誌を刊行。同書は、多くの文献資料を利用しながら、鶴岡八幡宮をはじめ、名所旧跡の歴史と現状を記すとともに、デフォルメされた鳥瞰図も付された。現代のガイドブックの原型ともいえ、その後に刊行された鎌倉案内の種本となっており、光圀は、鎌倉が物見遊山の観光地として繁栄するのに貢献している。

●鎌倉の景観保護のため、立ち上がった文士たち

鎌倉という都市では、若宮大路周辺には商人や職人が居住したのに対し、執権の北条氏をはじめ、有力御家人たちは、平地と丘の境にあたる高台や谷間に居住した。また、鎌倉五山の筆頭である建長寺が北条氏の鎌倉での本拠に隣接して建立されたように、寺院も高台や谷間に建設された。東京では、庶民の生活空間を下町、上流階級の居住空間を山手と通称する。鎌倉においても、若宮大路周辺が下町、高台や谷が山手と地区を二分することができる。

関東管領の上杉氏は、戦国時代になると、「山内《やまのうち》」上杉氏と「扇ヶ谷《おうぎがやつ》」上杉氏に分派したが、ともに鎌倉において本拠とした地名に由来する。山内と扇ヶ谷は、幕府の有力者の居住地の山手らしい地名といえる。

現在でも、山手地区は高級住宅地の色彩が強く、政官界、経済界、文化人などの住居や別荘として利用されている。古都鎌倉の歴史的環境は、三方を山に囲まれているという自然によっ

て成立しているため、高級住宅地としての立地条件と適合しているともいえよう。

昭和30年代以後の高度経済成長期を迎えると、鎌倉にも開発の荒波が押し寄せ、鶴丘八幡宮の裏手にあたる御谷《おやつ》地区の住宅地としての開発が決定。市民による反対運動が繰り広げられた結果、行政が業者から開発予定地を買い取ることにより、歴史的景観は守られている。

この運動には、鎌倉在住の川端康成、大仏《おさらぎ》次郎らの文士たちも参加。知名人の参加は、「御谷騒動」とも称された景観保護活動が日本全国に知られる上で大きな役割を果たした。また、御谷騒動は、古都保存法（243ページ）が制定される契機となっている。

古都保存法により、歴史的環境を演出する自然は保護される流れにはなった。だが、古都保存法によって指定されたエリア外での開発は、21世紀になっても進行している。

●鎌倉の世界遺産登録を阻む障害とは？

古都鎌倉は、京都、奈良とともに、国内観光の目的地として不動の地位を占める。

近年、小町通りは、飲食店や土産物店が軒を連ね、活気にあふれる。飲食店は、新陳代謝が激しい傾向にあることもプラスの材料となり、小町通りはリピート率が高く、鎌倉観光を支える機軸となっている。

また、若宮大路周辺は、建物の高さが15メートル以内に規制され、古都としての景観の維持が計られている。日本の建物は平屋や二階が圧倒的多数を占める。そのため、建物の高さ規制は、高層建築による圧迫感を排除し、歴史的町並みらしさを演出するための重要なファクターとなっている。

同じ古都の奈良や京都の建築物が世界遺産へ登録されているにもかかわらず、なぜ、鎌倉は登録が認められないのか。鎌倉市は、いったん登録申請を取り下げた上で、次の3点の目標を掲げ、世界遺産指定に向けての努力を続けている。

1 埋蔵文化財の調査、研究など歴史的遺産を守る。

2 歴史的風土特別保存地区をはじめとした鎌倉の貴重な緑・景観を守る。

3 渋滞対策など、市民の暮らしを守る。

鎌倉には、鎌倉時代からの古い建築物がなく、現在、残されている建物は、重要でないと判断されたことが登録への障害となっている。「埋蔵文化財の調査、研究など歴史的遺産を守る」という目標では、築造年代の古い建築物が少なくても、考古学調査で存在したことを証明することにより、登録への障害を除去しようとしている。

鎌倉は、三方を山に囲まれているため、火災が発生すると類焼が避けられず、大きな被害を受けた。しかも関東大震災では、多くの建物が被害を受けて再建された。西洋文明中心の視点では、震災後に復興された築百年程度の木造建築には価値がなく、指定の基準に満たないという判断を下されたと想定される。
鎌倉市民だけでなく、日本人全体が自然環境や歴史的景観を後世に伝えることを理想として掲げながら、さまざまな現実的問題と対処するべきなのだと思う。

廃仏毀釈によって危機を迎えた門前町

明治維新が達成された直後の日本では、廃仏棄釈《はいぶつきしゃく》という仏教排斥運動が繰り広げられた。仏像や寺院建築は、信仰の対象であるとともに、貴重な文化財であるのだが、廃仏棄釈を絶対的正義とみなした人々により、廃仏毀釈が進行した地域では、仏像や寺院建築が破壊された。なお、廃仏毀釈という仏教排斥運動は、それまで寺院とは上下関係にあった門前町が自立への方向性を進む第一歩となった一面も指摘できる。

明治4年（1871）、政府は、廃仏毀釈という破壊行動への反省から、近畿地方を中心に文化財の実態調査に着手する。明治30年には「古社寺保存法」が制定され、神社や仏閣については法令により、保存する方向性が定められた。

門前町—伊勢　三重県伊勢市

町並み情報

かつては遊郭として繁栄した古町区域には、往時の面影を残した老舗旅館の建物が伝えられるなど、門前町（鳥居前町）の各所には歴史的町並みが伝えられる。

お役立ちサイト

ええじゃないか伊勢の旅。伊勢神宮の公式サイト

関連施設

伊勢古市参宮街道資料館・伊勢河崎商人館

伊勢神宮宇治橋。江戸の庶民は、伊勢詣でを一生に一度の楽しみにした。伊勢の御師（おんし）は、江戸をはじめ、日本全国にネットワークを築き、伊勢講を組織。庶民でも伊勢詣でができるような積立金制度を作ることにより、多くの顧客を獲得した。伊勢市立伊勢古市参宮街道資料館には、御師をはじめ、伊勢詣で関連の資料が展示される。

大正8年（1919）、「史蹟名勝天然紀念物保存法」が制定され、寺院、神社、城郭はじめ、歴史的価値の高い建築物は、保護の対象となった。

また、法律の整備とともに、文化財を保護しようという機運が高まり、道府県別の調査が実行された。その成果については、昭和初期に編纂された『史蹟名勝天然紀念物調査報告』により、知ることができる。

昭和初期の段階では、保存が定められた建造物は、神社、仏閣、城に限定され、門前町や城下町の町並みを全体として保存しようという発想は、皆無に等しかった。

●門前町は歴史的町並みとして保存されないのか？

昭和25年（1950）、「文化財保護法」が制定された。同法では、寺院や神社の建造物をはじめ、美術品、史跡などが行政の責任によって保存されることが定められた。だが、門前町や城下町のような歴史的町並みを全体として保存しようとする規定は存在しなかった。

門前町や城下町などの歴史的町並みを保存するための法律としては、昭和41年制定の「古都保存法」があげられる。同法では、歴史的風土地区が定められ、エリア内では景観を守るための規制や、古建築で生活する住民への保証が規定された。ただし、その名の通り、京都市、鎌倉市、奈良市、大津市など、かつて都が存在した都市の特定の地域に限定され、ほかの地方の歴史的町並みには適用されなかった。

重要伝統的建造物群保存地区（伝達）が規定されて、ようやく歴史的町並みをエリアとして保護する方向性が法律によって定められたのだ。

門前町のなかでは、延暦寺の門前町として発展した坂本をはじめ、上加茂神社の上賀茂、清水寺の産寧坂《さんねいざか》、愛宕神社の嵯峨鳥居本が伝建に指定された。その一方では、成田、長野、琴平をはじめ、日光東照宮の日光、浅草寺《せんそうじ》の浅草、久遠寺《くおんじ》の身延、諏訪大社の諏訪、伊勢神宮の山田（現在の伊勢市）、金剛峰寺《こんごうぶじ》の高野山《こうやさん》、出雲大社の出雲、厳島《いつくしま》神社の宮島、宇佐八幡宮の宇佐、太宰府《だざいふ》天満宮の大宰府など、著名な門前町（鳥居前町）であっても、伝建には指定されていない。城下町や宿場町のように多くの古建築が存在せず、門前町では、建物の新築や改築が進行しているため、伝建には指定されにくいと想定される。伝建や「歴史まちづくり法」に指定されて保存への方向性が定められることは大切でありながらも、それぞれの地域の実情に沿い、歴史的景観を維持するとともに、育てることもまた、大切なことだろう。

歴史的町並みにおいて、どのように景観を守りながら後世に伝え、そして観光地として収益を上げるかは、正解のない難問といえる。世界遺産に指定され、一時的に多くの観光客が押し寄せても、問題は解決されない。難問に対し、自分なりの解答を考えることは、旅の方向性を定め、継続することへのバネになるのだと思う。

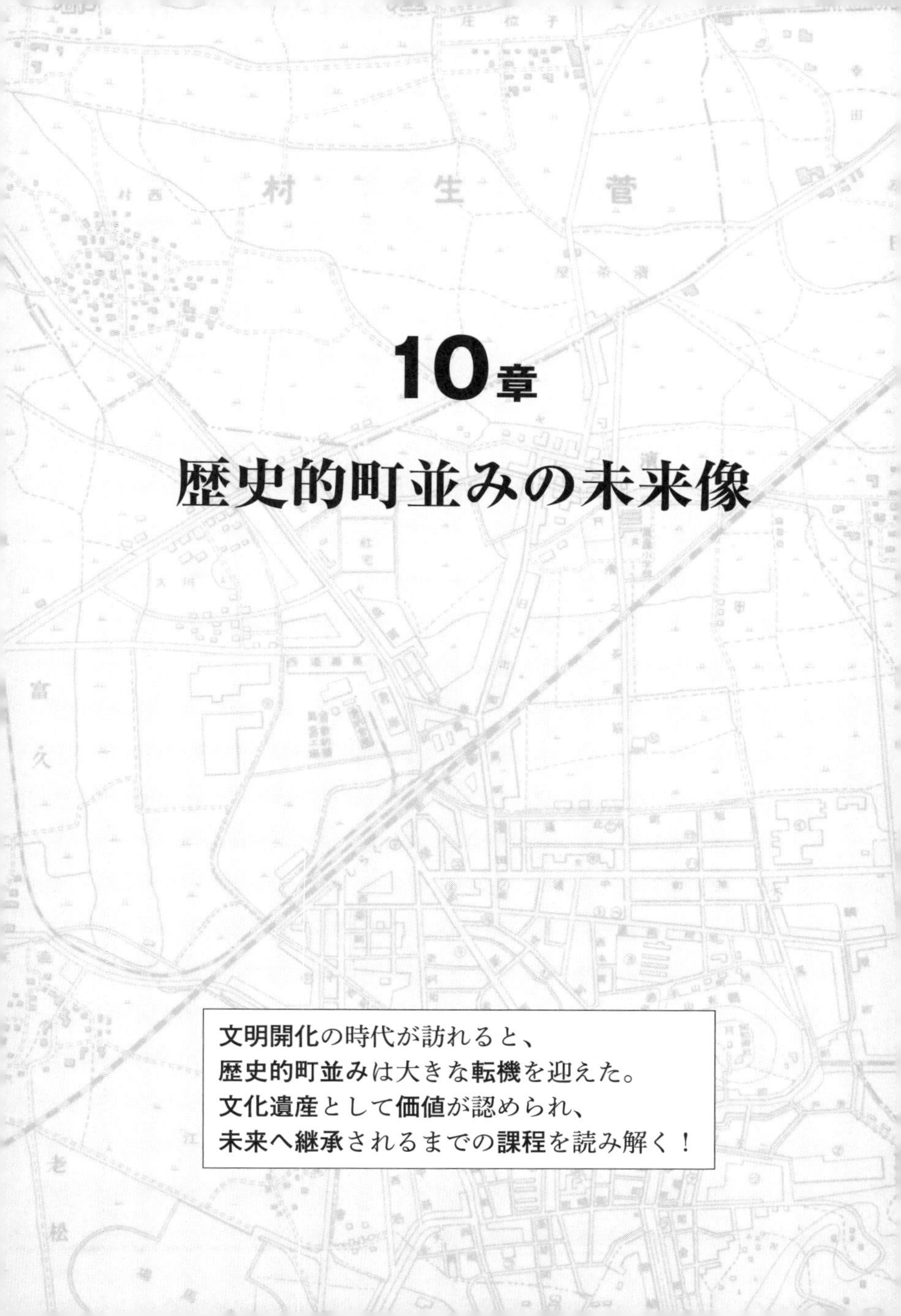

10章

歴史的町並みの未来像

文明開化の時代が訪れると、
歴史的町並みは大きな転機を迎えた。
文化遺産として価値が認められ、
未来へ継承されるまでの課程を読み解く！

日本と西洋の都市の相違とは？

幕府が黒船の威力に屈し、開国を決断するとともに、西洋文明が日本へ流入した。そして、明治維新が達成され、新政府が文明開化路線や富国強兵路線を強力に推進したことは、日本の都市の構造にも大きな影響を与えている。

日本の古代の都市は、中国の長安《ちょうあん》をモデルとした。だが、京都が長安のような長方形の都市にならなかったように、日本の都市は、諸外国の都市構造の影響を受けることなく、独特の発展への軌跡を描き続けた。開国とともに、開港地として指定された長崎・横浜・箱館（函館）・新潟の外国人居留地では、西洋建築が造営されるとともに、西洋式のコンセプトを基盤とする都市構造が日本にも導入された。

ざっくりと表現すると、西洋と日本における都市構造のコンセプトの相違は、市民の影響力の有無に起因する。西洋の都市では、統治者（為政者、権力者、リーダー）だけではなく、市民（住民）もまた、都市計画に参加して理想の都市創成のために尽くす傾向が強かった。日本においても、京都や堺などの町衆による自治が例外としてあげられる。だが、江戸時代におい

港町―函館　北海道函館市

町並み情報
港町特有の歴史的町並みが今日に伝えられる。

お役立ちサイト
函館市公式観光情報サイトはこぶらに収録される「街あるき」のコーナーは「函館古地図マップで明治の町並みを巡る」など、多彩な情報を掲載。

関連施設
市立函館博物館・箱館高田屋嘉兵衛資料館

港町函館の点景。坂道の多い港町函館では、幕末に開港して以来、ハイカラな洋館から、雪国らしい重厚な和洋折衷式まで、多彩な建物が軒を連ねた。写真は、残念ながら営業を停止した銭湯。全体の巨大な屋根と、玄関上の小さな屋根とのバランスが北国らしさを演出。函館市内で営業中の銭湯は**北海道公衆浴場業生活衛生同業組合**のサイトを参照。

て、都市の構造を決定するのは、将軍や大名といった統治者であり、市民の参画は皆無に等しい状態だった。

明治4年（1871）から6年にかけ、大久保利通や伊藤博文をはじめ、明治政府の首脳は欧米各地を巡り、市民参加によって形成された都市の実態を視察。大久保や伊藤らは、市民の参画というソフト面は導入することはなく、都市の先進的な機能というハード面に限定し、欧米を規範とする都市への改造を目指した。

維新の志士たちは、明治政府の実権を掌握し、「元勲《げんくん》」と称されると、地元の発展に寄与し、自分たちの生まれ育った城下町を文明開化の時代にふさわしいハイカラな町へと進化させた。

だが、長州藩出身の伊藤博文や山県有朋《やまがたありとも》らは、ともに総理大臣にまで出世しながら、故郷である萩の城下町の発展に尽くすことはなかった。

萩
——発展から取り残された城下町

萩の城下町は、歴史的町並みのなかでも、江戸時代の姿がよく伝わり、観光地としてトップクラスの集客力を誇る。

それでは、なぜ萩では、歴史的町並みが今日に伝えられたのだろうか。その疑問を説き明かすため、誕生から今日に至るまでの歴史を追ってみたい。

広島城主の毛利輝元《てるもと》は、関ヶ原合戦で西軍に属したことから、１２０万石の領地を30万石に削減されるとともに、広島城を接収され、長門か周防《すおう》へ本拠を移すことを徳川家康より命じられた。

関ヶ原合戦後、本拠の移動を命じられた大名は、勝手に選択することができず、希望する場所を３カ所あげて徳川家に提出。徳川家は、その３カ所から本拠とする場所を指定して通達す

城下町―萩　山口県萩市

大正初期に撮影された松下村塾。この古写真を掲載する『史蹟名勝天然紀念物調査報告』は、「史蹟名勝天然紀念物保存法」の成立とともに全国の道府県別に編纂された。
同書は、**国立国会図書館デジタルコレクション**で閲覧可能。編集コンセプトや、情報量には道府県別のばらつきがあるが、歴史や現状が解説され、古写真や地図を掲載。
史蹟名勝天然紀念物として認定され、国史跡に指定される事例ついては、「**国指定文化財等データベース**」に情報が掲載される。

青木周弼邸。近年まで子孫が居住。行政へ移管されるとともに、保存・修復工事後に内部の見学が可能になる。

町並み情報
維新の志士たちの故郷には、城下町の面影を色濃く残す歴史的町並みが今日に伝えられる。

お役立ちサイト
ぶらり萩あるき。**萩データベース**は、「萩まち歩きマップ」など多彩な情報を掲載。**萩市ホームページ**に収録される「文化財」は詳細な情報を掲載。

関連施設
萩博物館・菊屋家住宅

るというシステムだったとされる。

毛利氏は、山口、三田尻《みたじり》（現在の防府市）、萩をあげたところ、徳川家は萩を指定した。山口と三田尻が山陽道に位置するのに対し、萩は日本海沿いの山陰道にあたり、毛利氏にすると、好ましくないロケーションにあった。

のちに長州藩毛利氏は、幕府を倒し、明治維新を実現へと導くのだが、関ヶ原合戦後に領地を削減され、日本海沿岸の萩へ飛ばされたことが倒幕運動の原動力になったともいう。

長州藩の討幕派は、幕府の許可を得ず、文久3年（1863）、萩から山口へと藩庁（藩の政務が執り行われた役所）を移転させた。ほかの地域では、廃藩置県以後、城や城下町が地方行政の中心としての役割を終えるのだが、萩は、明治維新以前の段階で都市としての衰退の危機に直面している。

明治3年には、萩城内の櫓や門から瓦が落ち、雨漏りがひどく、外観も見苦しくなったため、修繕が検討された。

だが、予算不足から、破損した建物は解体する方針が下された。明治7年5月、萩城の天守の解体が決定。大阪の商人が落札し、廃材は建材として再利用された。

長州藩は、明治維新を実現へと導いた勝ち組であり、自分たちの力を誇示するため、天守を残すという選択肢もあったかもしれない。だが、明治政府は、文明開化の時代の到来を強調するため、城を前時代の遺物とみなし、萩城の天守解体によって規範を示した。

伊藤博文と山県有朋は、少年時代を萩の城下で過ごし、松下村塾《しょうかそんじゅく》で机を並べた仲だった。二人は、師の吉田松陰から受けた薫陶を生かし、ともに内閣総理大臣にまで出世した。

二人にとり、萩の城下町には、身分の高い武士たちから差別を受けた青少年時代の苦い思い出が込められていた。二人には、故郷の発展のために寄与しようという意識が低かったこともあり、萩の城下町は、新時代の都市へと再生されることなく、江戸時代の姿がタイムカプセルのように伝えられたともいえる。

明治維新後、人口の流出が続くなか、萩城の水堀では蓮が栽培され、魚が養殖されるなど、城下町では、農林水産業の生産地としての再生が試行された。明治7年、武家屋敷において夏みかんの栽培が開始されると、山口県を代表する名産品として定着する。

第二次世界大戦後の観光ブームの到来により、萩の城下町は、山陰エリアを代表する観光地としての座を確実なものとした。皮肉なことに、明治維新以後、萩は都市としての発展から取り残されたため、昔ながらの城下町の姿が残されたともいえるのだ。

●「まちじゅう博物館」構想への期待

萩では「古地図で歩けるまち」とともに、「萩まちじゅう博物館」というキャッチフレーズが提起され、時代のニーズに適合した観光地への進化が模索されている。そのため、ガードレール、自動販売機、店舗の看板などを落ち着いた配色へ変更するなど、歴史的町並みの景観を演出する努力が継続されている。

萩には、江戸時代に創建された建物が今日に伝えられるとともに、明治から昭和初期までに建設された和洋さまざまな建物が残され、歴史的町並みらしさを演出している。だが、伝建に指定された堀内、平安古《ひあこ》、浜崎、佐々並市《ささなみいち》の地域内の建物は保存される一方、近代建築のなかでも、昭和初期の建物は保存されることなく消滅する傾向が強く、歴史的町並みを維持する上での課題となっている。

私が萩を最初に訪れたのは、昭和57年（1982）3月のことだった。その際に3連泊したユースホステルの現況が気になり、ネットで検索したところ、営業の継続を確認できた。堀内地区の武家屋敷をレンタサイクルで走行中、萩焼の店に立ち寄った。その店は、中堅クラスの武家屋敷の一画に位置し、敷地から判断すると、かつては1000石前後の武士の屋敷だったと思われる。店主のおばあさんの話によると、その家の子孫ではなく、維新後、買い取ったとのことで、建物は改築や増築を重ね、いつの時代の建物かはよくわからないという。江戸時代創建の部分は残されたとしても、大部分は昭和初期の和式建築だったと記憶する。現在では、明治期以降の和式建築は、存在価値を認められつつも、所有者の意思により、取り壊されて新築される傾向が強い。

萩焼の店には、4年後と9年後に再訪した。ガラス戸をガラガラと開けると、「お坊ちゃん、おいでやす」という一言から会話が開始される。20歳を過ぎた私の外観は、けしてお坊ちゃんタイプの外観ではないのだが、18歳で訪れた時のイメージが強く、どうしてもそう呼んでしまうとのことだった。15年ぶりに訪ねた時には閉店したためか、位置がわからなくなり、それから8年後に再訪したとき、近くの同業者から、おばあさんが亡くなって閉店となり、建物は消滅したらしいと聞かされた。

萩の城下町では、「明治日本の産業革命遺産」として萩反射炉、恵美須《えびす》ケ《が》鼻《はな》造船所跡、大板山たたら製鉄遺跡が世界遺産に登録されるとともに、萩城下町、松下村塾も付随して登録された。松下村塾は、人材育成の場であって産業革命遺産ではない。また、萩城下町が成立したのは江戸時代であり、明治日本という分類には適合しない。

行政は、江戸時代の城下町としての世界遺産登録も推進していたが、「明治日本の産業革命遺産」として集団で申請したほうが承認を得やすいと判断したらしい。皮肉な見方をすると、史跡としての根本的な意味合いを無視しても、絶大な集客効果が期待できる世界遺産へ登録されたかったのだろう。世界遺産登録を契機にして、萩の城下町の歴史的意義と後世へ伝えることの必要性が多くの人々に理解されることを期待したい。

●軍都──軍隊と共存する城下町の変化形

城下町は、武士という消費者が存在することにより、経済が循環していた。そのため、明治2年、四民平等の原則が打ち出され、武士という階層が消滅すると、城下町が都市として継続する上で基盤が揺るぎかねなかった。

明治4年の廃藩置県とともに、すべての城は、兵部省《ひょうぶしょう》（のちの陸軍省）の管轄下に置かれた。明治7年の廃城令では、過半数の廃棄が定められた。その一方、軍事上必要と認められた城のなかには、存続が認められ、軍隊の駐屯地として新しい役割を担った。軍隊が駐屯すれば、城下町は新規の消費階層に恵まれ、時代の変化に対応できた。

軍隊の駐屯によって繁栄した都市は「軍都《ぐんと》」と称される。

食糧や生活物資の納入により、流通業は安定した需要が見込まれた。また、将兵を顧客とした飲食業やレクリエーション業などのサービス業も発展した。レクリエーション業のなかでも稼ぎ頭は、行政公認の売春業であり、遊郭《ゆうかく》は軍都の特殊性を示す象徴的な存在だった。

明治4年、兵部省は、日本全国を5つの区域に分け、仙台城、東京城（江戸城）、大阪城、広島城、熊本城に鎮台《ちんだい》を設置し、軍隊を駐屯させた。仙台、大阪、広島、熊本は、城下町から軍都と変貌することにより、時代の流れに対応することができた。

城下町─佐倉　千葉県佐倉市

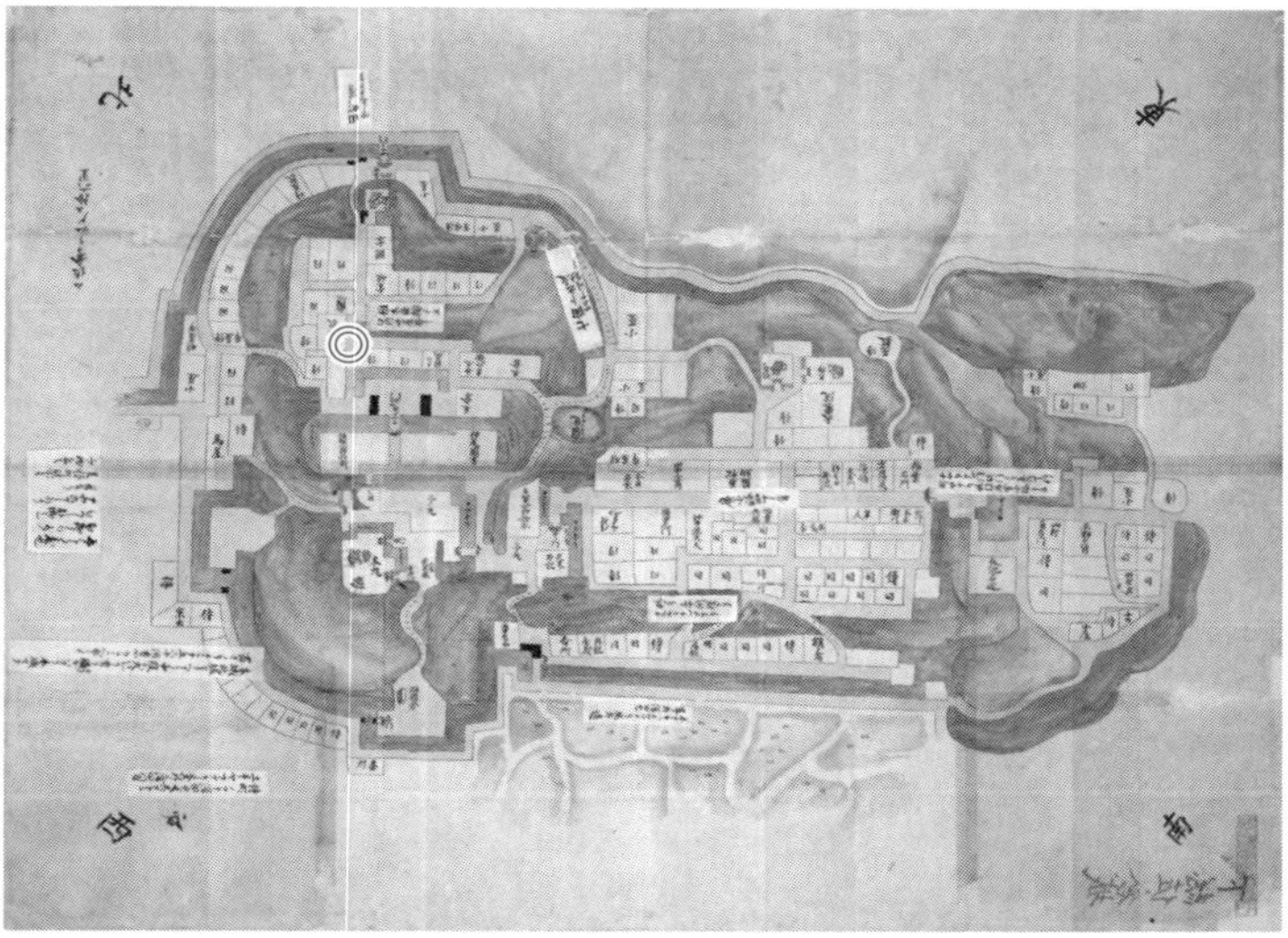

「総州佐倉城図」（国立国会図書館蔵）佐倉城では明治6年（1873）、建物が撤去され、翌年には歩兵第2連隊の駐屯が開始。周囲には、将兵を顧客とする飲食店や生活用品店が建ち並び、「軍都」特有の町並みが形成された。戦後は学校などに利用されたのち、国立歴史民俗博物館が城内の椎木曲輪（◎印の位置）に建設された。

旧但馬家住宅。江戸時代後期創建の屋敷の内部は公開され、往時の生活が偲ばれる。

町並み情報
江戸時代創建の武家屋敷や、往時の面影を残す商家が今日に伝えられる。

お役立ちサイト
千葉県佐倉市公式ウェブサイトに収録される「観光・文化」は、「城下町のなりたち」「佐倉市の文化財」など、多彩な情報を掲載。

関連施設
佐倉順天堂記念館・旧堀田邸

陸軍の兵力が拡大するとともに、駐屯地確保の必要性が生じたことから、日本各地の都市は、軍隊の誘致運動を積極的に展開した。

城下町から軍都へと転換した都市の代表例を列挙する。弘前・秋田・盛岡・仙台・山形・若松・水戸・宇都宮・前橋・高崎・佐倉・甲府・新発田《しばた》・高田・富山・金沢・静岡（駿府）・名古屋・豊橋（吉田）・福知山・大阪・篠山《ささやま》・姫路・鳥取・松江・浜田・岡山・福山・広島・丸亀・徳島・松山・高知・小倉・久留米・大分

昭和20年、敗戦を迎えて軍隊が解体されるまで、軍都は、城下町の変化形として存在した。新発田城は、歩兵連隊が駐屯し、城下町は軍都として発展。敗戦により、軍隊の駐屯地としての役割は中断されたが、昭和37年、自衛隊の駐屯が再開された。現在でも自衛隊の駐屯地として利用される唯一の城であり、本丸には兵員輸送車やジープが配置されている。

城下町の歴史を振り返るとき、軍都と称されていた時代について、触れられることは少ない。だが、城下町が今日に至るまでの経緯を知り、その将来像を考えるときには、城下町の変化形ともいえる軍都についても、その特性について認識する必要があると思う。

●洋式建築の導入と和洋折衷建築の創成

開国によって西洋文明が流入するまで、日本では、四季の気候に呼応した独自の建築文化を

城下町—松本 長野県松本市

町並み情報
中町通りや縄手通りには、白壁と黒なまこの土蔵が立ち並び、過ぎし日を思わせる景観が伝わる。

お役立ちサイト
新まつもと物語では、市民と行政の共同による情報の発信により、通り一遍な観光サイトからの進化が試行される。

関連施設
松本市立博物館・松本市時計博物館

旧開智学校。明治9年（1876）創建。基本的な建築工法は、和式でありながら、西洋建築を思わせる塔が中央に配置され、和風と洋風の入り混じった擬洋風建築の典型例。その現存例としては、旧済生館本館（山形市）・慶応義塾三田演説館（東京都港区）・尾山神社神門（石川県金沢市）・旧開明学校校舎（愛媛県西予市）などがあげられる。

育んできた。だが、西洋式の建築技術が導入されたことは、日本建築史の上で大きな画期となっている。

西洋建築は、開港地として指定された長崎・横浜・箱館（函館）・新潟などの外国人居留地で建設された。開国の段階では煉瓦は国内で生産されておらず、上海《シャンハイ》から輸送する必要があったため、煉瓦建築は少なく、木造建築が多数を占めた。長崎のグラバー邸は、幕末に創建された木造洋館の代表例である。

慶応3年（1867）には、築地《つきじ》ホテル館が築かれるなど、開港地や江戸を中心にして、役所、学校、軍隊の司令部、病院、駅舎、工場などの公共施設を中心に西洋建築は建設された。

明治政府が文明開化路線を推進するととも

に、東京、大阪、京都などの大都市だけではなく、地方にも西洋「風」建築が導入された。開港地の外国人居留地では、上海から建築技師や職人を呼び寄せ、日本人の大工を指導して西洋建築を建設した。また、明治政府は外国人技師を高給で雇い、事業計画、技術指導、施工管理にあたらせた。

このように、西洋建築が正式な形態で導入されるとともに、見よう見まねで日本全国に拡大した西洋風建築は、「擬洋式建築」と称される。地方では、実物を見たことがない大工の棟梁が洋館の描かれた錦絵だけを参考にして、洋館風の建物を建設したこともあった。

●統一感のない雑多な都市景観

明治4年の廃藩置県により、政府は日本全国を統制下に従えた。城下町の中心には、シンボルとして天守をはじめとする建築物が聳え立っていたのだが、城内の一角や堀端に西洋風建築の役所を築くことにより、新時代の到来を視覚的に強調しようとした。

また文明開化の時代が到来するとともに、民間の社屋、店舗、住居にも西洋風建築は徐々に浸透していった。

慶応元年、横須賀製鉄所の建設にともなって、国内でも煉瓦が生産されるようになると、公共施設だけではなく、都市の店舗や工場にも使用されるようになる。

明治24年発生の濃尾地震では、名古屋市街を中心に煉瓦建築の工場や家屋が倒壊した。煉瓦の下敷きになると、木材よりも擦過傷《さっかしょう》がひどく、出血多量で絶命という悲惨な光景が見られた。地震の多発する日本では、煉瓦建築は崩れやすいという欠点があったのだ。

そのため、濃尾地震の被災区域では、崩壊した煉瓦建築を木造で再建する事例が多かった。濃尾地震により、ただ積み上げた程度で施工された煉瓦建築は、地震にもろいという教訓を肌身で知ることができた。また、煉瓦建築は暖房を使用する冬には効果的でも、高温多湿な日本の夏には、木造建築が適応することも特性として認識された。

明治、大正、昭和と時代が経過するに従い、西洋式の技術やデザインを取り入れながらも、日本の風土に適合させた建築文化が育まれた。

昭和初期になると、都市の中心部の役所、学校、店舗、社屋などには洋式または和洋折衷式の工法が使用され、商店街や住宅地では、近代建築と在来工法の和式建築が混在するというパターンが多かった。

このころ、一般の家屋は、多少の進化があっても、基本的には江戸時代と変わらない在来工法で建設されていた。また、車の交通量が多くなかったため、江戸時代の町割りと大きな変化はなかった。

昭和初期の段階では、現代よりも江戸時代の景観や構造に近い都市のほうが多かった。

このころの日本の都市では、さまざまなタイプの建物が軒を連ね、統一感のない雑然とした景観が形成されていた。

●長岡——地上から消滅した城下町

長岡駅の大手口には、明治31年に北越《ほくえつ》鉄道（現在の信越本線）が開通されるまで、この地が長岡城の本丸であったことを示す案内板とモニュメントが設置されている。

江戸時代には城下町の中心だった本丸に駅ができれば、合理的ともいえる。ただし、城下町に住む人々には、城跡を保存しようとする意識があり、長岡城は例外中の例外だった。

三原城も駅と近接しており、新幹線ホームの建設により、残されていた石垣がさらに失われたものの、かろうじて天守台が今日に伝えられている。

江戸時代に存在した城のなかで、長岡城は、その後もっとも徹底的に破壊された城だった。

文明開化の時代において鉄道網が整備される過程で、城下町の住民のなかには、蒸気機関車が火の粉をまき散らし、火事になると思い込み、反対運動を展開した事例もあった。

都市の中心部と駅との距離は、地理的条件や形状にもよる。ただ、1キロから2キロくらい離れ、新開地として駅周辺が発展し、町の中心が二分されながら、時間の経緯とともに融合するのが一つのパターンだった。

城下町―長岡　新潟県長岡市

町並み情報
城下町は、二度の戦災により、多大な被害を受けた。
河井継之助の墓がある栄涼寺の周辺は寺院が密集し、寺町の名残が伝えられる。

お役立ちサイト
ながおか観光NAVI。長岡市ウェブサイトに収録される「観光」「歴史・文化」のページは関連情報を掲載。

関連施設
長岡市郷土史料館・河井継之助記念館

河井継之助邸の現状。河井は、長岡藩の指導者として新政府軍との対決を決意。その結果、長岡の城下町は戦場となり、大きな被害を受けた。河井邸には、遺族が明治期に再建した屋敷が残されていたが、歴史的遺産として扱われずに消滅。河井継之助記念館が跡地に建設されると、ようやく放置されていた邸内の庭石や灯籠が遺構として保存された。

駅が開設される前後の地図と、現在の地図を比較すると、駅が都市の構造に与えた影響を読み解くことができる。

昭和初期の長岡の市街図を見ると、本丸に駅があっても、二の丸や三の丸の堀が部分的に残されていたことがわかる。

昭和20年8月1日深夜から翌日の空襲により、長岡市街が大きな被害を受けると、戦後復興の都市計画では、城下町時代の都市構造にこだわることなく、新しい町が創生された。また、高度経済成長期には、田中角栄の選挙基盤だったこともあり、潤沢な公共事業費が投資された。

皮肉な表現をすると、長岡は、城下町という都市としての古い形態を完全に捨て去り、現代的な都市へと再生されたとも評価できる。

倉敷
——都市として自然発生した「蔵の町」

現在の倉敷は、歴史的町並みの代表例として多くの観光客を集める。だが、今日のように観光地として定着するまでには試行錯誤の道程があった。商人町倉敷が創成され、今日に至るまでの歴史的経緯を追いながら、歴史的町並みの未来像を考察してみたい。

昔ながらの蔵が建ち並ぶ倉敷の町は、地名と都市としての特徴が一致しており、名は体を表している。

倉敷という地名は、倉屋敷から派生し、平安時代には、荘園における物資の集積所が倉敷や倉町と称された。そのため、今日では、倉敷というと岡山県倉敷市をイメージするが、広島市や山口県防府市をはじめ、日本各地にも、「倉敷」が存在していた。

戦国時代から、倉敷一帯は水軍の拠点として活用され、すでに倉敷と称されていた。

江戸時代初期の倉敷には、水夫《かこ》と称される海運業や漁業を営む人々が居住。その総数は800名前後と想定され、元禄7年（1694）になると、4000人前後に拡大されていた。

倉敷周辺では、新田開発が進行するとともに、高梁《たかはし》川と瀬戸内海を結ぶ水上交通の拠点として発展を続けた。とくに、綿を集積して大坂方面へ輸送することにより、倉敷の町は利潤を蓄積し、都市としての規模を拡大させた。

江戸時代後期になると、人口は約6000名に増加。現在、倉敷市の中心街には、蔵造りの商家が建ち並び、交易拠点として繁栄していた時代が偲ばれる。その原風景は、江戸時代後期には形成されていたのだ。

●幕府直轄領として独特の都市環境が育まれる

延享《えんきょう》3年（1746）、倉敷は幕府の直轄領に編入されると、代官所が設置され、倉敷代官が赴任した。それまで、倉敷の町の統治者は、備中松山藩や幕府直轄領など、一定していなかったが、代官所が設置されてから明治維新まで、倉敷の町は、倉敷代官によって統治された。

幕府の直轄領は、天領とも称される。大名が直轄した城下町に対し、幕府が直轄した町は、統治者による強力な支配を受けず、有力町人の自治が許容される部分も多かったことから、独特な都市環境が育まれた事例も少なくない。

その典型例が大坂といえる。大坂の町は、幕府に任命された大坂城代が支配。だが、町の規模に比較すると、役人の数が少なく、ほかの城下町のように商人の経済活動を完全には統制できなかった。そのためもあり、大坂では経済が活性化され、「天下の台所」と称されるほど、

商人町―高山　岐阜県高山市

町並み情報
三町と下二之町と大新町が伝建に指定される。狭い通りを挟んで、軒の低いデザインの町家が軒を連ね、歴史的町並み特有の景観が演出される。

お役立ちサイト
飛騨高山観光公式サイト。高山市公式観光サイト

関連施設
高山陣屋・飛騨高山まちの博物館・高山祭屋台会館・日下部民藝館

商人町高山の点景。歴史的町並みのなかに溶け込む銭湯。高山市内の銭湯は**岐阜県公衆浴場業生活衛生同業組合**のサイトを参照。高山のような幕府の直轄領は天領とも称される。ただし、明治維新後は「天子様（天皇）の御領地でもないのに天領と称するのは不届きである」という論旨から、幕府直轄領を天領と称すことは躊躇されるようになった。

江戸を凌ぐ経済の中心地として繁栄した。天領として発展した都市としては、桑折《こおり》、真《も》岡《おか》、甲府、韮山《にらやま》、高山、山田（伊勢市）、奈良、大森、日田などがあげられる。

●大原財閥の勃興とともに工業都市へ変貌

明治の文明開化の時代を迎え、日本各地の都市が盛衰を繰り返すなか、倉敷の町は、急速に発展。明治21年、倉敷紡績《ぼうせき》（現在のクラボウの前身）が発足し、初代頭取には大原孝四郎が選任された。倉敷代官所の跡地には、イギリス式の機械が導入された紡績工場が建設され、倉敷紡績の勃興とともに、倉敷の町は、近代的工業都市へと変貌を遂げたのだ。

孝四郎の三男の孫三郎（長男と次男は早逝）は、卓越した経営手法により、大原財閥を日本有数の複合的企業体へと成長させた。

孫三郎は、企業家として倉敷の町の発展に寄与しただけでなく、病院や学校の建設など、社会事業にも貢献。そして、海外の美術文明を日本に紹介するため、昭和5年、大原美術館を創設した。大原美術館は、戦後の復興期を迎えると、倉敷観光の中核を担う存在となった。

大原総一郎は、孫三郎の長男として生まれ、大原財閥を継承。昭和12年、ドイツのローテンブルグを訪れたとき、中世の町並みが保存されているのに感動し、「ブルグ構想」を抱いた。だが、周囲に語っただけ過ぎかったため、ローテンブルグのような西洋式の町並みに倉敷を改造しようとしたのか、江戸時代以来の古い町並みを保存しようとしたのか、わからない。

帰国当時は倉敷の町を西洋風に改造しようと意気込んでいたものの、総一郎は、歴史的町並みを後世へ伝えることの大切さを認識し、ブルグ構想を変質させたのではなかったか。戦前から戦中を経て戦後に至るころ、歴史的町並みの重要性が徐々に認知されつつあり、このような時代の変化のなかで、倉敷の町並みの保存のために尽くした。

●江戸時代の蔵造りの町並みと洋風建築の融合

現在では、江戸時代に創建された蔵造りの建物と、明治以降に建築された洋風建築も、倉敷の歴史的景観をイメージさせるアイテムとして共存している。

商人町―倉敷１　岡山県倉敷市

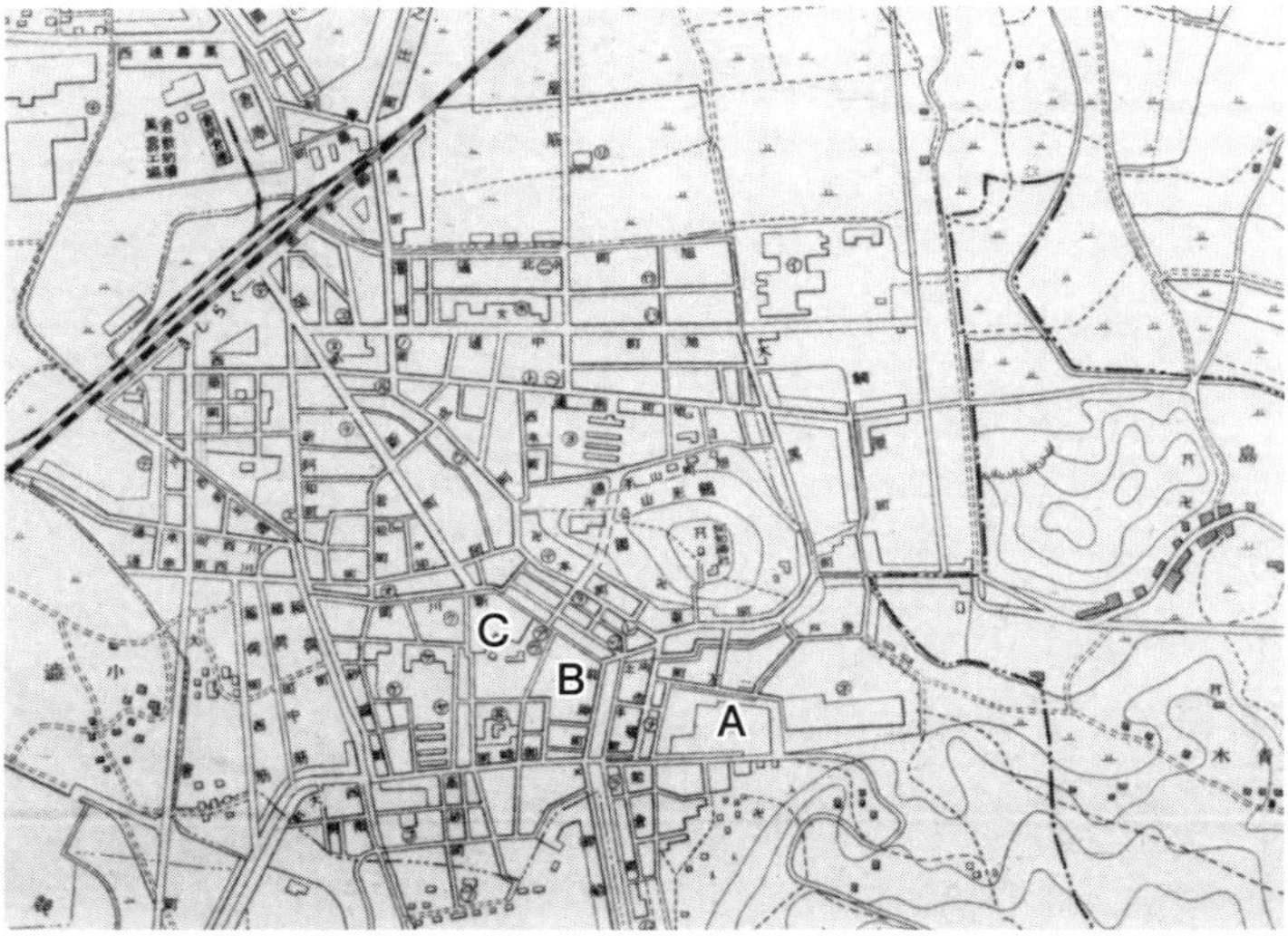

倉敷市全図。『倉敷市案内』（国立国会図書館蔵）所収の昭和初期の地図。地点Aの倉敷代官所跡地には、倉敷紡績の工場が建設され、現在は倉敷アイビースクエアに姿を変えた。地点Bの旧倉敷町役場は、美観地区の中心に位置し、「倉敷館」と名称を変更し、観光案内所として再生される。地点Cには、倉敷の象徴ともいえる大原美術館が立地。

倉敷美観地区の点景。中央の建物が洋風なのに対し、右奥は蔵造り。このようなコントラストも倉敷の魅力を形成。

町並み情報

建物の全体を白い漆喰で仕上げ、耐火性を高めた蔵造りの商家が建ち並び、商人町特有の景観が演出される。

お役立ちサイト

倉敷観光WEB。倉敷市公式ホームページに収録される「町並み保存」「文化財」は多彩な情報を掲載。

関連施設

倉敷民藝館・大橋家住宅・倉敷市立磯崎眠亀記念館

文明開化の時代を迎えると、蔵造りの建物は前時代の遺物とみなされ、取り壊して建て直すことに対する罪の意識は低かった。だが、戦後の復興期を迎え、蔵造りの町並みが高く評価されると、今度は、明治以降の西洋建築が江戸時代の歴史的景観を阻害するとも考えられた。

大正6年（1917）完成の旧倉敷町役場の西洋式木造建築は、役場としての役割を終えたのち、撤去が検討された時期もあった。だが、倉敷市は、「洋風と和風の渾然一体となった美観地区」を観光客誘致の基本指針として定め、昭和45年、旧倉敷町役場の保存を決定。旧町役場の洋館は、国の登録有形文化財として保存されるとともに、「倉敷館」と名付けられ、観光案内所として再生されている。なお、大原美術館もまた、倉敷の歴史的景観には似合わないとみなされ、外観の改装が提起された時期もあった。

明治に操業が開始された倉敷紡績の煉瓦造りの工場は、現在ではホテルを中心とする観光施設「倉敷アイビースクエア」として生まれ変わった。

日本の歴史的町並みは、その多くが発祥した江戸時代から、明治・大正・昭和を経て平成に至る。そのため、時代劇のセットではない以上、明治・大正・昭和という時代の変遷もまた、歴史的町並みを構成する要素として評価されつつある。倉敷市は、和風と洋風の渾然一体化を指針として掲げることにより、先駆的役割を果たした。

昭和54年、倉敷川の河畔の町並みは、伝建に指定され、法律的に景観が保護される条件が整

商人町─倉敷２

昭和初期に空中撮影された倉敷紡績の倉敷工場。『倉敷市案内』（国立国会図書館蔵）所収。写真中央より左上には工場が位置。それより下側には、昔ながらの低層住宅が建ち並ぶ。『倉敷市案内』は昭和９年に倉敷市が出版。昭和初期における現状と歴史が解説されるとともに、倉敷の状況を撮影した古写真が掲載される。

えられた。ただし、倉敷では以前から、住民との対話を通じ、町並みを保護するための試行錯誤が繰り返されていた。

保存地区内では、建物の新築や改装に規制が加えられた一方、保存地区外に高層建築が建設されると、空間としての景観が損なわれかねなかった。そのため、倉敷市では、町並みの背景として高層建築が視覚に入ると、事業者に対して高さの抑制や、デザインの変更を要請。多くの事業者は、行政との折衝により、計画や設計の変更に応じ、景観の保全に協力している。

倉敷での取り組みは、歴史的町並みを中核とした観光の方向性を示す一例として評価できる。

あとがき

私は銭湯（公衆浴場業生活衛生同業組合に所属するお風呂屋さん）に入浴することを楽しみとしている。ひとまず北は北海道稚内市から南は沖縄県糸満市まで、組合所属の５２７５軒の外観を撮影した。これだけの銭湯を巡り歩きながら入浴していれば、歴史的町並みに限らず、地方都市の現状を自分の目で知っているという強烈な思いがある。

政治家たちが地方再生と叫んでも、地方都市は、人口の流出、高齢化など、多くの難問に悩まされている。その象徴がシャッター通り商店街と称される都市の中心部における空き店舗の増加であり、地方都市の停滞感は、旅をしていると痛感させられる。

たとえば、駅から目的地への経路がシャッター通り商店街と化していたとする。ガイドブックでは、その通りで営業を続ける老舗の和菓子屋を紹介しても、商店街の窮状が言及されることは皆無に等しい。

ガイドブックは、見所を紹介して多くの観光客を引き込むことを主題としているため、シャッター通り商店街のようなマイナスの要素が封印されるのは、当然のことである。また、旅の目的は、あくまでも日常からの脱出としてとらえるのであれば、地方都市の現状にまで、思いを及ぼす必要はないかもしれない。

とはいいながらも、歴史的町並みを巡りながら、地方都市の現状を直視し、都市の未来像を考察してみる。そんな旅の方向性もあってもよいと思う。

日本全体が戦後の復興期から高度経済成長期へと向かっていたころ、現在はシャッター通り商店街と化している町並みは、活気があふれていた。昭和38年（1963）生まれの私が子どものころ、商店街に限らず、日本全体が活気にあふれていた。視点を変えると、高度経済成長期は、歴史的町並みの多くが過去の遺物として地上から消えた時代でもあった。

都市を取り巻く環境が変化を続けるなか、歴史的町並みが消滅した過去の歴史を紡ぎながら、どのような未来像があるのか、本書では提起したかった。

大いなる希望を抱きつつ、

矢も楯もたまらず、

真実は、

那辺にありや、いなや。

最後になりましたが、本書の刊行の労をとってくださった日本実業出版社の細野淳氏はじめ、編集部の方々に心からの御礼を申し述べる次第です。

2016年7月

外川　淳

外川　淳（とがわ　じゅん）
1963年神奈川県生まれ。早稲田大学第一文学部日本史学専修卒。歴史雑誌の編集者を経て、現在、歴史アナリスト。徹底した史料の調査と、史跡の現地検証によって歴史の真実を再構築しながら、わかりやすく解き明かす手法により、歴史ファンの支持を集める。戦国から幕末維新までの軍事史を得意分野とする。歴史ファンとともに城郭・台場・城下町を巡る歴史探偵倶楽部を主催。著書に『早わかり戦国史』『早わかり幕末維新』『戦国大名勢力変遷地図』（以上、日本実業出版社）、『完全制覇　関ヶ原大合戦』（立風書房）、『歴史現場からわかる河井継之助の真実』『天災と復興の日本史』（以上、東洋経済新報社）、『名言で読む幕末維新の歴史』（講談社）、『しぶとい戦国武将伝』（河出書房新社）、『戦国時代用語辞典』（学習研究社）、『信長　戦国城盗り物語』（だいわ文庫）、『直江兼続―戦国史上最強のナンバー２』『坂本龍馬―手紙にみる真実の姿』（以上、アスキー新書）、『新説前田慶次』（新人物往来社）、『徳川幕府創業三代の百年闘争』（成美文庫）、『天守を巡れば歴史が見える』（ソフトバンク新書）、『日本の名城30―城通になるために』（ワック）、などがある。

「昔《むかし》の名残《なごり》」が見《み》えてくる！
城下町《じょうかまち》・門前町《もんぜんまち》・宿場町《しゅくばまち》がわかる本《ほん》

2016年８月１日　初版発行

著　者　外川　淳
発行者　吉田啓二

発行所　株式会社 日本実業出版社　東京都文京区本郷３－２－12 〒113-0033
大阪市北区西天満６－８－１ 〒530-0047

編集部　☎03-3814-5651
営業部　☎03-3814-5161　振　替　00170－1－25349
http://www.njg.co.jp/

印刷・製本／三晃印刷

この本の内容についてのお問合せは、書面かFAX（03－3818－2723）にてお願い致します。
落丁・乱丁本は、送料小社負担にて、お取り替え致します。

ISBN 978-4-534-05413-5　Printed in JAPAN